职业教育新能源汽车技术创新与应用系列教材

"十四五"职业教育河南省规划教材

纯电动汽车构造与检修

主　编　吉文哲　任　琴　张怀英
副主编　王广钢　屈宽生
参　编　侯建朝　陈玉华　张伟丽

机械工业出版社

本书以现阶段新能源汽车技术为背景，以典型的纯电动汽车为载体，讲述纯电动汽车的构造和检修技术，培养学生具备纯电动汽车故障诊断与检修能力。本书对教学内容进行项目化重构，共设计了6个项目，主要内容包括纯电动汽车整体认知、纯电动汽车动力蓄电池检修、纯电动汽车驱动电机及控制系统检修、纯电动汽车电气系统检修、纯电动汽车整车控制系统认知与检修、纯电动汽车辅助系统检修，每个项目分为若干个任务。

本书适用于开设新能源汽车方向专业的职业院校，也适用于各类培训机构，同时也可作为新能源汽车从业人员的参考用书。

本书配有电子课件等教学资源，凡选用本书作为教材的教师，均可登录机械工业出版社教育服务网（www.cmpedu.com）注册后下载。

图书在版编目（CIP）数据

纯电动汽车构造与检修/吉文哲，任琴，张怀英主编. —北京：机械工业出版社，2024.4（2025.8 重印）
职业教育新能源汽车技术创新与应用系列教材
ISBN 978-7-111-75623-1

Ⅰ.①纯…　Ⅱ.①吉…②任…③张…　Ⅲ.①电动汽车-构造-职业教育-教材②电动汽车-车辆检修-职业教育-教材　Ⅳ.①U469.72

中国国家版本馆 CIP 数据核字（2024）第 076053 号

机械工业出版社（北京市百万庄大街 22 号　邮政编码 100037）
策划编辑：于志伟　　　　　　　责任编辑：于志伟
责任校对：曹若菲　丁梦卓　　　封面设计：张　静
责任印制：邓　博
北京中科印刷有限公司印刷
2025 年 8 月第 1 版第 2 次印刷
184mm×260mm · 13.5 印张 · 338 千字
标准书号：ISBN 978-7-111-75623-1
定价：55.00 元（含任务工单）

电话服务　　　　　　　　　　　网络服务
客服电话：010-88361066　　　机　工　官　网：www.cmpbook.com
　　　　　010-88379833　　　机　工　官　博：weibo.com/cmp1952
　　　　　010-68326294　　　金　书　网：www.golden-book.com
封底无防伪标均为盗版　　　机工教育服务网：www.cmpedu.com

前　言

　　近年来，新能源汽车取得了飞速发展，作为新能源汽车的核心组成部分，动力蓄电池、驱动电机和电控系统及高压辅助系统的构造和检修技术越来越受到人们的关注。因此，本书旨在介绍纯电动汽车的构造和检修技术，帮助读者了解和掌握纯电动汽车的维修技能，为汽车维修行业的发展提供技术支持。本书主要介绍了纯电动汽车的构造和检修技术，以及相应的检修流程和方法，同时，结合大量的实际案例和操作步骤，让读者能更好地理解纯电动汽车的维修过程和技术要求。

　　本书的编写特色如下：

　　1）融入素质教育元素。本书贯彻党的二十大精神，弘扬民族精神、工匠精神，使学生增强民族自信、树立正确的人生观和世界观，养成良好的遵纪守法意识。

　　2）贯彻"做学合一"理念。本书从结构原理出发，结合故障案例，逐一阐释纯电动汽车的功能及原理。理论知识与实车的技术方案前后呼应，互相支撑，学生在学习过程中能进一步加深对理论知识的理解。

　　3）遵循学生认知规律。本书按照教学规律和学生的认知规律，每个任务按照"任务描述—学习目标—理论知识—学习小结—知识巩固"循序渐进开展教学，帮助学生构建知识体系，提升技能水平，提高学习效率。

　　本书以纯电动汽车结构原理为理论依据，着重对纯电动汽车的各系统进行了阐述和故障诊断案例分析。本书对重点内容进行了实际案例分析，并配备了教学课件、任务工单和练习题册等丰富的教学资源。

　　本书由吉文哲、任琴、张怀英担任主编，王广钢、屈宽生担任副主编，参与编写的还有侯建朝、陈玉华、张伟丽。本书在编写的过程中，参阅了大量的书籍和资料，在此对相关作者表示感谢！

　　由于编者理论水平及实践经验有限，书中难免会有不足和疏漏之处，恳请广大读者批评指正。

编　者

二维码清单

名称	图形	名称	图形
BMS 的组成及功能		DC/DC 变换器结构	
DC/DC 变换器认知		EPB CAN 总线故障诊断与排除	
三元锂离子蓄电池		充电系统	
制动系统的组成与工作原理		动力蓄电池检修（绝缘故障）	
快充系统		慢充系统	
汽车线束插头的类型与检查		电动汽车快速充电原理	
电动汽车慢速充电原理		电动汽车故障维修方法与技巧	

（续）

名称	图形	名称	图形
电动空调系统的检修		电池的分类	
直流电动机的励磁方式		直流电动机的结构	
直流电动机结构		磷酸铁锂离子蓄电池	
纯电动汽车充电技术		纯电动汽车其他电气系统的维护	
纯电动汽车冷却系统检修		继电器结构与原理	
车载 DC/DC 变换器变换电压的过程		车载充电机结构	
驱动电动机的结构认知与拆装		驱动电机系统的认知	
动力蓄电池冷却模块		高压配电箱拆装（比亚迪秦）	

目 录

纯电动汽车构造与检修任务工单

项目一

纯电动汽车整体认知

【情景导入】

随着国内新能源汽车产销量连续多年爆发式增长,我国汽车产业得到快速发展,2023 年我国汽车出口数量首次跃居全球第一。鉴于此,某职业院校两位同学就是否购买新能源汽车、买纯电动汽车还是混合动力汽车等问题展开了讨论。请在学习纯电动汽车结构及工作原理后,给出你的答案。

任务一 电动汽车基本认知

【任务描述】

电动汽车早在 19 世纪末就已经出现,是一辆可充电的电动汽车,但是技术不够成熟,多年过去,电动汽车早已"开枝散叶",发展成了一个电动汽车家族。本任务重点对电动汽车概念、发展史及其分类进行讲述,列举了纯电动汽车、混合动力电动汽车、燃料电池电动汽车三类电动汽车。

【学习目标】

知识目标	技能目标	素养目标
1. 掌握电动汽车的概念 2. 了解电动汽车的发展史 3. 了解电动汽车的分类	1. 能够区分电动汽车的种类 2. 能够了解电动汽车的相关术语	1. 培养学生在电动汽车维修工作中的严谨性 2. 注重电动汽车维修工作过程中的操作规范,具备一定责任意识

【理论知识】

一、电动汽车的概念

电动汽车(Electric Vehicle,EV)是指以车载能源(或其他能源)为动力,使用电机驱动车轮行驶,符合道路交通和安全法规各项要求的车辆。电动汽车如图 1-1 所示。新能源汽车是指采用非常规的车用燃料(指除汽油、柴油、天然气、液化石油气、乙醇汽油、甲醇、二甲醚之外的燃料)作为动力来源,或使用常规的车用燃料但是采用新型车载动力装置,综合车辆的动力控制和驱动方面的先进技术形成的,技术原理先进,具有新技术、新结构的汽车。

图 1-1 电动汽车

按照上述论述，新能源汽车的范畴更为广泛，其中包含了电动汽车。

1886年，卡尔·奔驰发明了以内燃机为动力的汽车，然而电动车却比内燃机动力汽车有更长的历史。电动汽车的历史可追溯到1834年，比现在最为流行的内燃机汽车早了半个世纪。

1834年，美国的一位机械工人托马斯·达文波特（Thomas Davenport）制造了第一辆由干电池供电、直流电机驱动的电动三轮车（图1-2），其行驶距离很短且不能充电。

图1-2　达文波特与他的电动三轮车

1881年，法国电气工程师特鲁夫（Gustave Trouve）制造了世界上第一辆以铅酸蓄电池为动力的电动三轮车，并在同年巴黎举办的国际电器展览会上展出一辆能实际操作的电动三轮车，引起了不小的轰动（图1-3）。

1899年，德国人费迪南德·波尔舍（Porsche）发明了一台轮毂电动机，随后开发了Lohner-Porsche电动汽车（图1-4），该车采用铅酸蓄电池作为动力源，由前轮内的轮毂电动机直接驱动。随后，他在该车的后轮上也装载了两个轮毂电动机，由此诞生了世界上第一辆四轮的电动汽车。

图1-3　特鲁夫的电动三轮车

图1-4　Lohner-Porsche 电动汽车

二、电动汽车的分类

根据GB/T 19596—2017《电动汽车术语》中的定义，电动汽车主要分为纯电动汽车、混合动力电动汽车、燃料电池电动汽车三种类型。

1. 纯电动汽车

纯电动汽车（Battery Electric Vehicle，BEV）是驱动能量完全由电能提供的、由电机驱动的汽车。

典型的纯电动汽车有比亚迪秦 ProEV（图 1-5）、吉利帝豪 EV500 等（图 1-6）。

图 1-5　比亚迪秦 ProEV

图 1-6　吉利帝豪 EV500

纯电动汽车的优点如下：

1）尾气排放为零、噪声微小。传统内燃机的尾气中含有碳氧化物、氮氧化物、碳氢化合物及各种微小颗粒等有害物质，是造成温室效应等环境问题的原因之一。然而纯电动汽车避免了直接排放污染物这一情况，达到"零排放"。

2）结构简单、维护便捷。相对于结构复杂的传统内燃机，纯电动汽车的动力蓄电池的结构要简单得多，并且维修维护的工作量比内燃机要少得多。

3）较高的能量转换效率。电机驱动是纯电动汽车的一大特征，电动机可以在电动机或者发电机两种状态下切换，所以在车辆制动和下坡的时候，能回收部分能量，提高了能量的利用率。另外，纯电动汽车还可随时停车、随时起动，而只消耗较少的电能。

4）削峰填谷。由于纯电动汽车是利用电网来充电，电网的一个特点是存在"峰谷电"，白天电网处于用电高峰，夜间处于用电低谷，所以纯电动汽车可以避开用电高峰期。在夜间利用"谷电"进行充电，有利于电网负荷的均匀，减少费用的支出。

2. 混合动力电动汽车

混合动力电动汽车（Hybrid Electric Vehicle，HEV）是指能够至少从下述两类车载储存的能量中获得动力的汽车：可消耗的燃料；可再充电能/能量储存装置。典型的混合动力电动汽车有丰田雷凌，如图 1-7 所示。

混合动力电动汽车当前比较普遍的方案是采用发动机和动力蓄电池的组合。根据内燃机和电

图 1-7　丰田雷凌

机结构上的连接方式可分为串联式、并联式和混联式三种。

混合动力电动汽车的优点如下：

1）油耗低、排放少。不同于传统内燃机汽车，常见的混合动力电动汽车是通过内燃机和动力蓄电池两种动力源之间的协作，来完成汽车的起步、低速、高速、匀速、加速和减速等行驶状态，以达到最经济的燃油消耗和尾气排放，从而实现节能环保。

2）延长了动力蓄电池的使用寿命。相对于纯电动汽车，混合动力电动汽车增加了内燃机作为另一动力源，这就能使动力蓄电池不发生过充电和过放电的情况，让动力蓄电池始终保

持在一个良好的工作状态，从而延长了动力蓄电池的使用寿命。

3. 燃料电池电动汽车

燃料电池电动汽车（Fuel Cell Electric Vehicle，FCEV）是指以燃料电池系统作为单一动力源或以燃料电池系统与可充电储能系统作为混合动力源的电动汽车。

燃料电池是指将外部供应的燃料和氧化剂中的化学能通过电化学反应直接转化为电能、热能和其他反应产物的放电装置。

典型的燃料电池电动汽车有丰田 Mirai，如图 1-8 所示。

图 1-8　丰田 Mirai

燃料电池电动汽车的优点如下：

1）近似零排放。燃料电池本身工作时不产生一氧化碳（CO）和二氧化碳（CO_2），也没有硫（S）、NO_2 和微粒的排放。假如使用车载的甲醇重整催化器供给氢气，仅产生小部分的 CO 和 CO_2。

2）能量转化率高。燃料电池的能量转化效率可以达到 60%~80%，为内燃机的 2~3 倍。

3）运行平稳、无噪声。燃料电池本身工作没有噪声，并且不像内燃机会产生振动，所以对于车辆本身而言，运行比较平稳。

【学习小结】

1. 电动汽车（Electric Vehicle，EV）是指以车载能源（或其他能源）为动力，用电机驱动车轮行驶，符合道路交通和安全法规各项要求的车辆。

2. 根据 GB/T 19596—2017《电动汽车术语》中的定义，电动汽车主要分为纯电动汽车、混合动力电动汽车、燃料电池电动汽车三种类型。

3. 纯电动汽车（Battery Electric Vehicle，BEV）是驱动能量完全由电能提供的、由电机驱动的汽车。

4. 混合动力电动汽车（Hybrid Electric Vehicle，HEV）是指能够至少从两类车载储存的能量中获得动力的汽车。

5. 燃料电池电动汽车（Fuel Cell Electric Vehicle，FCEV）是指以燃料电池系统作为单一动力源或以燃料电池系统与可充电储能系统作为混合动力源的电动汽车。

【知识巩固】

1. 电动汽车（Electric Vehicle，EV）是指以车载能源（或其他能源）为动力，用____驱动车轮行驶，符合道路交通和安全法规各项要求的车辆。

2. 根据 GB/T 19596—2017《电动汽车术语》中的定义，电动汽车主要分为_____、_____、_____三种类型。

任务二　纯电动汽车结构及工作原理认知

【任务描述】

对纯电动汽车的构造以及工作原理有一定认知后，本任务开始学习纯电动汽车的结构及主要部件。

【学习目标】

知识目标	技能目标	素养目标
1. 掌握纯电动汽车的构造 2. 认识纯电动汽车各个部件	1. 能够流畅描述纯电动汽车的构造 2. 能够流畅描述电动汽车各个部件	1. 培养学生在电动汽车维修工作中的严谨性 2. 注重电动汽车维修工作过程中的操作规范，具备一定责任意识

【理论知识】

一、纯电动汽车的构造

纯电动汽车的主要结构由电力驱动控制系统、汽车底盘、车身以及各种辅助装置等部分组成。除电力驱动控制系统外，其他部分的功能及结构基本与传统汽车相似，所以电力驱动控制系统决定了整个纯电动汽车的结构及性能特征。

电力驱动控制系统按工作原理划分为电力驱动模块、车载电源模块和辅助模块三大部分（图 1-9）。

1. 电力驱动模块

电力驱动模块主要由电子控制器、功率转换器、驱动电机、机械传动装置等组成。纯电动汽车仍保留加速踏板和制动踏板等操纵装置，只不过在纯电动汽车上是将踏板机械位移量转换为电信号。

（1）电子控制器　电子控制器是电力驱动模块的控制中心，主要对整辆车的控制起协调作用。根据踏板的电信号，发出控制指令，对驱动电机的旋转进行控制，从而实现电动汽车的起动、加速和制动。

（2）功率转换器　功率转换器的功能是按控制器的指令及驱动电机的速度、电流反馈信号，对驱动电机的转速、转矩和旋转方向进行控制。

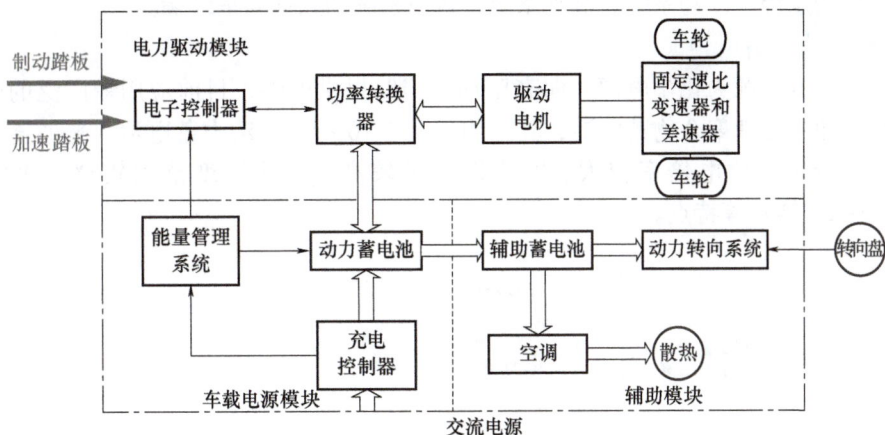

图1-9　纯电动汽车的电力驱动控制系统

（3）驱动电机　驱动电机在纯电动汽车中具有提供动力和发电的双重功能。汽车正常行驶时，驱动电机提供动力来源，当汽车制动或下坡时，驱动电机进行能量回收。驱动电机一定要根据负载特性和汽车行驶的特性进行选择，汽车在起动或爬坡时需要有较大的起动转矩和短时过载能力，并有较宽的调速范围和优良的调速特性，即应在低速时为恒转矩、高速时为恒功率。控制系统是最为关键的部件，纯电动汽车的动力性能主要取决于驱动系统的性能，其直接影响车辆的各种性能指标，如汽车的最高速度、加速性与爬坡性能及续驶里程等。

（4）机械传动装置　纯电动汽车的机械传动装置的功能是将驱动电机的转矩传输给驱动轴，从而带动汽车车轮行驶。由于驱动电机本身就具有优良的调速特性，其变速结构大为简化，甚至采用固定减速比就可满足整车性能的要求。

2. 车载电源模块

车载电源模块主要由动力蓄电池、能量管理系统和充电控制器三部分组成。

（1）动力蓄电池　动力蓄电池能提供驱动纯电动汽车行驶所需的电能。动力蓄电池在车上安装前需要通过串、并联的方式组合成所需要的电压。另外，由于制造工艺等因素及单体蓄电池其电解液浓度和特性差异，要求对性能相近的单体蓄电池进行配组，这样做有利于保证单体蓄电池的一致性并延长使用寿命。

（2）能量管理系统　能量管理系统的主要功能是进行能源分配，协调各部件的能量管理，提高能量利用效率，它需要与充电控制器共同控制充电。为提高动力蓄电池的可靠性和延长其使用寿命，需要实时监控动力蓄电池的状态，对其各个性能参数等进行监测。

（3）充电控制器　充电控制器的功用是把电网电能转化为动力蓄电池能够接受的充电制式，即把交流电整流为动力蓄电池需要的直流电。电动汽车普遍使用三段式充电器，第一个阶段为恒流阶段，第二个阶段为恒压阶段，第三个阶段为涓流阶段。

3. 辅助模块

辅助模块包括辅助蓄电池、动力转向系统和各种辅助装置等。各个装置的功能与传统汽车上的基本类似。

二、纯电动汽车的主要部件

纯电动汽车的主要部件包括电源（动力蓄电池）、驱动电机系统、整车控制器（VCU）、充电系统、空调系统、冷却系统、制动系统、转向系统和数据采集终端。

1. 电源（动力蓄电池）

纯电动汽车的电源为化学电源，向高压动力回路提供电能，目前应用最广泛的电源是磷酸铁锂蓄电池和三元锂聚合物蓄电池，其结构如图 1-10 所示。动力蓄电池与普通蓄电池相比较，具有容量较大、放电倍率较大、安全性要求较高、工作温度范围较宽、使用寿命长（一般要求 5~10 年）等特点。

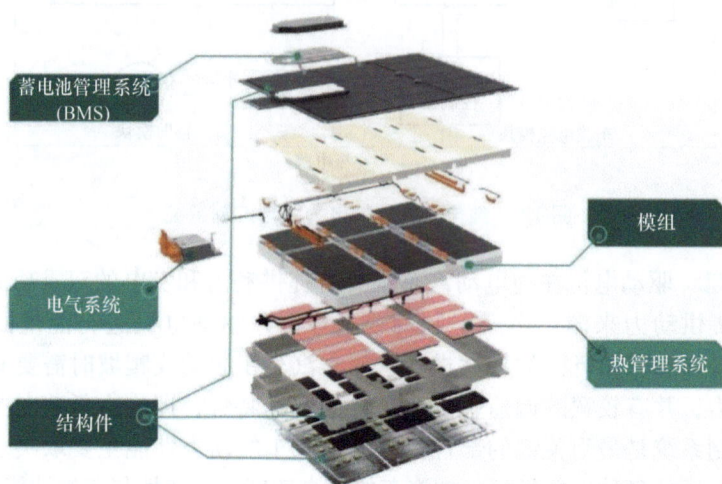

图 1-10　动力蓄电池的结构

2. 驱动电机系统

驱动电机是将电源的电能转化为机械能和进行能量回收的装置（图 1-11）。目前，国内外电动汽车生产厂家应用的驱动电机主要有永磁同步电动机和交流异步电动机。电机控制器将动力蓄电池提供的高压直流电转换为三相交流电，在整车控制策略下根据驾驶人的意图控制驱动电机的电压或电流，完成驱动电机驱动转矩、旋转方向及速度的控制。

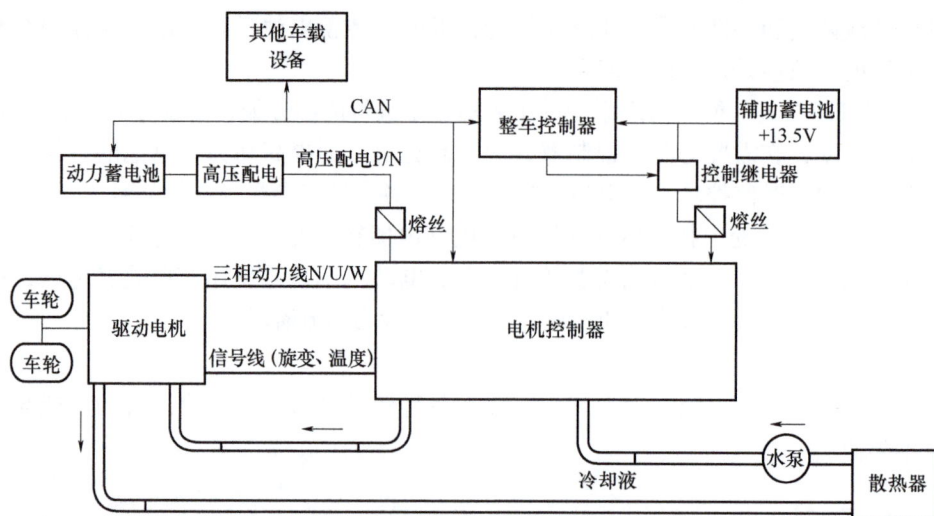

图 1-11　驱动电机系统连接示意图

3. 整车控制器

整车控制器（图1-12）的功用是对电动汽车动力链的各个环节进行管理、协调和监控，以提高整车能量利用效率，确保安全性和可靠性。整车控制器采集驾驶人操作信号，通过CAN总线获得驱动电机和动力蓄电池系统的相关信息，进行分析和运算，通过CAN总线给出驱动电机控制和驱动电池管理指令，实现整车驱动控制、能量优化控制和制动回馈控制，具备完善的故障诊断和处理功能。

图1-12　整车控制器

4. 充电系统

在电动汽车上为动力蓄电池充电有两种方式和路径：一种是交流车载充电机将家庭用的220V交流电转换为略高于300V的直流电，为动力蓄电池充电（交流慢充）；另一种是充电桩与电动汽车高压插口连接，直接用大电流的直流电给动力蓄电池充电（直流快充）。

（1）交流慢充　动力蓄电池在放电终止后，应立即充电，充电电流比较低，这种充电称为常规充电。常规充电方法都采用小电流的恒压或恒流充电，一般充电时间为5~8h，甚至更长。这种充电方式是利用车载充电机进行的，接220V交流电（图1-13）。

图1-13　车载充电机充电

1）慢充模式的优点：

① 充电机及其安装成本比较低。

② 可充分利用电力低谷时段进行充电，降低充电成本。

③ 可提高充电效率和延长动力蓄电池的使用寿命。

2）慢充模式的缺点：

① 充电时间过长，因此当车辆需要紧急出行时难以满足要求。

② 充电时占用停车场时间过长，因此对停车位的数量和环境的要求比较高。

（2）直流快充　动力蓄电池常规的充电方式时间较长，给车辆出行带来很多不便。为此，又增加了直流快充的充电方式。直流快充又称为应急充电，是通过充电桩（图1-14）以较大电流在电动汽车停车的30~120min内，为其提供短时间充电，一般充电电流为几十到上百安培。

1）快充模式的优点：充电时间短，方便车辆的出行。

2）快充模式的缺点：

① 增加了电网的载荷和冲击，同时也缩短了动力蓄电池的使用寿命。

② 快充设备功率比较大，控制也比较复杂，成本高，安装时对接入电网的容量要求比较高。

（3）辅助蓄电池充电 电动汽车的辅助 12V 蓄电池的充电及低压电气设备的辅助供电是由 DC/DC 变换器将动力蓄电池的高压直流电转换为低压直流电提供的（图 1-15），输出范围在 14V 左右。

图 1-14　充电桩充电

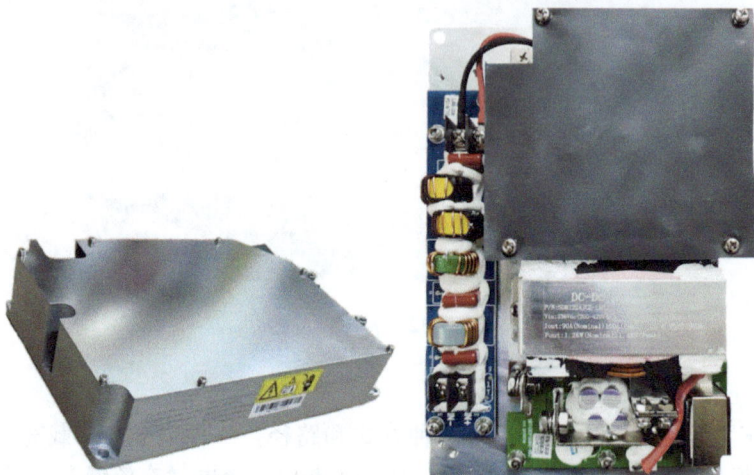

图 1-15　DC/DC 变换器及其内部构造

5. 空调系统

纯电动汽车空调系统（图 1-16）与传统汽车空调最大的不同就是压缩机和提供暖风的原理不同。纯电动汽车多采用电动涡旋式压缩机，通过高压电来驱动，这一点区别于传统汽车空调压缩机；暖风功能是 PTC 加热器通过将高压电转化为热能实现的，所以，当开启空调的制冷或制热时，消耗的是动力蓄电池的电量，纯电动汽车空调的响应速度比较快，效率高，在起动空调后很短时间内就会达到设定温度。

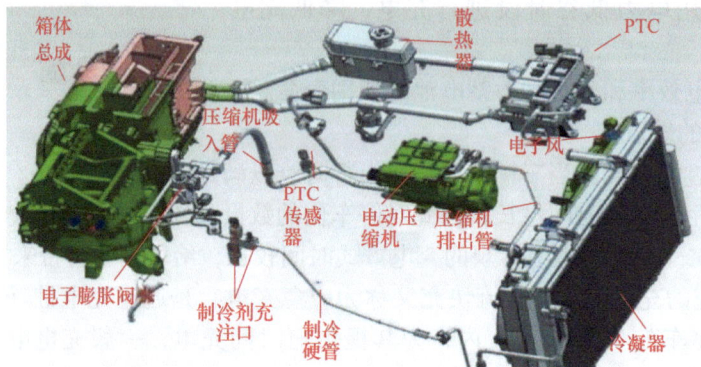

图 1-16　纯电动汽车空调系统的组成

6. 冷却系统

纯电动汽车的冷却系统比较简单，其由散热器、储液罐、12V 电子水泵、驱动电机水道、电机控制器水道、PDU 水道及水管组成，其功能主要是对大功率用电设备和大功率开关元器件进行散热，加注的冷却液类型与传统汽车一样。

7. 制动系统

目前，国产纯电动汽车大部分为并联制动，与串联制动不同，并联制动按一个固定的比例分配再生制动力和机械摩擦制动力。由于没有充分发挥再生制动力的作用，因此其回收的能量没有串联制动高。但并联制动对传统机械摩擦制动系统的改动少，结构简单，只需增加一些控制功能即可，成本低。

并联制动系统的控制原理如图 1-17 所示。根据驾驶人的命令，电机控制器确定需要加在液压制动基础上的驱动电机制动转矩，其大小由液压主缸压力确定。同样，驱动电机制动转矩是驱动电机转速的函数（图 1-18）。因此，能够加在液压制动基础上的驱动电机制动力要根据汽车的静态制动力分配关系、驱动电机转矩特性、驾驶人的感觉和轮胎与路面附着极限综合确定。很明显，由于缺乏主动制动控制功能，在驱动电机制动和液压制动系统之间不能进行协调控制，因此，并联制动对驱动电机制动转矩使用不充分，能量回收率低。

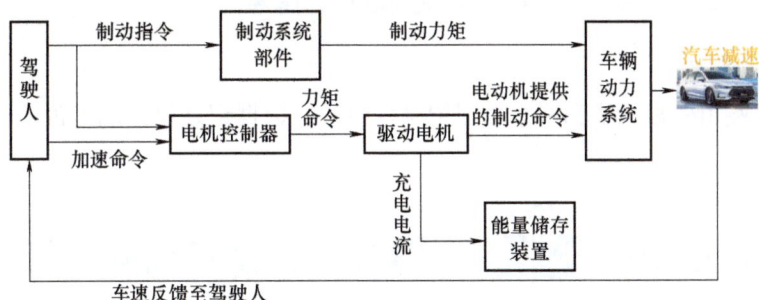

图 1-17　并联制动系统的控制原理

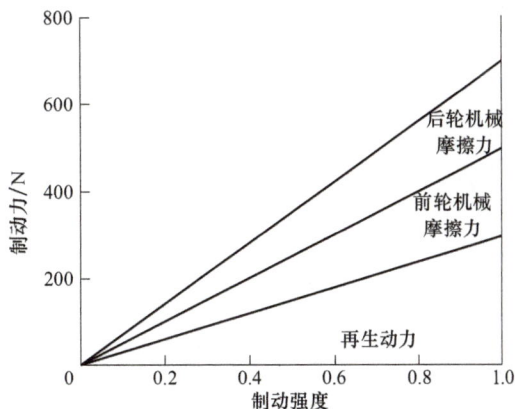

图 1-18　并联制动系统制动力分配原理

8. 转向系统

目前，1.3t 以内的中小型纯电动汽车多采用小齿轮式电动助力转向系统，这种助力转向系统在传统汽车上也有应用，它主要由机械转向部分和电控系统组成（图 1-19）。该转向系统的特点如下：

1）助力转矩通过转向器放大，因此要求驱动电机的减速机构的传动比也相对较小。

2）由于驱动电机的安装位置距离驾驶人有一定距离，因此对驱动电机的噪声要求不是太高。

3）驱动电机的转矩波动不容易传到转向盘上，驾驶人手感适中。

4）助力转矩不通过转向管柱传递，因此对转向管柱的刚度和强度要求较低。

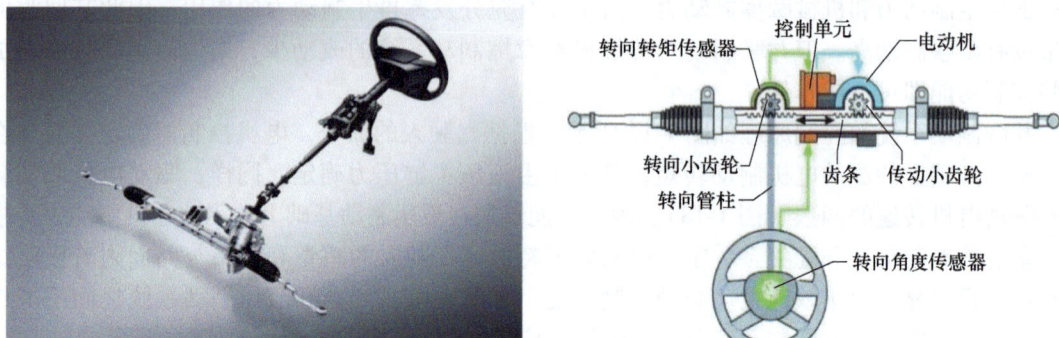

图 1-19　电动助力转向系统

9. 数据采集终端

数据采集终端由一根天线和一个数据记录仪组成，数据记录仪指示灯说明见表 1-1，其作用如下：

表 1-1　数据记录仪指示灯说明

项目	颜色	状态	含义
RUN	红色	闪烁，1Hz	终端运行正常
		其他	终端运行故障
GPRS	绿色	亮	GPRS 已登录
		灭	GPRS 未登录
GPS	绿色	亮	GPS 已定位
		灭	GPS 未定位
CAN1	绿色	亮	CAN1 接收到数据
		灭	CAN1 未接收到数据
CAN2	绿色	亮	CAN2 接收到数据
		灭	CAN2 未接收到数据
SD	绿色	亮	SD 卡正在记录数据
		闪烁，1Hz	SD 卡暂停数据记录
		闪烁，2Hz	插入的 SD 卡未格式化或容量已满
		灭	无 SD 卡，或者 SD 卡加锁（只读）

1）车载终端能够与整车控制器通过 CAN 总线进行通信，服从整车控制器的控制命令，获取整车的相关信息。车载终端采用"行程长度编码"压缩机制，对 CAN 数据进行压缩，以减少存储空间的占用，同时节约网络带宽资源与流量，加快数据传输速度。

2）车载终端能够用 GPS 对车辆进行定位。

3）车载终端能够将大量数据（最大 8G）存储到本地移动存储设备 SD 卡中（图 1-20）。存储的数据可由分析处理软件读取和分析。

4）车载终端能够将信息按照规定的时间和数据量，以无线通信（GPRS）的方式发送到服务平台。在此信息传输的过程中，要保证信息的正确性，并且不能将信息丢失；同时，还需要做到信息的保密，使无线通信的信息不能被他人窃取。

5）车载终端将在本地保存车辆最近运行一段时间的数据作为"黑匣子"，提供车辆发生故障或发生前的数据信息。

图 1-20　SD 储存卡

6）车载终端支持在通信网络不畅的情况下，自动将数据保存至采集终端存储区内，待网路正常后，自动/人工将数据上传至服务平台。

7）远程升级：支持远程自动升级功能，自动接收来自服务平台的升级指令完成软件升级，大大节约了维护成本。必要情况下，借助车载终端可通过 CAN 协议对车辆进行软件升级。

8）车载终端与远程控制平台及手机 APP 配合工作，可实现车辆远程状态查询和远程车辆控制等功能（比如远程开启空调、充电等）。

9）自检功能：当检测到 GPS 模块、主电源等故障时，会主动上报警告信息到监控中心，辅助设备进行检修。

三、纯电动汽车的工作原理

纯电动汽车的基本工作原理如图 1-21 所示。动力蓄电池通过控制系统向驱动电机供电，在驱动电机中，电能转化为机械能并传给传动系统，最后传给驱动车轮，使驱动车轮转动，并通过与地面间的相互作用产生使汽车行驶的牵引力。

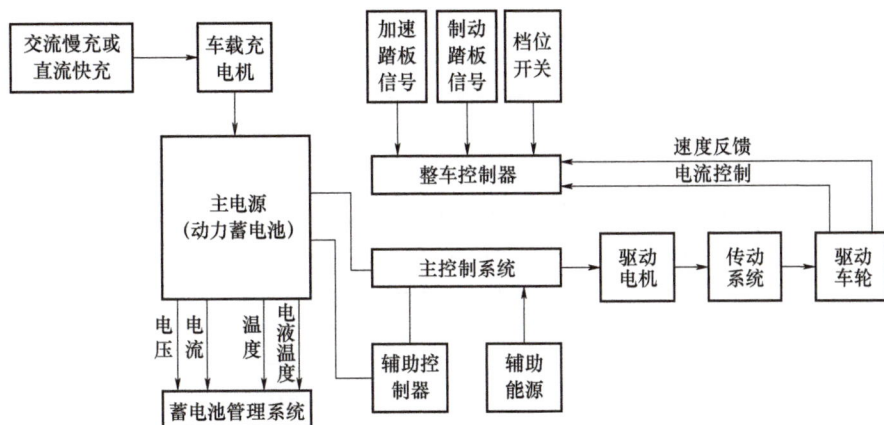

图 1-21　纯电动汽车的基本工作原理

由驾驶人操纵的加速踏板带有传感器（电位计式或差动变压器式位置传感器），后者将加速踏板的位置变成电信号送入整车控制器，控制汽车的行驶速度。

由驾驶人操纵的制动踏板带有传感器，当汽车减速或制动时，制动踏板位置传感器将信号传给整车控制器，后者识别信号和汽车行驶状态后，发出指令，使汽车进入减速滑行、减速再生制动、再生和机械联合制动或机械制动等状态。

【实训工单】

班级		实训场地	
姓名		实训日期	
学号		学时	
实训任务		纯电动汽车结构及工作原理认知	
任务要求	1）能够准确描述纯电动汽车的结构及工作原理 2）能够准确描述电动汽车各个部件名称		
实训设备	吉利帝豪 EV450 或比亚迪秦 EV 纯电动汽车 4 辆，故障诊断仪 4 个，示波器 4 个，车间防护用具 4 套，个人防护用具 4 套，绝缘工具 4 套，常用检测设备 4 套，故障检测线 4 盒，通用拆装工具 4 套		
资讯	见项目一内容		
计划与决策	1. 角色分工： 小组编号：_____　组长：_____　操作员：_____ 安全员：_____　辅助员：_____　其他：_____ 2. 制订方案： _____ _____ _____ _____ _____ _____ _____		
任务实施	1）写出纯电动汽车的结构和工作原理 _____ _____ _____ _____ _____ _____ 2）在实车上指出纯电动汽车的主要部件名称 _____ _____ _____ _____		

（续）

评估	自我评价：□不合格 □合格 □良好 □优秀 说明：_____ 小组评价：□不合格 □合格 □良好 □优秀 说明：_____ 教师评价：□不合格 □合格 □良好 □优秀 说明：_____

知识拓展

2023 年 4 月 10 日，比亚迪发布全球首个新能源专属智能车身控制系统——云辇。云辇智能车身控制系统由比亚迪全栈自研，这也标志着比亚迪成为首个自主掌握智能车身控制系统的中国车企。云辇产品矩阵包含云辇-C、云辇-A、云辇-P 等产品，将从舒适、操控、安全、越野等维度大幅提升消费者的驾乘体验。

云辇——中国人自己的车身控制系统，"云辇"出自《魏书》，命名灵感源于中国古代的帝王座驾"辇"。"云"象征着以智能化技术创造更轻盈平稳的驾乘体验。

行业目前针对车身垂直方向控制的研究，主要从单一技术或者单一硬件入手。比亚迪率先拿出车辆垂直方向系统化解决方案，为车身垂向控制插上电动化和智能化的翅膀。云辇-C 智能阻尼车身控制系统，实现车辆舒适性和运动性的完美兼容。云辇-A 智能空气车身控制系统，让整车具备极致的舒适性、支撑性与通过性。云辇-P 智能液压车身控制系统，能够实现超高举升、四轮联动、露营调平等超强越野功能。云辇-P 将首搭仰望 U8；云辇-A 将首搭腾势 N7；云辇-C 硬件已搭载在比亚迪汉、唐及腾势 D9 三款车型的部分配置版本上，后续将通过 OTA 陆续升级为云辇-C 系统。

云辇从整车垂直方向系统化控制出发，实现升维安全。云辇能够有效抑制车身姿态变化，极大降低车辆侧翻风险，减小驾乘人员坐姿位移。同时，云辇系统可以在雪地、泥地、水域等复杂路况下，有效保护车身，避免因地形造成的整车磕碰损伤，提升驾乘舒适及安全性，实现对人和车的双重保护。

搭载云辇-X 技术的仰望 U9 展现了全主动车身控制技术，可实现"0"侧倾、"0"俯仰、三轮行驶、车辆跳舞与原地起跳等高阶功能，代表了全球车身控制系统的最高水平。比亚迪再一次开创了业界先河，引领车身控制技术发展。

【学习小结】

1. 纯电动汽车的主要结构由电力驱动控制系统、汽车底盘、车身以及各种辅助装置等部分组成。

2. 纯电动汽车的主要部件包括电源（动力蓄电池）、驱动电机系统、整车控制器（VCU）、充电系统、空调系统、冷却系统、制动系统、转向系统和数据采集终端。

【知识巩固】

1. 传统的内燃机汽车是由发动机、底盘、车身和电气设备四部分组成的。纯电动汽车的主要结构由_____、汽车底盘、车身以及辅助装置等部分组成。

2. 电力驱动控制系统按工作原理划分为_____、_____和_____三大部分。

3. 车载电源模块主要由_____、_____和_____三部分组成。

4. 辅助模块包括_____、_____和各种辅助装置等。

项目二

纯电动汽车动力蓄电池检修

【情景导入】

2022 年，某职业院校新能源汽车技术专业学生，目前已经对纯电动汽车有了初步的认识。现有两位学生针对纯电动汽车充电的方便程度产生争议，甲认为，纯电动汽车需要去专业的充电站进行充电并且充电时间过长；乙认为，现在纯电动汽车充电设施配备齐全，对于车主来说，只需安装一个专用的充电电源插座即可进行充电。请学习纯电动汽车动力蓄电池相关知识，了解纯电动汽车动力蓄电池的构造，并对他们的观点进行判定。

任务一　动力蓄电池的组成与工作原理认知

【任务描述】

动力蓄电池是纯电动汽车驱动能量的唯一来源，其性能直接关系到纯电动汽车的动力性能、续驶能力和安全性。本任务从动力蓄电池的组成、分类以及动力蓄电池的工作原理与性能指标等方面进行介绍。

【学习目标】

知识目标	技能目标	素养目标
1. 了解动力蓄电池的组成与分类 2. 了解动力蓄电池的工作原理与性能指标	1. 能够掌握动力蓄电池的组成 2. 能够理解动力蓄电池的工作原理	1. 培养学生在纯电动汽车学习工作中的严谨性 2. 注重学习过程中的操作规范，具备一定责任意识

【理论知识】

驱动电机将动力蓄电池的电能转化为机械能，通过驱动传动装置或直接驱动车轮工作。从纯电动汽车成本构成来看，动力蓄电池系统占据了其成本的 30%～50%。动力蓄电池技术一直影响着纯电动汽车的实用化进程。锂离子蓄电池是目前纯电动汽车上最常用的动力蓄电池，相对于铅酸蓄电池、镍镉蓄电池和镍氢蓄电池，其凭借能量密度高、循环使用寿命长等特点迅速在纯电动汽车上广泛应用。目前，在纯电动汽车上配备的锂离子蓄电池主要有锰酸锂蓄电池、钛酸锂蓄电池、磷酸铁锂蓄电池及三元锂蓄电池。

一、动力蓄电池的组成与分类

1. 组成

车载电源系统主要由辅助蓄电池和动力蓄电池系统（蓄电池组、蓄电池管理系统

（BMS）、动力蓄电池箱及辅助元器件）组成。辅助蓄电池是供给电动汽车其他各种辅助装置所需能源的电源，一般为 12V 或者 24V 的直流低压电源，其作用是给动力转向、制动力调节控制、照明、电动门窗等各种辅助装置提供所需的能源；蓄电池组由多个单体蓄电池串联组成；蓄电池管理系统是整个动力蓄电池系统的"神经中枢"；动力蓄电池箱用来放置蓄电池组；辅助元器件主要包括动力蓄电池系统内部的电子电气元件，如熔断器、继电器、分流器、插接器、紧急开关、烟雾传感器、维修开关以及电子电气元件以外的辅助元器件，如密封条、绝缘材料等。

（1）动力蓄电池系统的组成（图 2-1）　蓄电池组是将一个以上单体蓄电池按照串联、并联或串并联方式组合，并作为电源使用的组合体，又称为蓄电池模块。

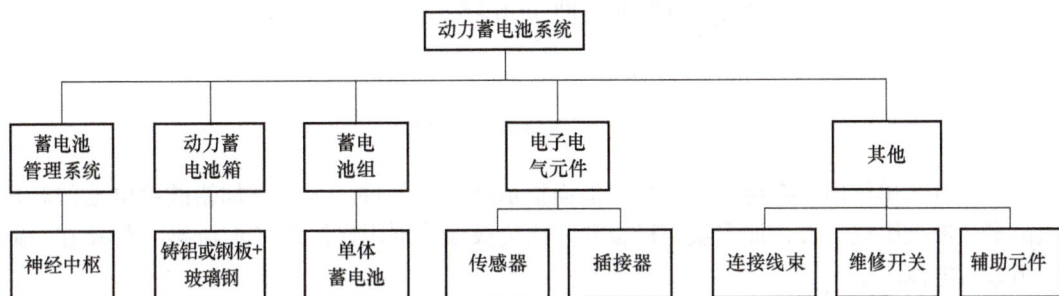

图 2-1　动力蓄电池系统的组成

（2）纯电动汽车动力蓄电池的工作要求

1）蓄电池组要有足够的能量和容量，以保证典型的连续放电不超过 1C，典型峰值放电一般不超过 3C；如果纯电动汽车具有回馈制动功能，蓄电池组必须能够接收高达 5C 的脉冲电流充电。持续稳定的大电流放电，能够保证汽车保持一定的行驶速度。

2）蓄电池组要能够实现深度放电（如 80%）而不影响其使用寿命，在必要时能实现满负荷甚至全负荷放电。有短暂大电流放电的能力，保证汽车在加速和上坡时有足够的动力。

3）能一次性提供足够的能源，保证汽车有一定的续驶里程。

4）需要安装蓄电池管理系统和热管理系统，以显示蓄电池组的剩余电量和实现温度控制。

5）由于蓄电池组体积和重量较大，动力蓄电池箱的设计、蓄电池组的空间布置和安装问题都需要认真研究。

2. 分类

动力蓄电池一般可分为物理电池、生物电池和化学电池三大类。物理电池是指利用物理原理制成的电池，其特点是能在常温、常压条件下进行能量转换，如太阳电池、核能电池和温差电池；生物电池是利用生物酶、微生物或叶绿素做成的电池，如微生物电池、生物太阳电池；化学电池是一种直接把化学能转化为电能的电池。

（1）铅酸蓄电池　铅酸蓄电池是以酸性水溶液为电解质，电极以铅及其氧化物为材料，所以称为铅酸蓄电池。铅酸蓄电池正极活性物质的主要成分为二氧化铅，负极活性物质的主要成分为绒状铅，隔板由微孔橡胶、玻璃纤维等材料制成，电解液由浓硫酸和净化水配制而成。

铅酸蓄电池外形各异，但主要构成部件相似，主要由正极板、负极板、隔板、电解液、壳体、极柱和排气阀等组成，如图 2-2 所示。

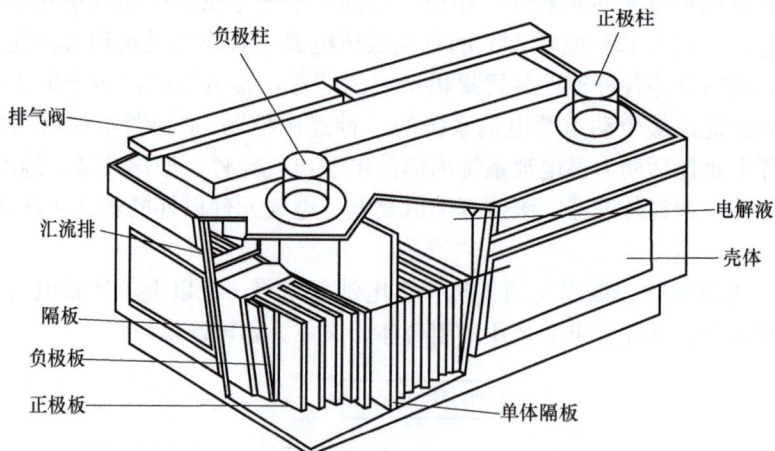

图 2-2　铅酸蓄电池的构造

　　铅酸蓄电池单体内还有链条、极柱、液面指示器等零部件。为了增加铅酸蓄电池的容量，一般由多块极板组成极群，即多块正极板和多块负极板分别用连接条（汇流排）焊接在一起，共同组成蓄电池。

　　纯电动汽车的辅助蓄电池及传统内燃机汽车用的 12V 铅酸起动蓄电池就是由六个独立的铅酸蓄电池单体组成的，而纯电动汽车的动力蓄电池为多个蓄电池以多种方式组合成的大容量蓄电池。

　　1）极板：极板是蓄电池的基本部件，它的作用是接收充入的电能和向外释放电能。极板由栅架和活性物质组成，分为正极板和负极板，正极板和负极板都浸在一定浓度的硫酸水溶液中，隔板为电绝缘材料，将正极板和负极板隔开（图 2-3）。正极板上的活性物质是棕红色的二氧化铅（PbO_2），负极板上的活性物质是青灰色的海绵状纯铅（Pb），正、负两极活性物质在蓄电池放电后都转化为硫酸铅（$PbSO_4$）。

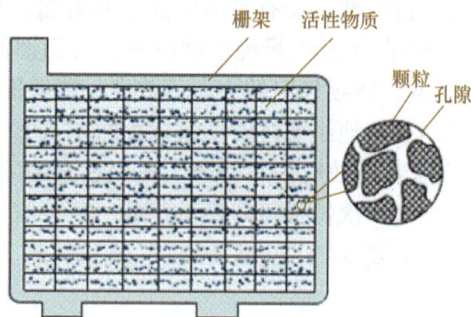

图 2-3　铅酸蓄电池的极板结构

　　铅酸蓄电池的极板栅架（图 2-4a）一般由铅锑合金铸成，其作用是固结活性物质。为了降低铅酸蓄电池的内阻，改善铅酸蓄电池起动性能，有些铅酸蓄电池采用了放射型栅架结构（图 2-4b）。

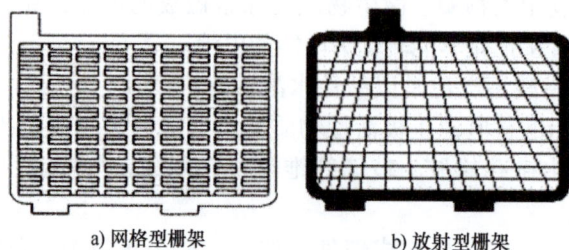

a）网格型栅架　　　　b）放射型栅架

图 2-4　铅酸蓄电池的极板栅架

2）隔板：隔板安装在正极板和负极板之间，其作用是使正极板和负极板尽量靠近而不致短路。隔板一面平整，另一面有沟槽，沟槽应面对着正极板且与底部垂直，以便充放电时电解液能通过沟槽及时供给正极板，当正极板上的活性物质二氧化铅脱落时，能迅速通过沟槽沉入容器底部。

3）电解液：电解液由纯净的硫酸和蒸馏水按一定比例配制而成，也称为稀硫酸。铅酸蓄电池的电解液密度一般为 $1.24 \sim 1.30 \mathrm{g/cm^3}$。电解液的密度对铅酸蓄电池的工作有重大影响，密度大，可减少结冰的危险并提高铅酸蓄电池的容量，但密度过大，则黏度大，反而会降低铅酸蓄电池的容量，缩短其使用寿命。使用时，电解液的密度应根据地区气候条件和制造厂家的要求而定。

4）壳体：铅酸蓄电池每组极板所产生的电动势约为2V，要想获得更高的电动势，通常要将多组极板串联起来。因此，在制造铅酸蓄电池壳体时，将一个铅酸蓄电池壳体分成若干个单格，每个单格的底部制有凸筋，用来放置极板组。凸筋之间的空隙可以堆积极板的脱落物质，防止正极板和负极板短路。

各单格电池之间采用铅质连接条串联起来，分为传统内部穿壁式连接、跨越式连接和外露式连接三种方式，目前，铅酸蓄电池采用内部穿壁式或跨越式连接方式。内部穿壁式连接方式是在相邻单格电池之间的间壁上打孔，使连接条穿过，将两个单格电池的极板组极柱连接在一起。跨越式连接方式是在相邻单格电池之间的间壁上边留有豁口，连接条通过豁口跨越间壁，将两个单格电池的极板组与极柱连接，所有连接条均布置在整体盖的下面。

加液孔用来向蓄电池单格内加注电解液或蒸馏水，加液孔盖上有通气小孔，以保证蓄电池内部压力与大气压力的平衡。

纯电动汽车使用的铅酸蓄电池一般为牵引铅酸蓄电池，型号为××V-××A·h。例如 12V-120A·h，前面部分表示铅酸蓄电池的标称直流电压，后面部分表示铅酸蓄电池的标称容量。

铅酸蓄电池在充电与放电过程中，电能和化学能的相互转换是依靠极板上的活性物质和电解液中硫酸的化学反应来实现的。铅酸蓄电池放电和充电的反应过程，是铅酸蓄电池活性物质进行可逆化学变化的过程。

铅酸蓄电池在放电时，化学反应由左向右进行，其相反的过程为充电过程的化学反应。铅酸蓄电池正极板上的活性物质是二氧化铅（PbO_2），负极板上的活性物质是海绵状的纯铅（Pb），电解液是硫酸溶液（H_2SO_4）（图 2-5a）。当蓄电池和负载接通放电时，正极板上的

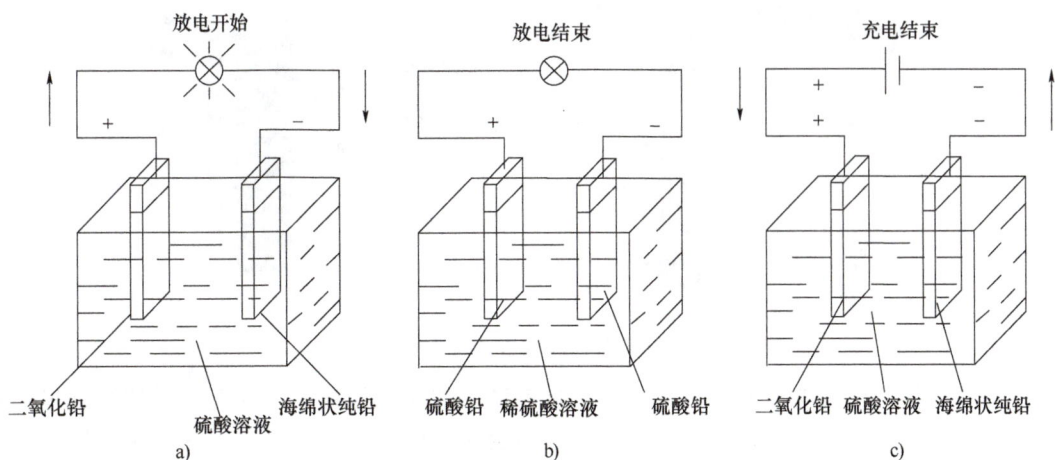

二氧化铅　　硫酸溶液　　海绵状纯铅

a)

硫酸铅　稀硫酸溶液　硫酸铅

b)

二氧化铅　硫酸溶液　海绵状纯铅

c)

图 2-5　蓄电池的工作过程

二氧化铅和负极板上的纯铅都将转变为硫酸铅（$PbSO_4$），电解液中的硫酸浓度降低，密度下降（图2-5b）。当蓄电池接通直流电源充电时，正极板和负极板上的硫酸铅又将恢复成原来的二氧化铅及纯铅，电解液中的硫酸浓度升高，密度增大（图2-5c）。

由于铅酸蓄电池在放电时其硫酸的浓度会逐渐减小，因此，可以用比重计来测定硫酸的密度，再由铅酸蓄电池电解液密度确定铅酸蓄电池电解液的放电程度。单体铅酸蓄电池的电压为2V，在使用或存放一段时间后，当单体铅酸蓄电池电压降低到1.8V以下，或硫酸溶液的密度下降到$1.2g/cm^3$时，铅酸蓄电池就必须进行充电，如果电压继续下降，则铅酸蓄电池将可能损坏。

（2）镍镉蓄电池

1）镍镉蓄电池的结构。镍镉蓄电池属于碱性蓄电池，采用海绵状金属镉作为负极活性物质，氢氧化镍作为正极活性物质。负极材料分别填充在穿孔的镍带中，经拉浆、滚压、烧结、化成或成膏、烘干、压片等方法制成极板；用聚酰胺非织布等材料作为隔离层；电解液通常为氢氧化镉或氢氧化钾溶液。

2）镍镉蓄电池的工作原理。镍镉蓄电池充电后，正极板上的活性物质变为氢氧化镍，负极板上的活性物质变为金属镉；镍镉蓄电池放电后，正极板上的活性物质变为氢氧化镍，负极板上的活性物质变为氢氧化镉。

（3）镍氢蓄电池

1）镍氢蓄电池的基本结构。镍氢蓄电池是在镍镉蓄电池的基础上发展起来的一种新型绿色电池。镍氢蓄电池的正极是球状氧化镍粉末与添加剂、塑料和黏合剂等制成的涂膏，用自动涂膏机涂在正极板上，然后经过干燥处理成发泡的氢氧化镍正极板（称为氧化镍电极），负极活性物质为金属氢化物，也称为储氢合金（电极称为储氢电板）；电解液为氢氧化钾水溶液；隔膜主要有尼龙纤维、聚丙烯纤维和维纶纤维等，共同组成镍氢单体蓄电池。

镍氢蓄电池的基本构造如图2-6所示，每节单体蓄电池的额定电压为13.2V（充电时最大电压为16.0V），然后将蓄电池按使用要求组合成不同电压和不同容量的镍氢蓄电池总成（蓄电池组）。该种镍氢蓄电池的比能量达到$70W \cdot h/kg$，能量密度达到$165W \cdot h/L$，比功率在50%的放电深度下为220W/kg，在80%的放电深度下为200W/kg。

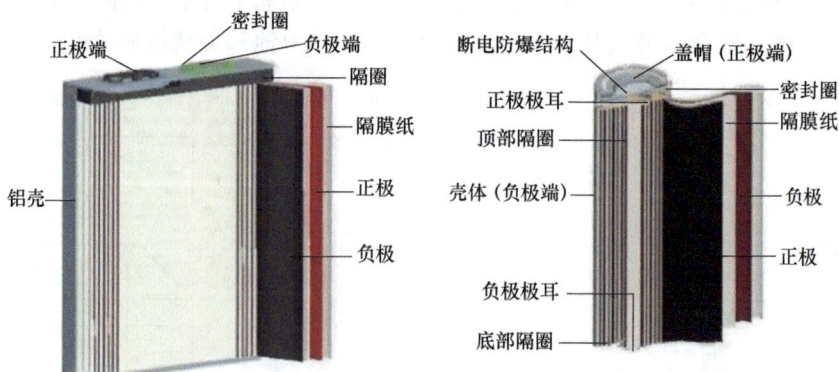

图2-6 镍氢蓄电池的基本构造

镍氢蓄电池用于纯电动汽车，主要优点是起动、加速性能好，一次充电后的续驶里程较长，镍氢蓄电池中没有铅、镉等重金属元素，不会对周围环境造成污染，易维护，快速补充充电时间短。镍氢蓄电池以其高功率密度、耐久性好的优点，曾在混合动力电动汽车上得到广泛应用，如日本丰田公司的普锐斯（Prius）混合动力电动汽车采用的就是 288V、6.5A·h 的镍氢动力蓄电池。

2）镍氢蓄电池的工作原理。镍氢蓄电池的工作原理如图 2-7 所示，镍氢蓄电池正极的活性物质是氢氧化镍，负极的活性物质是储氢合金，用氢氧化钾作为电解质，在正负极之间有隔膜，在金属铂催化作用下，完成充电和放电的可逆反应。在蓄电池充电过程中，水在电解质溶液中分解为氢离子和氢氧离子。

充电时，负极析出氢气，存储在容器中，正极由氢氧化亚镍变成氢氧化镍和 H_2O；放电时，氢气在负极上被消耗掉，正极由氢氧化镍变成氢氧化亚镍（图 2-7）。

正极：

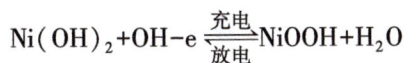

$$Ni(OH)_2 + OH - e \underset{\text{放电}}{\overset{\text{充电}}{\rightleftharpoons}} NiOOH + H_2O$$

负极：

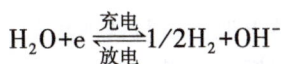

$$H_2O + e \underset{\text{放电}}{\overset{\text{充电}}{\rightleftharpoons}} 1/2H_2 + OH^-$$

总反应：

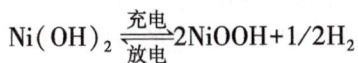

$$Ni(OH)_2 \underset{\text{放电}}{\overset{\text{充电}}{\rightleftharpoons}} 2NiOOH + 1/2H_2$$

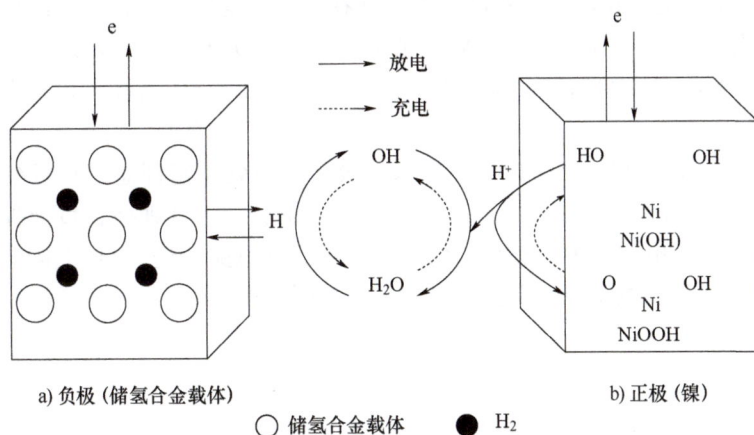

a) 负极（储氢合金载体）　　　　b) 正极（镍）

○ 储氢合金载体　　● H_2

图 2-7　镍氢蓄电池的工作原理

（4）锂离子蓄电池

1）锂离子蓄电池的结构。锂离子蓄电池是指以锂离子嵌入化合物为正极材料的蓄电池的总称。它主要由正负极流体、正负极材料、隔板、电解液和安全阀等组成。蓄电池的集流体是与外电路的连接部分，也是正负极材料的载体。

锂离子蓄电池负极一般是可大量存储的碳素材料，正极是含锂的过渡金属氧化物或磷化物，电解质是锂盐的有机溶液。

负极材料则选择电位尽可能接近锂电位的可嵌入锂化合物，如各种碳材料，包括天然石墨、合成石墨、碳纤维、中间相小球碳素和金属氧化物等。电解质采用 $LiPF_6$ 的碳酸乙烯酯（EC）、碳酸丙烯酯（PC）和低黏度二乙基碳酸酯（DEC）等烷基碳酸酯搭配的混合溶剂体系。隔膜采用聚烯微多孔膜，如 PE、PP 或它们的复合膜，尤其是 PP/PE/PP 三层隔膜不仅熔点较低，而且具有较高的抗刺穿强度，起到了热保险作用。壳体采用钢或铝材料，盖体组件具有防爆断电的功能。

锂离子蓄电池正、负极及电解质材质上的差异使其具有不同的性能，尤其是正极材料对蓄电池的性能影响最大。锂离子蓄电池有方形和圆柱形两种，如图2-8所示。

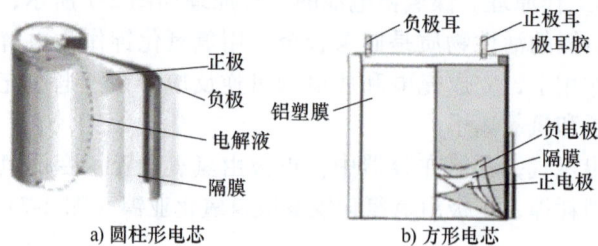

a) 圆柱形电芯　　　　b) 方形电芯

图2-8　锂离子蓄电池

2）锂离子蓄电池的类型。锂离子蓄电池的正极材料有很多种，根据正极材料的不同，分为钴酸锂离子蓄电池、锰酸锂离子蓄电池、磷酸铁锂离子蓄电池和三元材料锂离子蓄电池等；根据所用电解质材料不同，分为液态锂离子蓄电池（Lithium-ion Battery，LIB）和聚合物锂离子蓄电池（Polymer Lithium-ion Battery，PLB）两大类。三元材料锂离子蓄电池以其能量密度高、安全性好等优点在纯电动汽车上得到了广泛的应用。

3）锂离子蓄电池的工作原理。锂离子蓄电池在正、负电极由两种不同的锂离子嵌入化合物组成，正极采用锂化合物 Li_xCo_2、Li_xNiO_2 或 $Li_xMn_2O_4$，负极采用锂碳层间化合物 Li_xC_6，电解质为 LPF_6 和 $LiAsF_6$ 等有机溶液。经过 Li^+ 在正、负电极间的往返嵌入和脱嵌形成蓄电池的充电和放电过程。

充电时，Li^+ 从正极脱出，经过电解质嵌入负极，负极处于富锂态，正极处于贫锂态；放电时则相反，Li^+ 从负极脱出，经过电解质嵌入正极，正极处于富锂态，负极处于贫锂态。为保持电荷的平衡，充放电过程中应有相同数量的电子经外电路传递，与 Li^+ 同时在正、负极间迁移，使负极发生氧化还原反应，保持一定电位，如图2-9所示。

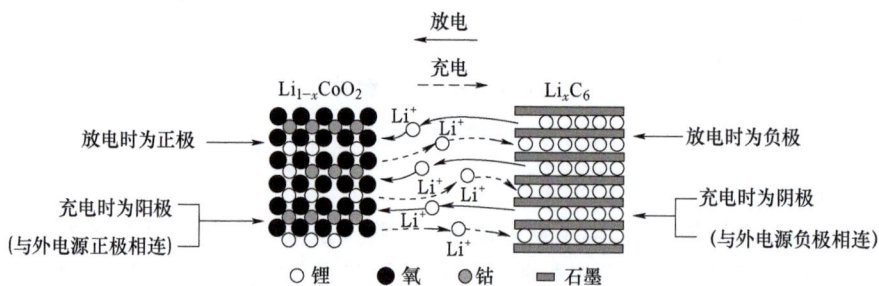

图2-9　锂离子蓄电池的工作原理

（5）固态电池　固态电池是一种使用固体电极和固体电解液的电池。固态电池一般功率密度较低，能量密度较高。

固态电池采用不可燃的固态电解质替换了可燃性的有机液态电解质，大幅提升了动力蓄电池系统的安全性，同时，其能够更好适配高能量正负极并减小系统质量，实现能量密度同步提升。在各类新型电池体系中，固态电池是距离产业化最近的下一代技术，这已成为产业与科学界的共识。

　　如今多数纯电动汽车，采用的蓄电池组是以锂离子蓄电池为主，其中的电解液是锂离子来回移动的通道，锂离子蓄电池的充放电过程，就是锂离子的嵌入和脱嵌过程。在锂离子的嵌入和脱嵌过程中，同时伴随着与锂离子等量电子的嵌入和脱离。在充放电过程中，锂离子在正、负极之间往返，进行嵌入与脱离嵌入的循环。

　　而当动力蓄电池充电时，正极上有锂离子生成，生成的锂离子经过电解液运动到负极。而作为负极的碳呈层状结构，它有很多微孔，达到负极的锂离子就嵌入碳层的微孔中，嵌入的锂离子越多，充电容量越高（图 2-10）。

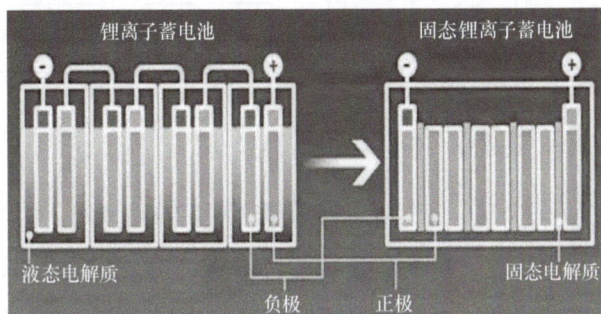

图 2-10　锂离子蓄电池充电

　　固态电池与目前主流的传统锂离子蓄电池最大的不同在于电解质。固态电池是使用固体电解质，替代了传统锂离子蓄电池的电解液和隔膜。而传统锂离子蓄电池主要由正负极材料、电解液和隔膜组成（图 2-11）。正负极材料决定了蓄电池的容量，电解液及隔膜是传输锂离子的介质。

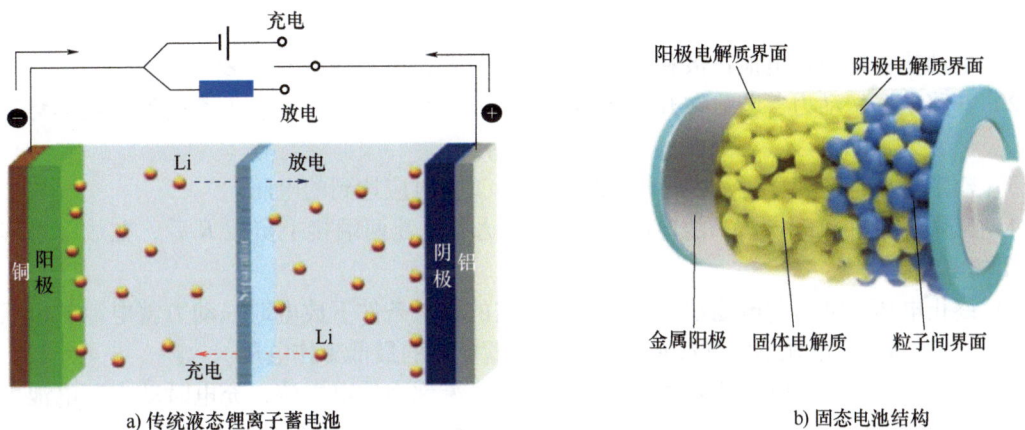

a) 传统液态锂离子蓄电池　　　　　　　　b) 固态电池结构

图 2-11　锂离子蓄电池与固态电池

　　固态电池主要在于电解液的革新，正极与负极可继续沿用当前体系，实现难度相对小。从电介质材料来看，目前已经在使用或接近商用的固态电池的电解质有聚合物、硫化物和氧化物三种，氧化物固态电池是综合前景最好的。

二、动力蓄电池的工作原理与性能指标

1. 动力蓄电池系统的功能

动力蓄电池系统的功能为接收和存储由车载充电机、制动能量回收装置和外置充电装置

提供的高压直流电，并且为电机控制器、DC/DC 变换器、电动空调和 PTC 加热器等高压元件提供高压直流电。北汽 EV160 整车动力系统连接示意图如图 2-12 所示。

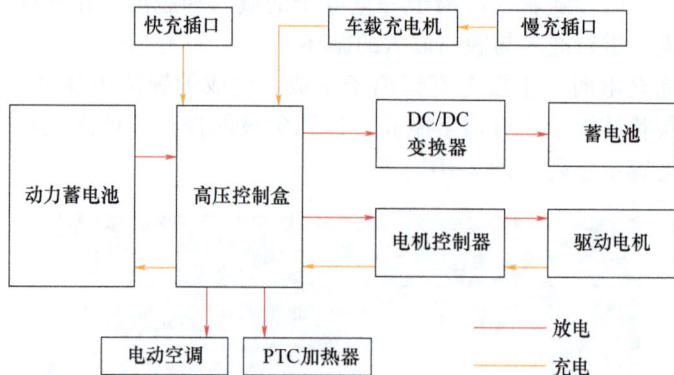

图 2-12　北汽 EV160 整车动力系统连接示意图

蓄电池组放置在一个密封并且屏蔽的动力蓄电池箱里面，动力蓄电池系统使用可靠的高低压插接器与整车进行连接，系统内的蓄电池管理系统实时采集各单体蓄电池（电芯）的电压值、各温度传感器的温度值、动力蓄电池系统的绝缘电阻值等数据并根据蓄电池管理系统中设定的阈值判定动力蓄电池系统工作是否正常，并对故障实时监控。动力蓄电池系统通过蓄电池管理系统使用 CAN 与整车控制器或车载充电机进行通信，对动力蓄电池系统进行充放电等综合管理。

2. 动力蓄电池系统的性能指标

（1）电压（V）

1）电动势：动力蓄电池正极和负极之间的电位差，通常用符号 E 表示。

2）开路电压：动力蓄电池在开路时的端电压。一般开路电压与动力蓄电池的电动势近似相等。

3）额定电压：动力蓄电池在标准规定条件下工作时应达到的电压。

4）工作电压（负载电压、放电电压）：在动力蓄电池两端接上负载 R 后，在放电过程中显示出的电压。

5）终止电压：动力蓄电池在一定标准所规定的放电条件下放电时，动力蓄电池的电压将逐渐降低，当动力蓄电池不宜继续放电时，动力蓄电池的最低工作电压。

（2）电流（A） 放电时动力蓄电池里输出的电流称为放电电流，充电时动力蓄电池里流过的电流称为充电电流，动力蓄电池在放电或充电时所允许的电流最大值称为最大允许电流。

动力蓄电池的放电电流或充电电流通常用充/放电率表示。

$$I = kCn$$

式中，I 是蓄电池的充/放电电流，单位为 A；n 是与蓄电池额定容量对应的标定放电时间；C 是蓄电池的额定容量，单位为 A·h；k 是比例系数。

（3）电池容量 电池的容量是指充满电的电池在指定的条件下放电到终止电压时输出的电量，单位为 A·h。纯电动客车锰酸锂离子蓄电池组的电池容量为 360A·h。

1）理论容量：根据蓄电池活性物质的特性，按法拉第定律计算出的最高理论值，一般用质量容量（A·h/kg）或体积容量（A·h/L）表示。

2）实际容量：在一定条件下所能输出的电量，等于放电电流与放电时间的乘积。

3）标称容量（公称容量）：用来鉴别动力蓄电池适当的近似安时值，由于没有指定放电条件，因此，只标明动力蓄电池的容量范围而没有确切值。

4）额定容量（保证容量）：按一定标准所规定的放电条件，动力蓄电池应该放出的最低限度的容量。

5）充电状态（SOC）：是指动力蓄电池容量的变化。SOC＝1即表示动力蓄电池为充满状态。随着蓄电池放电，蓄电池的电荷逐渐减少，此时可以用SOC的比例（％）来表示蓄电池中电荷的变化状态。

一般蓄电池放电高效率区为50％～80％SOC。对SOC精确的实时辨识是蓄电池管理系统的一个关键技术。

（4）功率（kW）　功率是指在一定的放电条件下，动力蓄电池在单位时间内所输出能量的大小，动力蓄电池的功率决定电动汽车的加速性能。

1）比功率（W/kg）：指动力蓄电池单位质量中所具有电能的功率。

2）功率密度（W/L）：指动力蓄电池单位体积中所具有电能的功率。

（5）能量　动力蓄电池的能量是指在按一定标准所规定的放电条件下，动力蓄电池所输出的电能，单位为瓦时（W·h）或千瓦时（kW·h）。

1）标称能量：指按一定标准所规定的放电条件，动力蓄电池所输出的能量。动力蓄电池的标称能量是动力蓄电池的额定容量与额定电压的乘积。

2）实际能量：在一定条件下动力蓄电池所输出的能量。动力蓄电池的实际能量是动力蓄电池的实际容量与平均工作电压的乘积。

3）比能量（W·h/kg）：动力蓄电池单位质量中所能输出的能量。动力蓄电池的质量包括动力蓄电池本身结构件质量和电解质质量。

（6）电池的内阻　电流通过动力蓄电池内电路时受到的阻力，它使动力蓄电池的电压降低，此阻力称为动力蓄电池的内阻。由于动力蓄电池的内阻作用，使动力蓄电池在放电时端电压低于电动势和开路电压，在充电时端电压高于电动势和开路电压。

（7）电池的循环使用寿命　电池的循环使用寿命是指以动力蓄电池充电和放电一次为一个循环，按一定测试标准，当动力蓄电池容量降到某一规定值（一般规定为额定值的80％）以前，动力蓄电池经历的充放电循环总次数。循环使用寿命是评价动力蓄电池寿命性能的一项重要的指标。

（8）使用寿命　动力蓄电池除了以循环次数表示循环使用寿命外，通常还要用动力蓄电池的使用年限来表示动力蓄电池的使用寿命。

使用寿命是指动力蓄电池在规定条件下的有效寿命期限。动力蓄电池发生内部短路或损坏而不能使用，以及容量达不到规范要求时动力蓄电池失效，这时动力蓄电池的使用寿命终止。

动力蓄电池的使用寿命包括使用期限和使用周期。使用期限是指动力蓄电池可供使用的时间，包括动力蓄电池的存放时间。使用周期是指动力蓄电池可供重复使用的次数。

（9）放电速率（也称为放电率）　放电率一般用动力蓄电池在放电时的时间或放电电流与额定电流的比值来表示。

1）时率（也称为小时率）：动力蓄电池以某种电流强度放电直到动力蓄电池的电压降低到终止电压时，所经过的放电时间。汽车用动力蓄电池一般用20h率容量表示。

2）倍率：动力蓄电池以某种电流强度放电的数值为额定容量数值的倍数。

当放电电流大于或等于额定容量的数值时，该放电电流值用"倍率"表示；当放电电流小于额定容量数值时，该放电电流值用"小时率"表示。蓄电池的额定容量常用"C"来表示，则"倍率"或"放电率"通过在 C 前加系数表示。例如，2 倍数，即 2C，其放电电流值为额定容量电流值的 2 倍，而额定容量约 0.5h 放完；2h 率，即 0.5C，其放电电流值为额定容量电流值的 1/2，而额定容量约 2h 放完。

（10）**自放电率**　动力蓄电池的自放电率是指动力蓄电池在存放期间容量的下降率，即动力蓄电池无负荷时自身放电使容量损失的速度。自放电率用单位时间内容量下降的比例（%）表示。

$$自放电率 = \frac{C_a - C_b}{C_a T} \times 100\%$$

式中，C_a 是动力蓄电池存储前的容量，单位为 A·h；C_b 是动力蓄电池存储后的容量，单位为 A·h；T 是动力蓄电池存储的时间，常用天、月计算。

（11）**电池的一致性**　同一类型、同一规格、同一型号动力蓄电池之间在电压、内阻、容量等参数方面存在的差别称为蓄电池的一致性。一组动力蓄电池的使用寿命在很大程度上取决于它的一致性。由于电动汽车动力蓄电池都是成组使用，因此，一致性是评价动力蓄电池组性能的关键指标之一。影响动力蓄电池一致性的因素主要有单体蓄电池的设计和制造水平、用户的使用方式等。

动力蓄电池主要性能指标见表 2-1。

表 2-1　动力蓄电池主要性能指标

动力蓄电池种类	比能量/（W·h/kg）	能量密度/（W·h/L）	比功率/（W/kg）	成本比较	安全可靠性	循环寿命（次）
铅酸蓄电池	30~45	60~80	75~100	较低	良好	500
镍镉蓄电池	40~55	60~90	120~150	较高	良好	2000
镍氢蓄电池	50~95	100~150	140~600	较高	良好	500
钠-氯化镍蓄电池	80~100	110~120	150~200	较高	良好	1000
锂离子蓄电池	55~150	150~200	350~400	高	一般	1000

【学习小结】

1. 本任务主要介绍了动力蓄电池的组成、分类以及动力蓄电池的工作原理与性能指标。

2. 动力蓄电池系统一般由蓄电池管理系统、动力蓄电池箱、蓄电池组、辅助元器件（连接线束、维修开关、辅助元件）组成。

3. 动力蓄电池一般可分为物理电池、生物电池和化学电池三大类。

4. 动力蓄电池系统的功能为接收和存储由车载充电机、制动能量回收装置和外置充电装置提供的高压直流电，并且为电机控制器、DC/DC 变换器、电动空调和 PTC 加热器等高压元件提供高压直流电。

5. 动力蓄电池的性能指标主要包括电压、电流、电池容量、功率、能量、电池的内阻、电池的循环使用寿命、使用寿命、放电速率、自放电率、电池的一致性。

【知识巩固】

1. 动力蓄电池的性能直接关系到纯电动汽车的_____、_____和_____。
2. 车载电源系统主要由_____和动力蓄电池系统组成，其中，动力蓄电池系统由_____、_____、_____、_____组成。
3. 动力蓄电池一般可分为_____、_____、_____三大类。
4. 请结合所学知识，简述动力蓄电池系统的功能。
5. 铅酸蓄电池是以_____为电解质，电极以_____为材料，故称为铅酸蓄电池。
6. 铅酸蓄电池外形各异，但主要构成部件相似，主要由_____、_____、_____、_____、_____和_____等组成。
7. 锂离子蓄电池的正极材料有很多种，根据正极材料的不同，分为_____、_____、_____和_____等。
8. 请简述锂离子蓄电池的工作原理。

任务二　动力蓄电池及蓄电池管理系统检修

【任务描述】

蓄电池管理系统是一个 21 世纪才诞生的新产品，因为电化学反应的难以控制和材料在这个过程中性能变化的难以捉摸，所以才需要这么一个"管家"来时刻监督调整限制蓄电池组的行为，以保障使用安全。本任务分别介绍了蓄电池管理系统的组成、工作原理与功能以及蓄电池的热管理。

【学习目标】

知识目标	技能目标	素养目标
1. 了解蓄电池管理系统的组成与工作原理 2. 了解蓄电池管理系统的功能 3. 了解蓄电池的热管理	1. 掌握蓄电池管理系统的组成 2. 掌握蓄电池管理系统的功能	1. 培养学生在电动汽车学习工作中的严谨性 2. 注重学习过程中的操作规范，具备一定责任意识

【理论知识】

动力蓄电池系统是电动汽车的关键零部件，它对电动汽车的续驶里程、加速能力和最大爬坡度等性能都会产生直接的影响。由于蓄电池在加热、过充/过放、振动、挤压等条件下可能导致蓄电池使用寿命缩短以致损坏，甚至会发生着火、爆炸等事故，从而对电动汽车的可靠性、安全性及使用性能造成严重影响。因此，为确保动力蓄电池的性能良好，延长动力蓄电池的使用寿命，设置了专门的蓄电池管理系统。

无论是在车辆运行过程中，还是在充电过程中，蓄电池管理系统都要对蓄电池组进行安全监控及有效管理，以达到增加续驶里程、延长使用寿命、降低运行成本的目的，也能达到有效利用动力蓄电池性能且保障使用安全的目的。

一、蓄电池管理系统的组成与工作原理

1. 蓄电池管理系统的组成

蓄电池管理系统一般由一些传感器（用于测量电压、电流和温度等）、一个带微处理器的控制单元和一些输入/输出插口等组成。蓄电池管理系统与电动汽车的动力蓄电池紧密结合在一起，它的最基本作用是监控动力蓄电池的工作状态，通过传感器对动力蓄电池的电压、电流和温度进行实时检测，同时还进行漏电检测、热管理、电池均衡管理、报警提醒，计算剩余容量（SOC）和放电功率，报告电池劣化程度（SOH）和SOC状态，还根据动力蓄电池的电压、电流及温度用算法控制最大输出功率，以获得最大续驶里程，以及用算法控制充电机进行最佳电流的充电，通过CAN总线接口与车载总控制器、电机控制器、能量控制系统、车载显示系统等进行实时通信。

蓄电池管理系统可实时在线检测蓄电池组电压和单体蓄电池电压的参数，通过软件分析每节单体蓄电池的状况，有效预测各节单体蓄电池的供电性能，及时发现性能劣化的故障单体蓄电池，掌握蓄电池组的运行状况，为蓄电池组精细维护提供测量依据，避免出现过放电、过充电、温度过高和单体蓄电池之间电压严重不平衡等现象。同时，能够及时给出单体蓄电池的状况，找出故障单体蓄电池所在位置，挑选出有问题的单体蓄电池，以便最大限度地利用动力蓄电池的存储能力和循环使用寿命。保证了动力蓄电池安全无故障运行，降低了维护人员的劳动强度。

此外，蓄电池管理系统还需要设定面向用户端的显示，将估算的剩余电量换算成可行驶里程，同时还需要有自动报警和故障诊断功能，方便驾驶人操作和处理。

另外，蓄电池管理系统的作用还包括电路管理、热（温度）管理和电压平衡控制等。蓄电池管理系统的结构如图 2-13 所示。

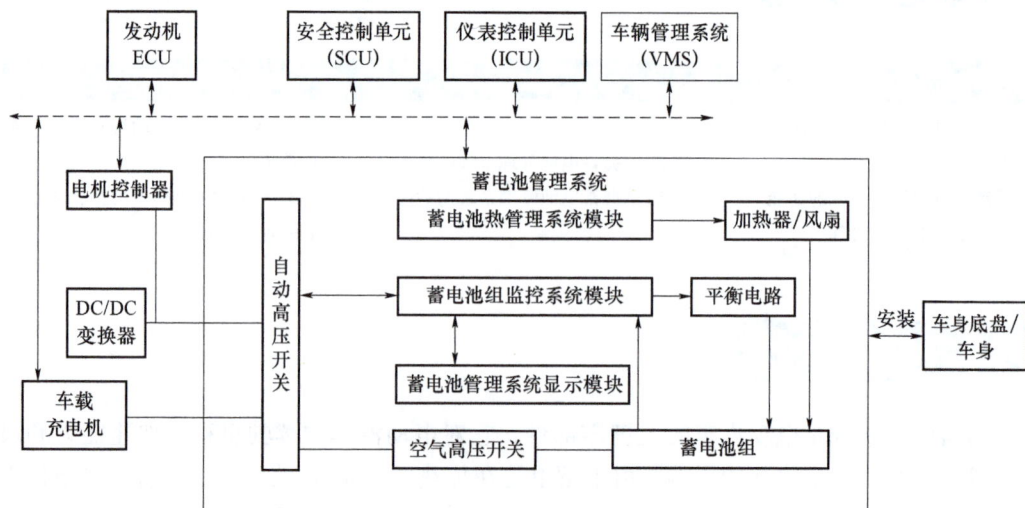

图 2-13　蓄电池管理系统的结构

（1）**蓄电池组管理系统**　蓄电池组管理系统管理动力蓄电池的工作情况，避免出现过放电、过充电、过热，其对出现的故障应能及时报警，以便最大限度地利用动力蓄电池的存储能力和循环寿命。蓄电池组管理系统包括蓄电池组电压测试、蓄电池组电流测试、蓄电池组和单体蓄电池的温度测试、SOC 计算以及显示技术、蓄电池组剩余电量显示、车辆在线可行驶里程显示、自动诊断系统和报警系统、安全防护系统。

（2）**电路管理系统**　蓄电池组是由很多节单体蓄电池串联组成的，如果是铅酸蓄电池，需要 8~32 节 12V 的单体蓄电池串联起来，其他电池需要用更多的单体蓄电池串联而成。为了能够分别安装在纯电动汽车的不同位置处，通常，蓄电池组上分为多个小的蓄电池组，分散进行布置，这样有利于蓄电池组的机械化安装、拆卸和检修。

电路管理系统管理单体蓄电池与单体蓄电池、蓄电池组与蓄电池组之间的电路。当蓄电池组的总电压较高时，导线的截面面积比较小，有利于电线束的连接和固定，但高电压要求有更可靠的防护；当蓄电池组的总电压较低时，电流比较大，电路损耗也很大，需要的导线截面面积也比较大，安装不太方便。在各个蓄电池组之间还需要安装连接导线将其串联起来，一般在蓄电池组与蓄电池组之间，装有手动或自动断电器，以便在安装、拆卸和检修时切断电流。另外，在蓄电池管理系统中还有各种传感器电路等，因此，在纯电动汽车上有尺寸很长的各种各样的电线束，要求电线之间有可靠的绝缘，并能快速连接。

（3）**热（温度）管理系统**　热管理系统包括蓄电池组组合方式、蓄电池组分组和支架布置、通风管理系统和风扇、温度管理 ECU 及温度传感器、热能的管理与应用等。

（4）**电压平衡控制系统**　电压平衡控制系统平衡各单体蓄电池的充电量，能延长动力蓄电池的使用寿命，并对更换后的新动力蓄电池进行容量平衡。蓄电池管理系统的主要作用以及相应的传感器输入与输出控制见表 2-2。

表 2-2　蓄电池管理系统的主要作用以及相应的传感器输入和输出控制

作用	传感器输入的信号	执行器件
防止过充电	动力蓄电池电压、电流和温度	车载充电机
避免深度放电	动力蓄电池电压、电流和温度	驱动电机电能转换器
温度控制	动力蓄电池温度	空调机
动力蓄电池组件电压和温度平衡	动力蓄电池电压和温度	平衡装置
预测动力蓄电池的剩余电量和还能行驶的里程	动力蓄电池电压、电流和温度	显示装置
动力蓄电池故障的诊断	动力蓄电池电压、电流和温度	非在线分析装置

2. 蓄电池管理系统的工作原理

蓄电池管理系统的工作原理是，数据采集电路采集动力蓄电池电压、电流和温度等状态信息数据后，通过 CAN 总线将数据传送给主控制单元，进行数据分析和处理，然后蓄电池管理系统根据分析结果对系统内的相关功能模块发出控制指令（如控制风机开、关等），并对外界传递参数信息；同时，蓄电池管理系统也能通过 CAN 总线与组合仪表及车载充电机等进行通信，实现参数显示、充电监控等功能。

动力蓄电池上下电过程原理图如图 2-14 所示，动力蓄电池对外部负载上电指令一般是驾驶人起动车辆，起动开关置于 ON 位；动力蓄电池负极继电器闭合；全车高压系统各个控制器初始化、自检，完成后 CAN 线通报；动力蓄电池对内部单体蓄电池电压和温度检查合格、母线绝缘检测合格；动力蓄电池主控盒接通预充电继电器（预充电继电器与预充电电阻串联，然后与正极继电器并联）；动力蓄电池为外部负载所有电容器充电，当充电电压与动力蓄电池电压差值小于 5V 时，认为预充结束；控制闭合主正继电器，对外负载上电；主正继电器闭合 10ms 后，预充电继电器断开；仪表屏幕显示 READY，上电结束。当起动开关置于 OFF 位，动力蓄电池主控盒控制主正继电器和主负继电器断开，全车高压下电。

动力蓄电池对外高压上下电过程，有几个重要时间节点必须检测高压回路的关键控制点。图 2-14 中 V1 检测的是动力蓄电池串联后的总电压，若维护开关 MSD 插入良好，或者没有配置维护开关，V1 可以测出总电压。也就是说，V1 电压值可以判断动力蓄电池串联回路的电连接是否完好。V2 检测的是预充电电阻之后的电压，预充电继电器闭合后高压回路接通，V2 电压随着电容器充电迅速上升，当 V2 与 V1 差值小于 5V 时，判定为预充电结束，闭合主正继电器。当预充电时间超过设定时间，系统判断并记录预充电超时故障。正极母线继电器和预充电继电器闭合时间会重叠 10ms，保证对外供电流畅。如果 V2 与 V1 电压相等，则预充电继电器判定已经断开，或因故障没有按要求闭合。

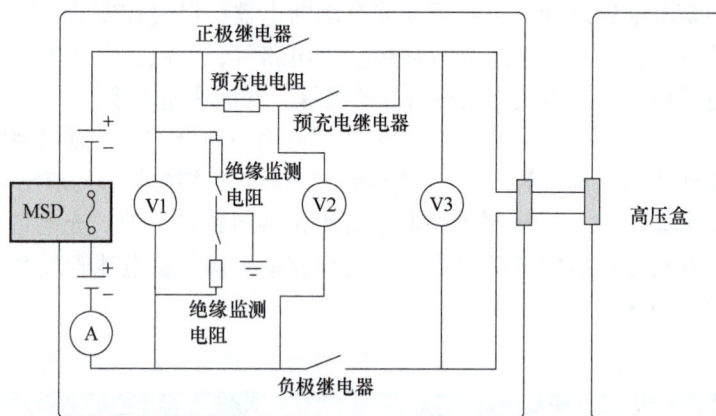

图 2-14 动力蓄电池上下电过程原理图

负极继电器闭合后，正极继电器和预充电继电器都没有闭合，V3 电压为零；当预充电继电器闭合时，正极继电器断开，V3 电压等于 V2 电压；当正极继电器闭合后，V3 电压等于 V1 电压，由 V1、V2、V3 电压值的比较就可以判断各个继电器触点是否按要求正确开闭。

二、蓄电池管理系统的功能

蓄电池管理系统的功能框图如图 2-15 所示，它主要包括数据采集、动力蓄电池状态估计、热管理、数据通信、安全管理、能量管理等功能。

1. 数据采集功能

蓄电池管理系统的所有算法都是以采集的动力蓄电池数据作为输入，它是蓄电池管理系统所有功能的基础，需要采集的信息有动力蓄电池电压、电流和温度。

不同类型的动力蓄电池对数据采集的要求有所不同。例如，锂离子蓄电池的安全性要求高，对电压比较敏感，所以要求采集每个单体蓄电池的电压，并监测到每个单体蓄电池的工作温度，而镍氢蓄电池和铅酸蓄电池对电压、温度的数据采集量少于锂离子蓄电池，通常采用成对或成组采集的方式，这样可减小蓄电池管理系统的复杂度。

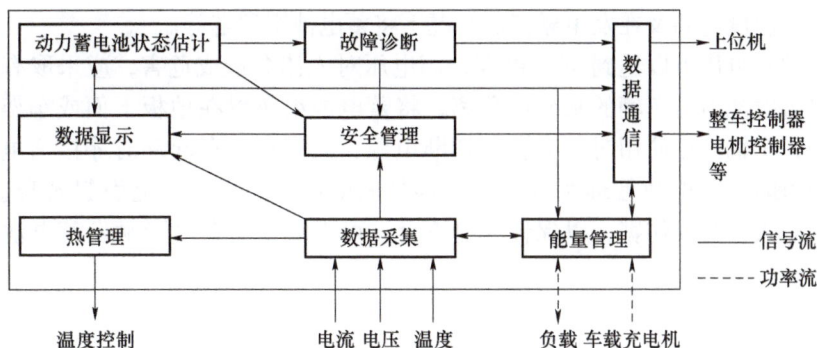

图 2-15　蓄电池管理系统的功能框图

2. 动力蓄电池状态估计功能

动力蓄电池状态估计功能包括蓄电池组荷电状态（State of Charge，SOC）和蓄电池组健康状态（State of Health，SOH）两方面。SOC 提供动力蓄电池剩余电量的信息，是计算和估计纯电动汽车续驶里程的基础，SOH 提供动力蓄电池健康状态的信息，预计可用寿命等健康状态的参数。SOC 是防止动力蓄电池过充电和过放电的主要依据，只有准确估算蓄电池组的 SOC，才能有效提高动力蓄电池的利用效率，保证动力蓄电池的使用寿命。在电动汽车中，准确估算动力蓄电池的 SOC，可以保护动力蓄电池，提高整车性能，降低对动力蓄电池的要求以及提高经济性等。

目前的蓄电池管理系统都实现了 SOC 估计功能，SOH 估计技术尚不成熟。

3. 热管理功能

热管理指蓄电池管理系统根据热管理控制策略控制蓄电池组热管理系统的工作，主要用于蓄电池组工作温度高于适宜工作温度上限时对蓄电池组进行冷却，低于适宜工作温度下限时对蓄电池组进行加热，使蓄电池组处于适宜的工作温度范围内，并在蓄电池组工作过程中保持单体蓄电池间温度的均衡。对于大功率放电和高温条件下使用的蓄电池组，蓄电池组的热管理尤为必要。

各类蓄电池都有其正常工作温度范围，温度过高或过低都会影响蓄电池的充放电性能和使用寿命。蓄电池组在充放电发热时，各单体蓄电池工作温度可能不一致，这也会降低蓄电池组的充放电能力。因此，蓄电池管理系统必须具备温度的监测和调整能力，控制工作温度在正常范围内，维持各单体蓄电池的温度均衡。

4. 数据通信功能

数据通信功能是指蓄电池管理系统与整车控制器、电机控制器等车载设备及上位机等非车载设备进行数据交换的功能。

5. 安全管理功能

纯电动汽车上的蓄电池组具有数百伏的高压电，为保证用电安全，蓄电池管理系统必须实时监控动力蓄电池电压、电流和高压电路状态，在出现异常状况后能立即报警并进行紧急处理。

安全管理主要用于监视蓄电池组电压、电流、温度等是否超过正常范围，防止蓄电池组过充电、过放电。现在，在对蓄电池组进行整组监控的同时，多数蓄电池管理系统已经发展到对极端单体蓄电池进行过充电、过放电、温度过高等安全状态管理。

安全管理系统的主要功能有烟雾报警、绝缘检测、自动灭火、过电压和过电流控制、过放电控制、防止温度过高及在发生碰撞的情况下将蓄电池组裂解等。

蓄电池组的总电压可以达到 90~400V，高电压对人体会造成危害，应采取有效的隔离措施，一般是将蓄电池组与车辆的乘坐区分离，将蓄电池组布置在地板下面或车架的两侧。在正常的情况下，车辆停止使用时，会自动切断电源，只有在汽车起动时才接通电源。当汽车发生碰撞或倾覆时，蓄电池管理系统应能立即切断电源，防止高压电引起人身事故和火灾，并防止电解液对人体造成伤害，以保证人身安全。可以利用安全气囊触发蓄电池管理系统控制自动开关断开。

6. 能量管理功能

能量管理功能是指对蓄电池组充放电过程的控制，其中包括对蓄电池组内单体蓄电池或模块进行电量均衡。

能量管理主要包括以电流、电压、温度、SOC 和 SOH 为输入进行充电过程控制及以 SOC、SOH 和温度等参数为条件进行放电功率控制两个部分。

7. 均衡控制功能

蓄电池组的工作状态由其内部最差单体蓄电池决定。在蓄电池组各个电池之间设置了均衡电路，实施均衡控制的目的是使各单体蓄电池充、放电的工作情况尽量一致，以提高整体蓄电池组的工作性能。

8. 电池状态故障诊断功能

故障诊断功能是蓄电池管理系统的重要组成部分，故障诊断可以在蓄电池组工作过程中，实时掌握动力蓄电池的各种状态，甚至在停机状态下也能将动力蓄电池故障信息定位到动力蓄电池系统的各个部分（包括蓄电池组）。

三、动力蓄电池的热管理

动力蓄电池性能的发挥与其温度有密切的关系。动力蓄电池的温度高，可使动力蓄电池的活性增加，使能量得到更充分地利用。但是，动力蓄电池若长时间工作在较高温环境下，使用寿命会明显地缩短，当温度太高时，动力蓄电池还会出现严重损坏的现象。因此，动力蓄电池在工作中应避免温度过高；动力蓄电池在低温时，活性明显降低，欧姆内阻和极化内阻增加，放电能力下降，使动力蓄电池的实际可用容量减小，能量利用效率下降。对于锂离子蓄电池而言，在低温下充电时，由于动力蓄电池的活性差，特别是动力蓄电池负极石墨的嵌入能力下降，正极反应放出的锂离子可能在动力蓄电池负极沉积下来，造成锂枝晶的形成，使可用的锂离子减少，严重的时候还会造成动力蓄电池内部短路。因此，动力蓄电池必须保持在适当的温度范围内，才能保证蓄电池组正常工作并延长动力蓄电池的使用寿命。

1. 动力蓄电池热管理的原理

（1）动力蓄电池高温控制原理　通常采取强制冷风的方法来降低动力蓄电池的温度。蓄电池管理系统通过实时监测，得到蓄电池组中各单体蓄电池的温度信息。当动力蓄电池工作温度达到设定的高限值时，动力蓄电池就需要进行散热处理，包括采取风冷和水冷等措施，以保证动力蓄电池的温度和温升控制在一定的范围内。在动力蓄电池的温度管理失效以后，当动力蓄电池温度达到最高允许值时，则蓄电池管理系统就会发出报警信号，并会断开电路，控制动力蓄电池停止充放电，以保证动力蓄电池的使用安全。

（2）动力蓄电池低温控制原理　在低温时，动力蓄电池的活性差。对于锂离子蓄电池来说，由于负极石墨的嵌入能力下降，此时以大电流充电很可能出现锂离子蓄电池热失控，甚至出现安全事故。为了避免这一问题，当蓄电池管理系统监测到动力蓄电池的温度过低时，会向充电装置发出控制信号，充电装置根据蓄电池管理系统的控制信号，转入小电流充电。另外，在低温环境（低于10℃）下，动力蓄电池的内阻增大，在充电过程中，动力蓄电池的欧姆极化增大，充电效率下降，而这部分能量转化为热量，使动力蓄电池的温度逐渐升高。因此，当蓄电池管理系统监测到环境温度过低时，也会控制充电装置转入小电流充电，直至蓄电池管理系统监测到正常温度时，再控制充电装置恢复至正常电流模式充电。

2. 动力蓄电池热管理系统的类型

从控制的角度看，目前的动力蓄电池热管理系统可以分为主动式和被动式两类，从传热介质的角度看，热管理系统主要包括气体冷却法、液体冷却法、相变材料冷却法及带加热的热管理系统等。

（1）气体冷却法 该方法采用空气作为传热介质，直接把空气引入动力蓄电池，使其流过动力蓄电池，以达到散热的目的，一般需有风扇、进出口风道等部件。气体冷却法主要包括自然对流冷却法和强迫空气对流冷却法。根据进风来源的不同，一般包括外界空气通风被动式冷却、驾驶室空气通风被动式冷却/加热、外界或驾驶室空气主动式冷却/加热。被动式系统结构相对简单，直接利用现有环境，比如，冬季动力蓄电池需要加热，可以利用驾驶室的热环境将空气吸入，若行驶中动力蓄电池温度过高，驾驶室空气的冷却效果不佳，则可将外界冷空气吸入降温。而主动式系统，则需建立单独系统，提供加热或冷却的功能，一般通过安装局部散热器或风扇的方法来强制散热，有的还利用辅助的或汽车自带的蒸发器来提供冷风，根据动力蓄电池状态独立控制，这也增加了整车的能源消耗和成本。不同系统的选择主要取决于动力蓄电池的使用要求。

1）串行通风方式（图 2-16a）。当动力蓄电池需要散热时，风机工作，使空气从一侧进，从另一侧出。冷空气进入后，在经过动力蓄电池时不断地被加热。这样，在蓄电池入口一侧被空气带走的热量相对较多，而在动力蓄电池出口一侧的散热效果要差于在空气一侧。所以，采用串行通风方式的动力蓄电池的散热均匀性不太理想，目前已较少采用。

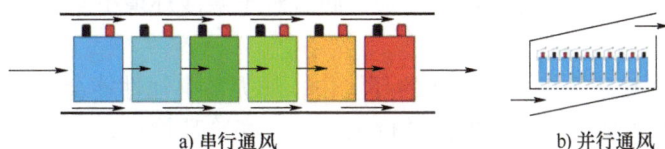

a) 串行通风   b) 并行通风

图 2-16 两种典型的气体冷却方式

2）并行通风方式（图 2-16b）。通过对动力蓄电池的布置以及对楔形进、排气通道的合理设计，可以确保进入每个单体蓄电池缝隙之间的空气流量均匀，蓄电池组各单体蓄电池散热一致，温度一致性好。并行通风方式是目前采用较多的动力蓄电池散热结构。

（2）液体冷却法 该方法以液体作为传热介质，需在蓄电池组与液体介质之间建立传热通道，比如水套，以对流和导热两种形式进行间接式加热/冷却，传热介质可以采用水、乙二醇，甚至制冷剂，也有把蓄电池组沉浸在电介质的液体中直接传热的方式，但必须采用绝缘措施，以免发生短路。液体冷却法主要包括被动式液体冷却和主动式液体冷却。被动式液体冷却一般是通过液体-环境空气换热后再将其引入动力蓄电池进行二次换热。而主动式液体冷却是通过发动机冷却液-液体介质换热器，或者电加热/燃油加热实现一级加热，以驾驶室空气/空调制冷剂-液体介质实现一级冷却。一种典型的液体冷却系统的构成如图 2-17 所示。

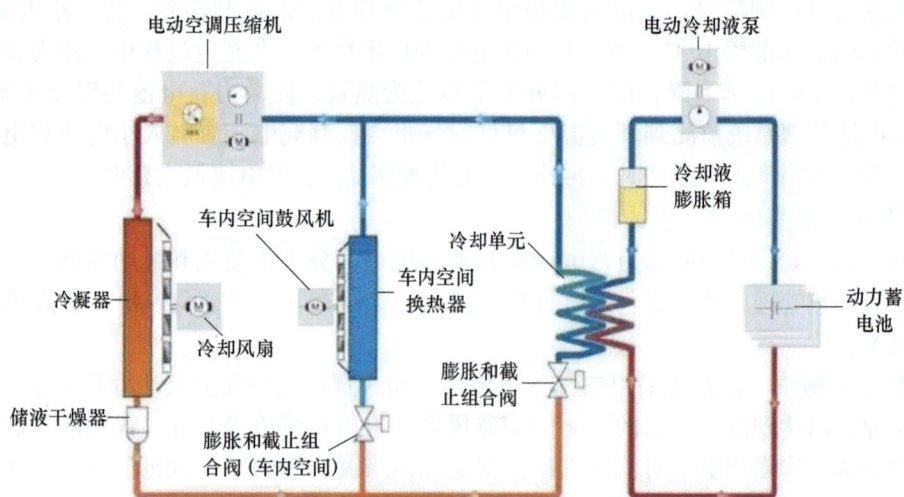

图 2-17　一种典型的液体冷却系统的构成

（3）**相变材料冷却法**　近年来，在国外和国内出现了采用相变材料（PCM）冷却的动力蓄电池热管理系统，针对动力蓄电池在充电时吸热、放电时放热的特点，在全封闭的单体蓄电池之间填充相变材料，靠相变材料的熔化或凝固来工作。利用 PCM 进行动力蓄电池冷却的原理是：当动力蓄电池进行大电流放电时，PCM 吸收动力蓄电池放出的热量，自身发生相变（熔化）而使动力蓄电池温度迅速降低，此过程是系统把热量以相变热的形式存储在 PCM 中；在动力蓄电池进行充电时，特别是在比较冷的天气环境下（即大气温度远低于相变温度），PCM 把热量排放到环境中。相变材料用于动力蓄电池热管理系统中，不需要在动力蓄电池连接处插入额外的冷却元件，也不需要蓄电池组间的冷却通道或封装外部流体循环的冷却系统，更不需要耗费动力蓄电池的额外能量，同时对于寒冷环境下给动力蓄电池进行加热也有帮助。

（4）**带加热的热管理系统**　在较冷的环境中，动力蓄电池性能会降低，造成纯电动汽车整车性能降低，此时需要对动力蓄电池进行加热。在寒冷环境中，对动力蓄电池加热比对动力蓄电池散热更困难。福特公司研发出的锂离子蓄电池热管理系统包括冷却和加热两种功能。

3. 注意事项

蓄电池组安放在动力蓄电池箱内通过风机降温，如果通风不当，则容易造成动力蓄电池箱内各单体蓄电池的温度不一致，进而导致单体蓄电池的容量和内阻的不一致。在动力蓄电池的使用过程中，容量较小的单体蓄电池容易产生过充电和过放电，进而影响其性能和使用寿命，并造成安全隐患。因此，动力蓄电池箱内单体蓄电池的布置和散热风道的布局，均要尽量保证蓄电池组的散热均匀性。

另外，在纯电动汽车上，由于蓄电池组各个单体蓄电池或各个分蓄电池组布置在车辆不同的位置上，各处的散热环境都不同，这些差别也会对动力蓄电池充、放电性能和动力蓄电池的使用寿命造成影响。为了保证每个单体蓄电池都能有良好的散热条件和环境，应将纯电动汽车的蓄电池组装在一个强制冷却系统中，使各个单体蓄电池的温度保持一致或相接近，并且使各个单体蓄电池的周边环境条件相似。

四、蓄电池管理系统常见故障类型及检修方法

蓄电池管理系统常见故障类型包括 CAN 总线通信故障、蓄电池管理系统未正常工作、电压采集异常、温度采集异常、绝缘故障、总压检测故障、预充电故障、无法充电、电流显示异常故障和高压互锁故障等。

(1) CAN 总线通信故障　CAN 总线或电源线脱落、端子退针都会导致通信故障。在保证蓄电池管理系统供电正常的状态下，将万用表调至直流电压档，红表笔触碰内部 CAN-H，黑表笔触碰内部 CAN-L，测量通信电路的输出电压，即通信电路内部 CAN-H 与 CAN-L 之间的电压，正常电压值为 1.5V 左右，若电压值异常，则可判定为蓄电池管理系统硬件故障，需更换。

(2) 蓄电池管理系统未正常工作　当出现蓄电池管理系统未正常工作现象时，可重点考虑以下几个方面：

1）蓄电池管理系统的供电电压。首先测量整车插接器处，整车给蓄电池管理系统的供电电压是否有稳定的输出。

2）CAN 总线或辅助蓄电池线连接不可靠。CAN 总线或电源输出线连接不可靠会导致通信故障。应对主板到从板或高压板的通信线和电源线进行检查，发现脱落断开的线束，应进行更换或重新连接。

3）插接器退针或损坏。低压通信航空插头退针会导致从板无电源或从板数据无法传输到主板，应检查插头和插接器，发现退针或损坏的应进行更换。

4）控制主板。换板进行监控，更换后故障解除则确定为主板问题。

(3) 电压采集异常　当出现电压采集异常现象时，重点考虑下列几种情况：

1）动力蓄电池本身欠电压。将监控电压值与万用表实际测量的电压值对比，确认后更换动力蓄电池。

2）采集线端子紧固螺栓松动或采集线与端子接触不良。螺栓松动或端子接触不良会导致单体蓄电池电压采集不准，此时轻摇采集端子，确认接触不良后，紧固或更换采集线。

3）采集线熔丝损坏。测量熔丝阻值，若在 1Ω 以上，需进行更换。

4）从板检查问题。确认采集电压与实际电压是否不一致，其他从板若采集电压与动力蓄电池电压一致，则需更换从板，并收集现场数据，读取历史故障数据，进行分析。

(4) 温度采集异常　当出现温度采集异常现象时，重点考虑下列几种情况：

1）温度传感器失效。若单个温度数据缺失，则检查中间对接插头，若无连接异常，可确定为传感器损坏，更换即可。

2）温度传感器线束连接不可靠。检查中间对接插头或者控制口温度传感器线束，若发现松动或者脱落，应更换线束。

3）蓄电池管理系统存在硬件故障。若监测发现蓄电池管理系统无法采集整体温度，并确认从控制线束到转接插头以及从转接插头到温度传感器的线束导通正常，则可判定为蓄电池管理系统硬件问题，应更换对应的从板。

4）更换从板后是否重新加载电源。在更换故障从板后要重新加载电源，否则监控值会显示异常。

(5) 绝缘故障　蓄电池管理系统中工作线束的插接器内芯与外壳短接、高压线破损与车体短接会导致绝缘故障，同时电压采集线破损与动力蓄电池箱短接，也会导致绝缘故障。针

对此类情况，按下列方法分别分析诊断维修：

1）高压负载漏电。依次断开 DC/DC 变换器、PCU、车载充电机和空调等，直到故障解除，然后对故障件进行更换。

2）高压线或插接器破损。使用绝缘电阻表进行测量，检查确认后进行更换。

3）动力蓄电池箱进水或动力蓄电池漏液。对动力蓄电池箱内部进行处理或更换动力蓄电池。

4）电压采集线破损。确定动力蓄电池箱内部漏电后检查采集线，若发现破损则进行更换。

5）高压板检测误报。对高压板进行更换，更换后故障解除，则确定为高压板检测故障。

（6）总压检测故障　导致总压检测故障的原因可分为：采集线与端子间松动或脱落，导致总压采集故障；螺母松动导致打火和总压采集故障；高压插接器松动导致打火和总压检测故障；维修开关按下导致总压采集故障等。在实际检测过程中，可分别按下列方法进行维修处理：

1）总压采集线两端端子连接不可靠。用万用表测量检测点总压与监控总压，并进行对比，然后检查检测电路，若发现连接不可靠，则进行紧固或更换。

2）高压回路连接异常。用万用表测量检测点总压与监控总压，并进行对比，然后从检测点依次检查维修开关、螺栓、插接器和熔丝等，若发现异常，则进行更换。

3）高压板检测故障。对比实际总压和监控总压，更换高压板后，若总压恢复正常，则可确定为高压板故障，予以更换。

（7）预充电故障　导致出现预充电故障的原因可分为：外总压采集端子松动脱落导致预充电故障，主板控制线无 12V 电压导致预充电继电器不闭合，预充电电阻损坏导致预充电失败等。结合实车，可按以下几类情况分别进行检查：

1）外部高压部件故障。当蓄电池管理系统报预充电故障时，断开总正、总负继电器后，若预充电成功，则故障由外部高压部件引起，分段排查高压接线盒和 PCU。

2）主板问题不能闭合预充电继电器。检测预充电继电器是否有 12V 电压，如果没有，则更换主板，若更换后预充电成功，则确定主板故障。

3）主熔丝或预充电阻损坏。测量预充电熔丝导通情况和电阻阻值，若异常则更换。

4）高压板外部总压检测故障。换高压板后预充电成功，则可确定高压板故障，更换即可。

（8）无法充电　无法充电现象大致可总结为两种情况：一是插接器两端 CAN 总线端子退针或脱落，导致主板与充电机无法通信，从而无法充电；二是充电熔丝损坏，导致充电回路无法形成，充电无法完成。实际车辆检测中若遇到无法充电的情况，可从以下几个方面入手，进行故障的维修处理：

1）充电机与主板未正常通信。使用仪器读取整车 CAN 总线工作数据，若发现无充电机或者蓄电池管理系统工作数据时，立即检查 CAN 总线通信线束，若插接器接触不良或电路中断，应立即进行修复。

2）充电机或主板故障不能正常起动。对充电机或主板进行更换，然后重新加载电压，若更换后可以充电，则可确定为充电机或主板故障。

3）蓄电池管理系统检查到故障，不允许充电。通过监控判断故障类型，然后解除故障直至充电成功。

4）充电熔丝损坏，无法形成充电回路。使用万用表检测充电熔丝导通情况，若无法导通，则立即更换。

（9）电流显示异常故障 蓄电池管理系统控制线束的端子脱落或螺栓松动、端子或螺栓表面氧化均会导致电流误差。当出现电流显示异常时，应完整详细地检查电流采集线的安装情况。

1）电流采集线未正确连接。此时会导致电流正负颠倒，更换即可。

2）电流采集线连接不可靠。首先确定高压回路有稳定电流，而当监控电流波动较大时，检查分流器两端电流采集线，若发现螺栓松动，应立即进行紧固。

3）检测端子表面氧化情况。首先确定高压回路有稳定电流，而当监控电流远低于实际电流时，检测端子或螺栓表面是否有氧化层，有则对其表面进行处理。

4）高压板电流检测异常。断开维修开关后，若监控电流值在0.2A以上，则高压板电流检测异常，应对高压板进行更换。

（10）高压互锁故障 打开起动开关至ON档时，测量此处是否有高压输入，检查四个端子是否插接牢靠，并测量驱动端是否有12V电压（细线为电压驱动线）。按照具体情况，可分为以下六类：

1）DC/DC变换器故障。

2）测量DC/DC变换器高压输入插头，在打开ON档时是否有短时高压，如果有，则确定为DC/DC变换器故障，予以更换。

3）DC/DC变换器继电器端子未插接牢靠。

4）检查继电器高压、低压端子，不可靠的重新插接牢靠。

5）主板或转接板故障导致DC/DC变换器继电器不闭合。

6）测量DC/DC变换器继电器电压驱动端，打开起动开关至ON档，短时间无12V电压，则更换主板或转接板。

五、动力蓄电池系统的故障与检修（项目化检修案例）

1. 车载仪表盘故障指示灯解读

车载仪表盘故障指示灯解读见表2-3。

表2-3 车载仪表盘故障指示灯解读

故障指示灯	颜色	故障名称	故障含义
	黄色	动力蓄电池充电提醒（电量不足报警）	起动状态，当电量低于30%，动力蓄电池充电提醒灯点亮。高于35%，动力蓄电池充电提醒灯熄灭
	红色	动力蓄电池故障	起动状态下，动力蓄电池故障
	黄色	动力蓄电池切断	起动状态下，动力蓄电池切断

（续）

故障指示灯	颜色	故障名称	故障含义
	红色	充电线连接	充电线连接（充电盖开启）
	红色	动力蓄电池绝缘阻值低	起动状态下，动力蓄电池绝缘阻值低

2. 动力蓄电池故障等级

根据动力蓄电池故障对整车的影响划分为三个等级，见表2-4。

表2-4　动力蓄电池故障等级划分

一级故障（非常严重）	二级故障（严重）	三级故障（轻微）
动力蓄电池上报该故障一段时间后会造成整车出现安全事故，如起火、爆炸和触电等。动力蓄电池在正常工作时不会上报该故障，蓄电池管理系统一旦上报该故障表明动力蓄电池处于严重的滥用状态	动力蓄电池上报该故障会造成整车进入跛行、暂时停止进行能量回收、停止充电，动力蓄电池正常工作时不会上报该故障，蓄电池管理系统一旦上报该故障表明动力蓄电池某些硬件出现故障或动力处于非正常工作的条件下	动力蓄电池上报该故障对整车无影响或不同程度地造成整车进入限功率行驶状态，动力蓄电池正常工作时可能上报该故障，蓄电池管理系统一旦上报该故障，表明动力蓄电池处于极限环境温度下或单体蓄电池一致性出现一定劣化等

注：其他控制器相应动力蓄电池二级故障的延时时间建议少于60s，否则会引发动力蓄电池上报一级故障。

3. 动力蓄电池常见故障处理

一级故障名称及故障编码见表2-5。

表2-5　一级故障名称及故障编码

故障等级	故障名称	故障编码	对整车影响
一级故障	单体蓄电池电压过电压	P0004	行车模式：动力蓄电池放电电流降为0，断高压，无法行车
	动力蓄电池外部短路（放电时过电流）	P0006	车载充电：请求停止充电/停止加热，主正、主负继电器断开
	温度过高	P0007	直流快充：发送蓄电池管理系统
	动力蓄电池内部短路	P0014	终止充电：主正、主负继电器断开

二级故障名称及故障编码见表2-6。

表 2-6　二级故障名称及故障编码

故障等级	故障名称	故障编码	对整车影响
二级故障	单体蓄电池电压欠电压	P0269	行车模式：限功率至放电电流 25A
	蓄电池管理系统内部通信故障	P0279	行车模式：限功率至放电电流 25A，"最大允许充电电流"调整为 0
	蓄电池管理系统硬件故障	P0284	充电模式：发送请求停止充电，如果上报故障后 2s 内未收到响应，蓄电池管理系统主动断开高压继电器或加热继电器
	蓄电池管理系统与车载充电机通信故障	P0283	车载充电模式：请求停止充电，或请求停止加热，如果上报故障后 2s 内未接收到响应，蓄电池管理系统主动断开高压继电器或加热继电器
	温度过高	P0258	行车模式：限功率至放电电流 25A，"最大允许充电电流"调整为 0
	绝缘电阻过低	P0276	行车模式：限功率至放电电流 25A，"最大允许充电电流"调整为 0
	加热元件故障	P0281-1	充电模式：发送请求停止充电，如果上报故障后 2s 内未收到响应，蓄电池管理系统主动断开加热继电器

三级故障名称及故障编码见表 2-7。

表 2-7　三级故障名称及故障编码

故障等级	故障名称	故障编码	对整车影响
三级故障	温度过高故障	P1043	行车模式：放电功率降为当前状态的 50%
	绝缘电阻过低	P1047	上报不处理
	电压不均衡	P1046	行车模式：放电功率降为当前状态的 40%
	单体蓄电池电压欠电压	P1040	
	温度不均衡	P1045	上报不处理
	放电过电流	P1042	行车模式：放电功率降为当前状态的 50%

注：相同的故障名称，根据故障程度级别不同，以不同故障码区分。

（1）动力蓄电池母线绝缘故障检测　当仪表报高压绝缘故障后，要做高压系统绝缘检测。

1）区分是动力蓄电池的绝缘故障还是负载侧绝缘故障，起动开关置于 OFF 档，断开 12V 蓄电池负极，举升车辆，拔下动力蓄电池低压控制航空插头，拔下动力母线插接器，对动力蓄电池输出端以及负载端进行验电、放电、再验电。然后，用绝缘检测仪检测负载端绝缘状况。

2）电池内部绝缘监测。在负载端断开的状况下，插上动力蓄电池低压控制航空插头，动力蓄电池负极接通 12V 供电，起动开关置于 ON 档，整车控制器控制接通动力蓄电池负极。动力蓄电池内部动力母线进行绝缘检测，若有故障，会上报整车控制器，并在仪表板显示出来。这时仪表板上显示的是排除负载端之后，动力蓄电池内部的绝缘情况。若报绝缘故障，则需要进一步检查动力蓄电池内部高压路径。由于负载端断开，动力蓄电池主控盒不会闭合正极母线继电器，对外不能供电。这时用绝缘检测仪检测负极母线绝缘状况，检测正极输出口到母线继电器的绝缘状况。

3）直流母线电压故障检查步骤如下：

① 检查直流高压插接器，断开维修开关，拔下高压插接器，用万用表测量控制器上高压插接器正极、负极对控制器外壳阻抗，一般大于20MΩ。

a. 若正常，进行下一步检查。

b. 若异常，检查高压电缆。

② 检查高压输入信号，用万用表检查高压输入端，看是否在480~500V范围内。

a. 若正常，则为电机控制器故障。

b. 若小于480V，则为外部输入异常，应检查动力蓄电池系统和预充系统。

4）高压配电箱故障判断。

① 接触器异常检测：先判断接触器低压端是否同时满足吸合时所需的电压，即外围信号是否正常。若正常，判断为接触器异常；否则，需检查外围信号。

② 霍尔电流传感器异常检测：车辆上电，测试霍尔电流传感器是否有"+15V""−15V"的电源，若电源电压正常，则测试霍尔信号（1V/100A）并与电源管理器的当前电流进行对比，从而来判断霍尔电流传感器的正常与否。

③ 配电箱内高压熔丝的异常检测：在检查高压模块是否有高压输入时，先检查高压熔丝是否烧毁。熔丝的好坏，用万用表的通断档进行检测。若导通，则熔丝正常；若不导通，则熔丝烧毁；需检查其负载是否正常，并进行更换。

（2）以2019款比亚迪秦Pro EV出现的动力系统故障为例

1）故障现象：一辆2019款比亚迪秦Pro EV在行驶中突然显示"EV功能受限"的故障信息，随后该车最高车速只能达到60km/h。

2）故障诊断与排除：根据最初的判断，这种故障可能出在以下几个方面：程序问题、高压系统故障、低压控制系统故障。

连接诊断仪进行检测，在漏电传感器系统中存有两个当前故障码，如图2-18所示：P1CA100——严重漏电故障，P1CA200——一般漏电故障。读取漏电传感器系统数据流，如图2-19所示，发现绝缘电阻只有9kΩ，严重低于正常值。初步判断该车存在典型的高压系统漏电故障。

图2-18　DCT软件屏幕显示

图2-19　漏电传感器系统数据流

关闭起动开关，并断开辅助蓄电池负极，等待5~10min，待高压模块内的电容充分放电后，使用绝缘电阻表检查各个高压元器件绝缘阻值。分别测量充配电总成正极、负极对车身的绝缘电阻，实测值分别为9.65MΩ、9.52MΩ。测量电机控制器、驱动电机、电动空调泵、

PTC 等高压部件的绝缘电阻，均大于 2MΩ，正常。需要注意的是，使用绝缘电阻表测量高压模块时，应根据动力蓄电池额定电压选择正确的量程，否则有可能会因量程电压超过元器件耐压值而导致高压模块损坏。通过上述检查发现，动力蓄电池外围高压部件的绝缘阻值均正常，因此判定该车漏电部位在蓄电池包上。

按照比亚迪对于动力蓄电池检测安全规范的要求，检测动力蓄电池之前，应先做好以下安全准备工作：

1）关闭整车电源开关。

2）断开辅助蓄电池负极，并用绝缘胶带包裹固定。

3）断开动力维修开关（若有该配置）。

4）等待至少 5min 以上。

5）断开动力蓄电池正负极母线。

6）对动力蓄电池正负极母线插接器及线束端插接器用绝缘胶带进行绝缘密封，防止短路及异物进入。

按照厂家规定的动力蓄电池拆解规范，拆解故障车动力蓄电池，发现蓄电池包存在密封不良的情况，蓄电池包内部已经进水。风干蓄电池包并重新进行密封处理后，再次测量并计算动力蓄电池绝缘值，大于 500Ω/V。装车后试车，该车故障已被彻底排除。

【学习小结】

1. 本任务具体介绍了蓄电池管理系统的组成、工作原理与功能以及动力蓄电池的热管理。

2. 蓄电池管理系统一般由一些传感器（用于测量电压、电流和温度等）、一个带微处理器的控制单元和一些输入/输出插口等组成。

3. 蓄电池管理系统的工作原理是，数据采集电路采集动力蓄电池电压、电流和温度等状态信息数据后，通过 CAN 总线将数据传送给主控制单元，进行数据分析和处理，然后蓄电池管理系统根据分析结果对系统内的相关功能模块发出控制指令（如控制风机开、关等），并对外界传递参数信息；同时，蓄电池管理系统也能通过 CAN 总线与组合仪表及充电机等进行通信，实现参数显示、充电监控等功能。

4. 蓄电池管理系统主要包括数据采集、动力蓄电池状态估计、热管理、数据通信、安全管理、能量管理等功能。

5. 动力蓄电池性能的发挥与其温度有密切的关系。动力蓄电池必须保持在适当的温度范围内，才能保证蓄电池组正常工作并延长动力蓄电池的使用寿命。

【知识巩固】

1. 蓄电池管理系统一般由一些_____、_____和_____等组成。

2. 从控制的角度看，目前的动力蓄电池热管理系统可以分为_____、_____两类，从传热介质的角度看，热管理系统主要包括_____、_____、_____及_____等。

3. 请简述热管理系统的作用。

4. 请简述蓄电池管理系统的作用。

5. 根据动力蓄电池故障对整车的影响划分为三个等级，其中最严重的等级为_____。

6. 蓄电池管理系统常见故障类型包括_____、_____、_____、_____、_____、_____、_____、_____、_____和_____等。

7. 请简述当出现蓄电池管理系统未正常工作现象时，可重点考虑哪几个方面。

8. 蓄电池管理系统中工作线束的插接器内芯与外壳短接、高压线破损与车体短接会导致绝缘故障，同时电压采集线破损与动力蓄电池箱短接，也会导致绝缘故障。针对此类情况，该如何分析诊断维修？

任务三　纯电动汽车充电系统检修

【任务描述】

对于纯电动汽车来说，不同的运行模式对动力蓄电池的充电时间有不同的要求。而充电时间的不同，则需要不同的充电方式来满足，并且不同动力蓄电池都有其最佳的充电电压、电流和充电时间。因此，纯电动汽车的充电技术是维持纯电动汽车运行的一项必要手段，对纯电动汽车的使用寿命影响很大。本任务介绍了纯电动汽车的不同充电方式以及不同的充电设施。

【学习目标】

知识目标	技能目标	素养目标
1. 了解纯电动汽车的充电方式 2. 了解纯电动汽车的充电设施	掌握不同充电方式的优缺点	1. 培养学生在纯电动汽车学习工作中的严谨性 2. 注重学习过程中的操作规范，具备一定责任意识

【理论知识】

纯电动汽车动力蓄电池的充电方式有传统有线充电方式和无线充电方式两种。而传统有线充电方式又分为常规充电方式、快速充电方式和更换动力蓄电池方式。

一、充电方式

1. 常规充电方式（慢充方式）

常规充电方式是以较小电流（约为15A），采用恒压、恒流的充电方式对纯电动车进行充电，充电时间通常为6~10h，有利于提高充电效率和延长动力蓄电池的使用寿命。以120A·h的动力蓄电池为例，充电时间要持续8h以上。慢充方式由于充电电流小，相应充电机的工作和安装成本相对比较低，充电条件易于满足，只需提供普通市电或较小电流的直流电即可，可在充电站、停车场、路边充电桩，甚至在家庭车库进行充电。车载充电机是纯电动汽车的一种最基本的充电设备，作为标准配置固定在车上或放在行李舱里。由于只需将车载充电机的插头插到停车场或家中的电源插座上即可进行充电，因此充电过程一般由客户自己独立完成。直接从低压照明电路取电，电功率较小。由220V/16A规格的标准电网电源供电，典型的充电时间为8~10h（SOC达到95%以上）。这种充电方式对电网没有特殊要求，只要能够满足照明要求的供电电路就能使用。常规充电主要在夜间或者在用电低谷期进行，价格便宜，有利于电能的有效利用。

慢充是最基本的充电方式，适用于设计的续驶里程较大，可满足一天的行驶需要并利用夜间停车时间来充电的电动汽车。在现阶段技术条件下，纯电动汽车的续驶里程约为200km，私家车、市内环卫车、工程车、公务车、企业商务车等汽车日均行驶里程基本在续驶里程范围内，因此可采用慢充的方式。

但是如果白天运行时间过长，就要对纯电动汽车进行补充充电（补充充电属于常规充电的辅助手段）。补充充电采用直插直充的快速充电方式，由于二次电池（蓄电池）的无记忆特性，因此快速充电方式对蓄电池的使用寿命无明显影响，也不会影响纯电动汽车的正常运行。

2. 快速充电方式

快速充电方式是指在短时间（20~30min）内使纯电动汽车的动力蓄电池达到或接近完全充满状态的一种方法。但根据纯电动汽车动力蓄电池种类及工作原理的不同，其采用的充电模式也不同。对于个别种类的动力蓄电池，采用快速充电方式对动力蓄电池进行充电会影响动力蓄电池的使用寿命，充电电流较大对技术安全性要求也较高。同时，当纯电动汽车采用快速充电模式对动力蓄电池进行充电时，由于充电电流大，将会对供电网络及系统的稳定性产生负面影响。只有在紧急情况下，才考虑采用快充方法，如对确实快要用完电能而将要无法行驶的纯电动汽车，可利用就近的电源紧急快充一段时间，使其能够到常规充电站进行充电。

快速充电方式以1~3C的大充电电流在短时间内为动力蓄电池充电，充电功率很大，能达到上百千瓦。该充电方式以150~400A的高充电电流在短时间内为动力蓄电池充电，与前者相比安装成本相对较高。

快速充电也可称为迅速充电或应急充电，其目的是在短时间内给纯电动汽车充满电，充电时间应该与燃油汽车的加油时间接近，大型充电站（机）主要采用这种充电方式。快速充电方式适用于汽车的日平均里程大于汽车最大续驶里程，需要在汽车运行间隙快速补充电能来满足行驶需要的运行汽车。公交车和出租车是典型的使用快速充电方式的车型。

纯电动汽车充电设备主要包括充电站及其附属设备，如充电机、充电站监护系统、充电桩、配电室以及安全防护设施等。纯电动汽车的快速充电机可设置在住宅公寓、公司的停车场、公共设施及购物中心等多种场所，可满足一般的充电需求。

3. 更换动力蓄电池方式

更换动力蓄电池方式是通过直接更换车载动力蓄电池的方法补充电能，即在动力蓄电池电量耗尽时，用充满电的动力蓄电池更换已经耗尽电的动力蓄电池。动力蓄电池归服务站或动力蓄电池厂商所有，纯电动汽车用户只需租用动力蓄电池即可。纯电动汽车用户把车停在一个特定的区域，然后用更换动力蓄电池的机器将耗尽电的动力蓄电池取下，换上已充满电的动力蓄电池。在充电站，充电人员卸下已放完电的动力蓄电池，通过充电架平台与充电机连接进行充电，也可以集中收集起来以后再充电。动力蓄电池更换站同时具备正常充电站和快速充电站的优点，也就是说，可以用低谷电给动力蓄电池充电，同时又能在很短的时间内完成"加油"过程。通过使用机械设备，整个动力蓄电池更换过程可以在10min内完成，与现有的燃油汽车加油时间大致相当。

4. 无线充电方式

纯电动汽车无线充电技术是一种新型的电能供给方式。纯电动汽车无线充电方式的原理类似于在车里使用移动电话，将电能转换成一种符合现行技术标准要求的特殊激光或微波束，在汽车顶上安装一个专用天线接收即可。有了无线充电技术，公路上行驶的纯电动汽车或新能源汽车可通过安装在电线杆或其他高层建筑上的发射器快速补充电能。

纯电动汽车的无线充电方式有电磁感应式（图 2-20）、磁共振式和微波式（无线电）三种。三种无线充电方式的比较见表 2-8。

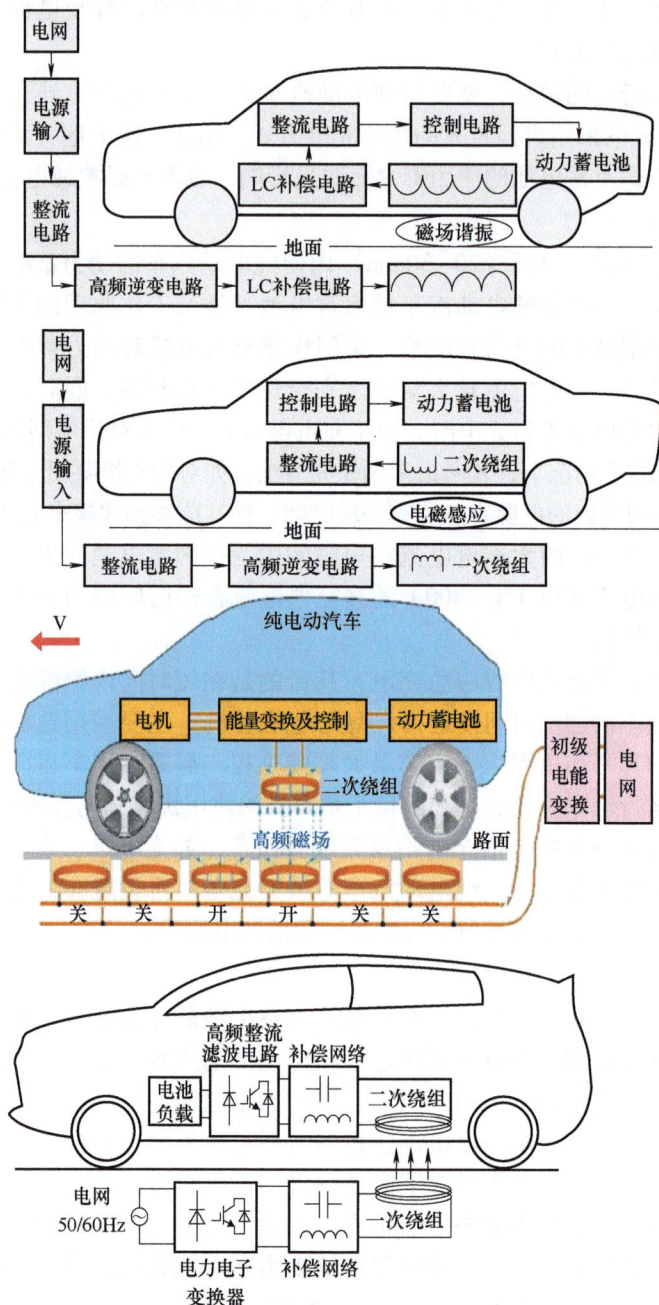

图 2-20　电磁感应式充电

表 2-8　三种无线充电方式的比较

项目	电磁感应式	磁共振式	微波式
充电原理	向地面下的一次绕组提供交流电流，绕组产生交变磁场，感应在车底部的二次绕组，二次绕组产生交流电	基本原理与电磁感应式相同，只是一次绕组和二次绕组使用同一共振频率，可将阻抗控制在最低，增大发送距离	充电部分和接收部分均采用 2.45GHz 的微波
使用频率范围	22kHz	13.56kHz	2.45GHz
输出功率/kW	30	1	1
传送距离/mm	100	400	1000
充电效率（%）	92	95	38

(1) 电磁感应式　电磁感应充电是通过一次绕组（送电）和二次绕组（接收）之间传输电力，这是接近实用化的一种充电方式。当一次绕组中有交变电流通过时，一次绕组、二次绕组两绕组之间产生交替变化的磁场，由此在二次绕组产生随磁场变化的感应电动势，通过二次绕组端对外输出交变电流。电磁感应传输功率大，能达几百千瓦，但电磁感应的原理受制于过短的供电端和受电端距离，传输距离上限是 10cm 左右。

其原理是采用了可在一次绕组和二次绕组之间提供电力的电磁感应方式，即将一个二次绕组装置安装在汽车的底盘上，将另一个一次绕组装置安装在地面，当电动汽车驶到一次绕组装置上，二次绕组即可接收到一次绕组的电流，从而对动力蓄电池进行充电。

沃尔沃（Volvo）C30 纯电动汽车即采用电磁感应式充电。纯电动汽车充电不再需要电源插座或充电电缆，利用电磁感应充电法，电能通过建在路面内的充电板无线传送给汽车的动力蓄电池，实现从路面直接给汽车充电。这一技术将极大地缩短充电时间，沃尔沃 C30 纯电动汽车在动力蓄电池完全放电的情况下，给 24kW·h 的蓄电池组完全充电，仅需要 80min。

这种充电方式存在的问题是：送电距离比较短（约为 100mm），并且送电与受电两部分出现较大偏差时，电力传输效率就会明显下降；有异物进入时，会出现局部发热的情况；电磁波及高频方面防护问题也不易解决；功率大小与线圈尺寸直接相关，需要大功率传送电力时，需在基础设施建设和电力设备方面加大投入。这种方式的成本较高，还处于实验室研发阶段，其功能还有待时间验证。

(2) 磁共振式　磁共振充电主要由电源、电力输出、电力接收和整流器等主要部分组成，其基本原理与电磁感应方式基本相同。电源传送部分有电流通过时，所产生的交变磁束使接收部分产生电势，为动力蓄电池充电时输出电流。与电磁感应充电方式的不同之处在于，磁共振充电方式加装了一个高频驱动电源，采用兼备线圈和电容器的 LC 共振电路，而并非由简单线圈构成送电和接收两个单元。

共振频率的数值会随送电和接收单元之间距离的变化而变化，当传送距离发生改变时，传输效率也会像电磁感应一样迅速降低。因此，可通过控制电路调整共振频率，使两个单元的电路发生共振，即"共鸣"，也称这种磁共振状态为"磁共鸣"，在控制电路的作用下改变传送与接收的频率，可将电力传送距离增大至数米，同时将两单元电路的电阻降至最小，以提高传输效率。当然，传输效率还与发送和接收单元的直径相关，传送面积越大，传输效率也越高，目前的传输距离可达400mm左右，传输效率可达95%。

目前，磁共振充电方式技术上的难点是小型、高效率化比较难。现在的技术能力是直径约为0.5m的线圈，能在1m左右的距离提供60V的电力。

(3) 微波式 微波式充电又称为移动式充电。对于纯电动汽车动力蓄电池而言，最理想的情况是汽车在路上行驶时充电，即所谓的移动式充电。这样纯电动汽车用户就没有必要去寻找充电站，停放汽车并花费时间去充电了。

使用2.45GHz的电波发生装置传送电力，发送装置与微波炉使用的"磁控管"基本相同。传送的微波也是交流电波，可用天线在不同方向接收，用整流电路转换成直流电为汽车动力蓄电池充电，并且可以实现一点对多点的远距离传送。为防止充电时微波外漏，充电部分装有金属屏蔽装置，使用中，送电与受电之间的有效屏蔽可防止微波外漏。

5. 纯电动汽车无接触电能传输系统的构成

新型感应耦合式无接触电能传输系统主要由三大部分组成，即能量发送端、无接触变压器和能量接收端（图2-21）。

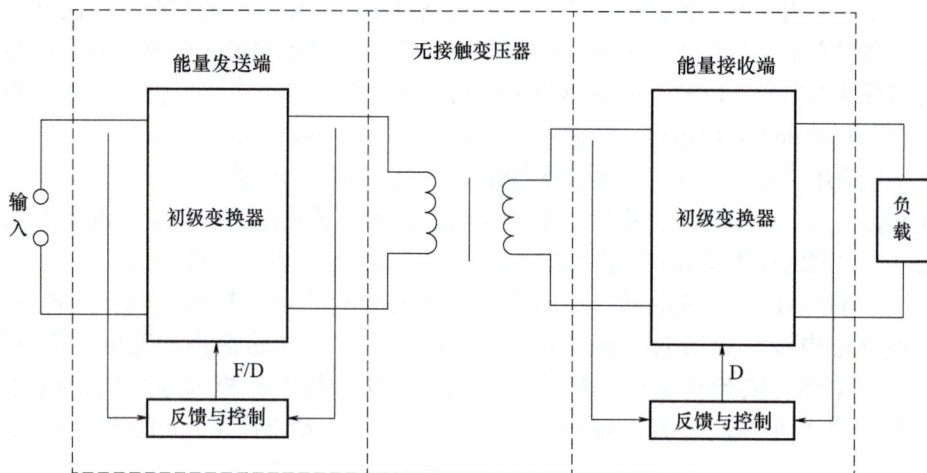

图2-21 纯电动汽车无接触电能传输系统的构成

能量发送端主要由整流滤波电路、高频逆变装置和控制电路（调节逆变频率及脉宽）构成，其主要功能是产生交流能量并使其通过分离功率变压器传输到能量接收器。能量接收端与变压器二次侧连接，具有可灵活移动的特点，由输出整流滤波环节和控制电路组成，提供负载所需的电能量；发送器和接收器之间相互独立（无机械、电气连接），但又通过无接触变压器的磁场耦合具有能量相关性。无接触变压器由于有较大的绕组空间，相应地有较大的漏感，因此，增加了绕组损耗。由于变压器一次绕组、二次绕组分别绕制在被气隙分割的一次侧、二次侧铁心上，励磁电感明显降低，励磁电流增加，从而使系统损耗增大。

系统工作时，在输入端将工频交流电经过整流和滤波后使其进入逆变装置转换成高频交流电，供给变压器一次绕组。输入能量经过变压器感应耦合后，二次侧端口输出的是高频电流，根据负载（纯电动汽车）具体要求，将接收到的电能量调节为满足纯电动汽车所需的电量。

二、充电插口

充电插口是指用于连接活动电缆和纯电动汽车的充电部件，由充电插座和充电插头两部分构成。由于是连接电缆使用，因而充电插头是传导式充电机的必备设备。充电插头在充电过程中与充电插座结构进行耦合，从而实现电能的传输。

1. 对充电插口的要求

在纯电动汽车的产业化过程中，充电插口的标准化至关重要。充电插口应该满足以下要求：

1）能够实现较大电流的传输和传导，避免因电流过大而引起插座发热和故障。

2）插头能够与插座充分耦合，接触电阻小，避免因接触不良而引起火花塞烧蚀或虚接。

3）能够实现必要的通信功能，便于纯电动汽车 CAN 通信或者蓄电池管理系统与驱动电机对接。

4）具备防误插功能：由于纯电动汽车使用的充电设备或者动力蓄电池的型号和性能不同，因而所需要的电源就不一样；同时，由于各插头的性能不同，所以插头的电极不能插错，这就需要对不同的电源插头要有一定的识别能力。

5）具备合理的外形，便于执行插拔作业。

2. 充电插口的形式

纯电动汽车充电插口的类型主要有单相交流充电插口、三相交流充电插口和直流充电插口三种。

单相交流充电插口主要用于家庭用户充电设施和一些标准的公共充电设施，这类充电插口的插头比较简单，用于单相交流电，一般有三个端子，分别是交流相线、交流零线和接地线。其与传统的电源插座类似，只是形体和额定电流较大。三相交流充电插口和直流充电插口相对于单相交流充电插口要复杂得多，这类充电插口一般用于较大的充电站，为较大型的纯电动汽车进行充电服务，而且充电电流相对较大，外形也较大，功能复杂。由于这类插口的插头较大，设计的形状类似于枪，所以一般也称为充电枪。

（1）**交流充电插口**　交流充电由于受不同国家和地区电网系统的影响，在充电标准中对充电插接器电压和电流的要求也不尽相同。比如在德国，三相电使用比较普遍，即使个人用户在住所中也可以使用，因此在 IEC 62196-2 标准中，定义了 480V 交流充电电压和 63A 充电电流，实际充电功率可以达到 40kW 以上。在 GB/T 20234.2—2015 中，虽然也定义了三相交流充电电压为 440V，但因为我国私人住宅及小区用户使用三相电的情况很少，所以目前交流充电电流最大只有 32A，而实际多采用 220V、16A 进行充电。美国标准的 SAE J1772，因为只定义了 5 芯的充电插口，因此采用此标准的纯电动汽车只能使用单相交流电充电，比如通用的沃蓝达（Volt）及日产的聆风（Leaf）。

从交流插口的外形来看，三种标准也有区别，其中 IEC 的 Type2 和我国国家标准最为接近，均采用 7 芯的布局，看似可以互相通用，但实际在汽车插头端由于分别采用了母头和公头插芯的设计，所以两者无法互换使用。SAE 标准由于只使用 5 芯插口，因此它的充电连接界面与 IEC 的 Type2 和我国国家标准完全不兼容。但 SAE 和我国国家标准均采用了机械锁的结构，而 IEC 只采用内部电子锁机构对汽车插头和插座进行锁定（图 2-22）。我国制定的交流充电插口形式如图 2-23 所示。

	北美	欧洲	中国	日本
交流				
直流				

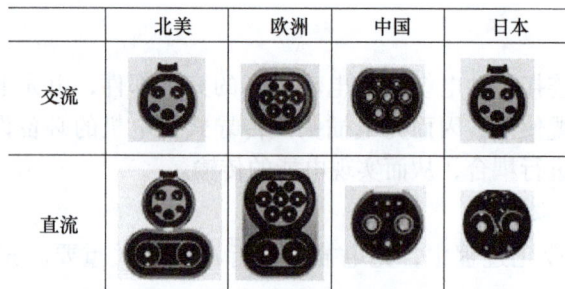

图 2-22　几种充电标准汽车插头插口界面比较

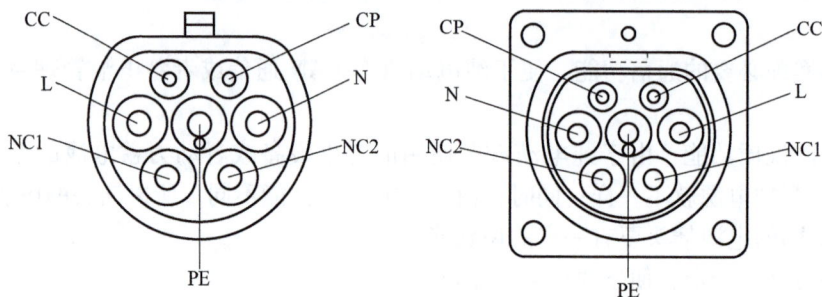

图 2-23　我国制定的交流充电插口形式

交流充电插口端子功能定义见表 2-9。

表 2-9　交流充电插口端子功能定义

触点标识	额定电压/V	额定电流/A	功能定义
L	250	13/32	交流电源
N	250	16/32	中线
PE			保护接地，连接供电设备地线和汽车底盘地线
CP	36	2	控制确认
CC	36	2	充电连接确认
NC1			预留通信端子
NC2			预留通信端子

（2）**直流充电插口**　为了实现对商用汽车及乘用汽车的快速能源补给，可利用非车载充电机将交流电转换成直流电，通过直流充电插口完成充电过程。直流充电插口（图 2-24）一般情况下承载的电流远高于交流充电插口。同时，在充电过程中需通过直流充电插口中的通信端子（CAN）连接车载蓄电池管理系统与非车载充电机的控制器，完成对充电过程的控制及其他相关信息的交互。此外，由于商用汽车在充电过程中需要外部提供低压直流电源，以供其内部电气控制及环境控制设备使用，因此采用直流充电的汽车需要充电设施提供辅助电源。根据上述基本要求，直流充电插口包含 9 个端子，其功能定义见表 2-10。

表 2-10　直流充电插口端子功能定义

触点编号	触点标识	额定电压/V	额定电流/A	功能定义
1	DC+	750	125/250	直流电源正极，连接直流电源正极与动力蓄电池正极
2	DC-	750	125/250	直流电源负极，连接直流电源负极与动力蓄电池负极
3	PE			保护接地，连接供电设备地线和汽车底盘地线
4	S+	36	2	充电通信 CAN-H，连接非车载充电机与纯电动汽车的通信线
5	S-	36	2	充电通信 CAN-L，连接非车载充电机与纯电动汽车的通信线
6	CC1	36	2	充电连接确认 1
7	CC2	36	2	充电连接确认 2
8	A+	36	20	低压辅助电源正极，非车载充电机为纯电动汽车提供低压辅助电源正极
9	A-	36	20	低压辅助电源负极，非车载充电机为纯电动汽车提供低压辅助电源负极

出于安全的考虑，在充电插口连接过程中端子连接顺序为，保护接地、直流电源正极、直流电源负极、低压辅助电源正极、低压辅助电源负极、充电通信；在脱开的过程中则顺序相反。纯电动汽车的汽车控制装置能够通过测量检查点的峰值电压判断充电插头与充电插座是否充分连接。

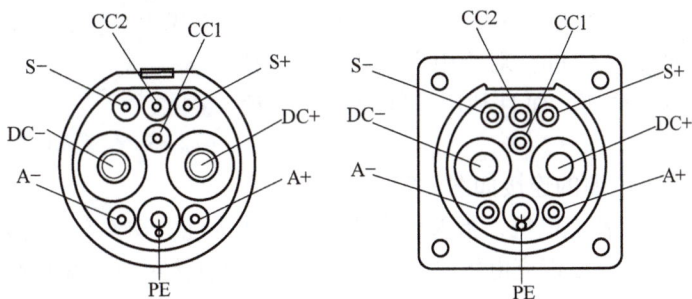

图 2-24　直流充电插口

三、充电设施

纯电动汽车的充电设施主要包括充电站及其附属设备，如充电机、充电站、充电桩、配电室以及安全防护设备等。

1. 充电机

纯电动汽车充电机与交流电网连接，从供电电源提取能量，以合适的方式传递给动力蓄电池，从而建立供电电源与动力蓄电池之间的功率转换插口。它一般由功率单元、控制单元、计量单元、充电插口、供电插口及人机交互界面等部分组成，实现充电和计量等功能，并扩展具有反接、过载、短路、过热等多重保护功能，以及延时起动、软起动、断电记忆自起动等功能。

一般情况下，充电机应至少能为以下三种类型动力蓄电池中的一种（或多种）充电：锂离子蓄电池、铅酸蓄电池、镍氢蓄电池。

（1）充电机的类型 纯电动汽车充电机按不同的分类标准，可以分成多种类型，见表2-11。

表 2-11 纯电动汽车充电机的类型

分类标准	充电机类型	
安装位置	车载充电机	地面充电机
输入电源	单机充电机	三相充电机
连接方式	传导式充电机	感应式充电机
功能	普通充电机	多功能充电机
功率变换元件及控制原理	磁放大型充电机	相控型充电机、高频开关模块型充电机

1）按安装位置可以分为车载充电机和地面充电机。车载充电机又称为交流充电机，是指安装在纯电动汽车上可采用地面交流电网电源对蓄电池组进行充电的装置。通常，插座和电缆与交流插座连接，以三相或单相交流电源向纯电动汽车充电。由于只需将车载充电机的插头插接到停车场或其附近的交流电源插座上即可进行充电，因此也称为交流充电机，非常适合用户在家里为纯电动汽车充电。采用车载充电机充电速度较慢，只需几千瓦的功率，充电时间通常为5~8h。对于用户来说，只需安装一个专用的充电电源插座，而且利用夜间充电电费较为便宜。

图 2-25 车载充电机与充电电源的连接

车载充电机与充电电源的连接如图2-25所示。

地面充电机又称为直流充电机，指采用直流充电模式为纯电动汽车动力蓄电池总成进行充电的充电机。直流充电模式是以充电机输出的可控直流电源直接对动力蓄电池总成进行充电。地面充电机一般安装于固定的地点，充电机的交流输入电源已事先连接完成。充电机的直流输出端在充电操作时再与纯电动汽车连接。地面充电机的功率大，可以提供多达上百千瓦的充电功率，可以对纯电动汽车进行快速充电。纯电动汽车与地面充电机充电连接如图2-26所示。

图 2-26 纯电动汽车与地面充电机充电连接

2）按输入电源可以分为单相充电机和三相充电机。

① 单相充电机。充电机的交流输入电源为单相电源，功率较小，一般用于车载充电机。

② 三相充电机。充电机的交流输入电源为三相电源，功率较大，一般用于地面充电机。

3）按连接方式可以分为传导式充电机和感应式充电机。传导式充电机的输出端直接连接到纯电动汽车上，两者之间存在实际的物理连接，纯电动汽车上不装备电子电路。这种充电方式结构简单，能量传递效率高且造价低，目前大多数充电机采用的都是这种传导式。

感应式充电机利用了电磁感应耦合方式向纯电动汽车传输电能，两者之间没有实际的物理连接，充电机分为地面部分和车载部分。它利用高频变压器将公用电网与纯电动汽车相隔离，高频变压器的一方绕组装在离车的充电机上，充电机将 50Hz 的市电变换为高频电，通过装在纯电动汽车上的另一方绕组将电能传送到纯电动汽车一方，在整流电路的作用下，将高频电流变换为能够为动力蓄电池充电的直流电。由于感应式充电机与纯电动汽车之间没有任何金属的接触，即没有接触式充电所必需的插头插座，使纯电动汽车的充电更为安全可靠。但是由于变压器的损耗，它的充电效率略逊于传导式充电方式。

如果将感应式充电机的变压器一次绕组埋设在一段路面之下，而二次绕组装在纯电动汽车车体之下，当纯电动汽车从这段路面驶过时，在电磁感应的作用下，可以为纯电动汽车进行快速充电，这种充电方式就是所谓的移动式感应充电。

4）按充电机的使用功能可以分为普通充电机和多功能充电机。普通充电机只提供对动力蓄电池的充电功能，无自动控制、对电网谐波的抑制及无功功率补偿等功能，对动力蓄电池的充电由人工手动控制。而多功能充电机除了提供对动力蓄电池的充电功能以外，还能够提供诸如对动力蓄电池进行容量测试、对电网进行谐波抑制、无功功率补偿和负载平衡等功能。由于当前实际运用的充电机基本上以交流电源作为输入电源，所以充电机的功率转换单元本质上是一个 AC/DC 变换器。

5）按所采用的功率交换元件及控制原理的不同可以分为磁放大型充电机、相控型充电机及高频开关模块型充电机。

① 磁放大型充电机。磁放大型充电机由饱和电抗器和整流变压器构成，其利用饱和电抗器的调整绕组进行调压，接线简单，调试方便，但容量较小。

② 相控型充电机。相控型充电机由接在隔离变压器二次绕组上的晶闸管整流器进行调压，接线较复杂，容量较大。

③ 高频开关模块型充电机。高频开关模块型充电机将高频开关频率结合脉宽调制技术应用在开关电源上，取消了庞大的隔离变压器。它在高频化、小型化及模块化上有很大进展，具有输出稳流、稳压精度高、纹波系数小等优点。

（2）充电机功能

1）充电设定方式可分为自动设定和手动设定两种。自动设定方式是在充电过程中，充电机依据蓄电池管理系统提供的数据动态调整充电参数，执行相应动作，完成充电过程。

手动设定方式是由操作人员设置充电机的充电方式、充电电压和充电电流等参数，在纯电动汽车与充电机连接正常且充电参数不超过纯电动汽车蓄电池管理单元最大许可范围时，充电机根据设定参数执行相应操作，完成充电过程。充电机采用手动设定方式时，应具有明确的操作指示信息。

2）充电机采用高频开关电源模块。其主要功能是将交流电源变换为高品质的直流电源，采用的是脉冲宽度调制方式。模块由全波整流及滤波器、高频变换及高频变压器、高频整流滤波器等组成。每个高频开关电源模块内部都应具有监控功能，显示输出电压/电流值，当监控单元故障或退出工作时，高频开关电源模块应停止输出电压。正常工作时，模块应与直流充电机监控单元通信，接收监控单元的指令。

高频开关电源模块应具有交流输入过电压保护、交流输入欠电压报警、交流输入缺相报警、直流输出过电压保护、直流输出过电流保护、限流及短路保护、模块过热保护及模块故障报警功能。模块应具有报警和运行指示灯。任何异常信号都应被传送到监控单元。

充电机不同相位的两路或多路交流输入进线均应接入充电机高频开关电源模块上，以实现脉波整流。高频开关电源模块应具有带电插拔更换及软起动功能，软起动时间为 3~8s，以防开机电压冲击。充电机应具有限压和限流特性。限压特性是指充电机在恒流充电状态运行时，若输出直流电压超过限压值，应能自动限制其输出电压增加；限流特性是指充电机在稳压状态下运行时，若对动力蓄电池的充电电流超过动力蓄电池的限流值或输出直流电流超过充电机总限流值，应能立即进入限流状态，自动限制其输出电流增加。

全自动充电机采用智能充电技术，充电过程无须人工干预。严格按照动力蓄电池充电特性曲线进行充电，采用"恒流→恒压限流→涓流浮充"智能三阶段充电模式，使每节单体蓄电池都能够较快且充分地充满电，避免过充，完全做到全自动切换。

全自动充电机可适用的动力蓄电池类型有镍铬蓄电池、镍氢蓄电池、铅酸蓄电池、锂蓄电池等。

2. 充电站

充电站是快速高效、经济安全地为纯电动汽车提供运行中所需电能的服务性基础设施。为提高纯电动汽车的使用率和使用方便性，除了及时给动力蓄电池充电外，还可以采用更换动力蓄电池的方式，在动力蓄电池电量耗尽时，用充满电的动力蓄电池进行更换。这种动力蓄电池更换站除了要配备大量的充电机外，还需要具有动力蓄电池更换设备，以自动完成动力蓄电池的更换，同时还需要大量动力蓄电池及动力蓄电池存放区。

（1）标准充电站（又称为充电桩） 充电桩是为带车载充电机的纯电动汽车设计的，采用正常电流充电，一般分布在居民区或工作场所附近的停车场，规模较大，以便能够同时让很多纯电动汽车通过正常充电电流充电，一般纯电动汽车充满电需要 6~8h。实际应用时，纯电动汽车驾驶人只需将车停放在充电站的指定位置，接上电线即可开始充电。充电桩一般提供常规充电和快速充电两种充电方式，人们可以使用特定的充电卡在充电桩提供的人机交互操作界面上刷卡使用，进行相应的充电方式、充电时间、费用数据打印等操作，充电桩显示屏能显示充电量、费用、充电时间等数据。

1）充电桩的组成。充电桩是充电机为电动汽车充电的终端辅助设备，实现提供充电接口和人机接口等功能，对纯电动汽车的充电进行控制。充电桩由经二次开发后的嵌入式单片机作为主控制器，包括 IC 卡管理、充电接口管理、凭据打印、联网监控等功能，具有充电操作人员进行操作的人机界面，实现充电开停机、通信、计费等功能。充电桩由桩体、电气模块、人机交互界面和计量模块等部分组成，如图 2-27 所示。交流充电桩的基本构成如图 2-28 所示。

2）充电桩的类型。

① 以安装条件进行分类，充电桩主要分为立式充电桩和壁挂式充电桩。立式充电桩无须靠墙固定，适用于户外停车位或小区停车位，而壁挂式充电桩必须依靠墙体固定，适用于室内和地下停车位。

② 以服务对象进行分类，充电桩主要分为公共充电桩、专用充电桩和自用充电桩。对不

同服务对象的充电桩是可以进行角色互换的，这里只是一种对充电桩用途的区分。公共充电桩由政府机关等具有公共服务性质的机构置办，服务对象面向任何纯电动汽车车主，例如公共停车场。而专用充电桩多为企业建造，服务对象为客户和内部人员，例如商场停车场。自用充电桩为私人充电桩，安装于私人领域，不对外开放。

③ 以安装地点进行分类，充电桩主要分为室内充电桩和室外充电桩。室内充电桩的防护等级至少要达到 IP32 以上，而室外充电桩由于要面对风雨交加的恶劣环境，需要更好的绝缘性和避雷条件，其防护等级至少要达到 IP54 级以上，方可保障人身安全、车身安全和充电设备安全。

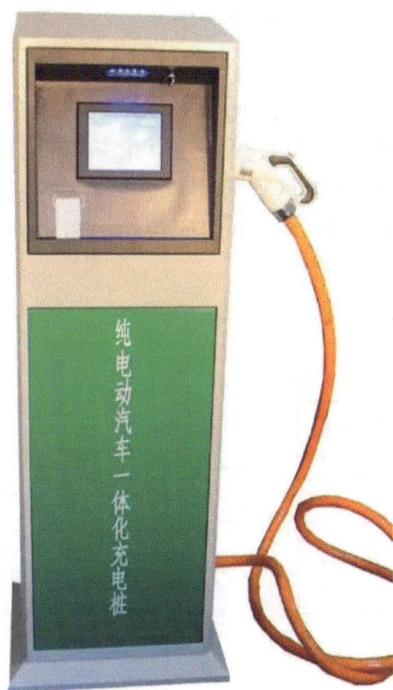

图 2-27　纯电动汽车充电桩

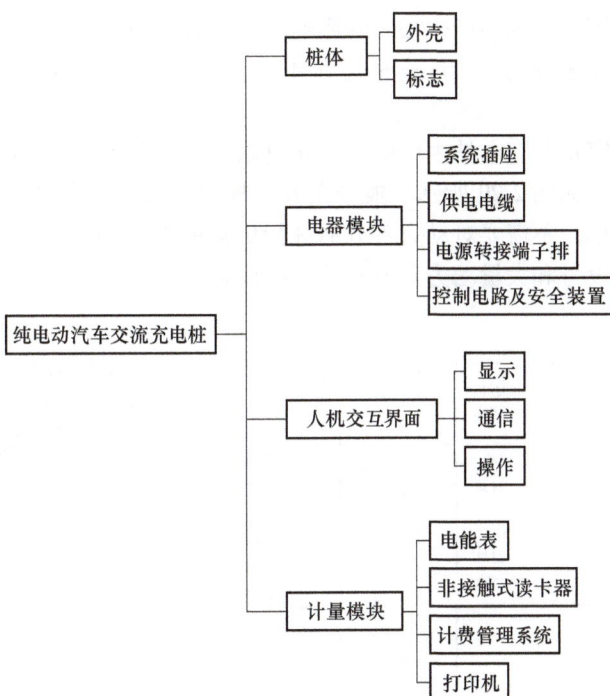

图 2-28　交流充电桩的基本构成

④ 以充电插口的数量进行分类，充电桩主要分为一桩一充充电桩和一桩多充充电桩。目前，市场上充电桩以一桩一充充电桩为主，在公交停车场这样的大型停车场中，需要一桩多充充电桩，同步支持多辆纯电动汽车充电，不但提高了充电效率，也节省了人工。

⑤ 以充电类型进行分类，充电桩主要分为交流充电桩、直流充电桩和交直流一体充电桩。交流充电桩是安装在纯电动汽车外，与交流电网连接，为纯电动汽车车载充电机提供交流电源的供电装置，同时具备计量计费功能。交流充电桩一般提供小电流，桩体较小，安装灵活，充满电的时间一般为 6~8h，适用于小型乘用纯电动汽车，多应用于公共停车场、大型购物中心和社区车库中，家用充电桩也多为交流充电桩。

由于一般的车载充电机的功率不是很大，所以不能很好地实现快速充电，但可以采用直流充电桩来实现快充。直流充电桩是固定安装在纯电动汽车外，与交流电网连接，可以为非车载纯电动汽车动力蓄电池提供直流电源的供电装置。直流充电桩具有充电机功能，可以实时监视并控制被充电动力蓄电池的状态，同时直流充电桩可以对充电电量进行计量。直流充电桩的输入电压采用三相四线 AC（380±57）V，频率为 50Hz，输出为可调直流电，直接为纯电动汽车的动力蓄电池充电。由于直流充电桩采用三相四线制供电，可以提供足够的功率，输出的电压和电流调整范围大，因此可以实现快充的要求。

而交直流一体充电桩一般提供大电流，短时间内充电量更大，桩体较大，占用面积大（散热）。交直流一体充电桩适用于纯电动大型客车、纯电动中型客车、混合动力公交车、纯电动轿车、纯电动出租车、纯电动工程车等需要快速直流充电的车型。

（2）快速充电站　快速充电站又称为应急充电站，可以在短时间内为纯电动汽车充电，充电时间与燃油汽车加油时间接近。快速充电站可以提高纯电动汽车的使用方便性，但是也会给电力系统带来负面影响，如谐波污染、用电高峰的高电流需求等，另外，对动力蓄电池使用寿命也会产生很大的影响。在上述两种充电模式中，标准充电模式适用于办公楼或商场的停车场充电，快速充电则因充电电流大而通常在公共充电站进行。

（3）充电站的主要功能与布局　充电站的主要功能决定其总体布局。一般来说，一个功能完备的充电站由配电室、充电区、动力蓄电池更换区、维护区和监控区这五个基本部分组成，如图 2-29 所示。根据充电站规模和服务功能的不同，在功能区设置上存在一定的差异。例如，不需要对动力蓄电池进行更换的充电站，可不设置更换区，也不用配备动力蓄电池更换设备和大量动力蓄电池的存储设备。

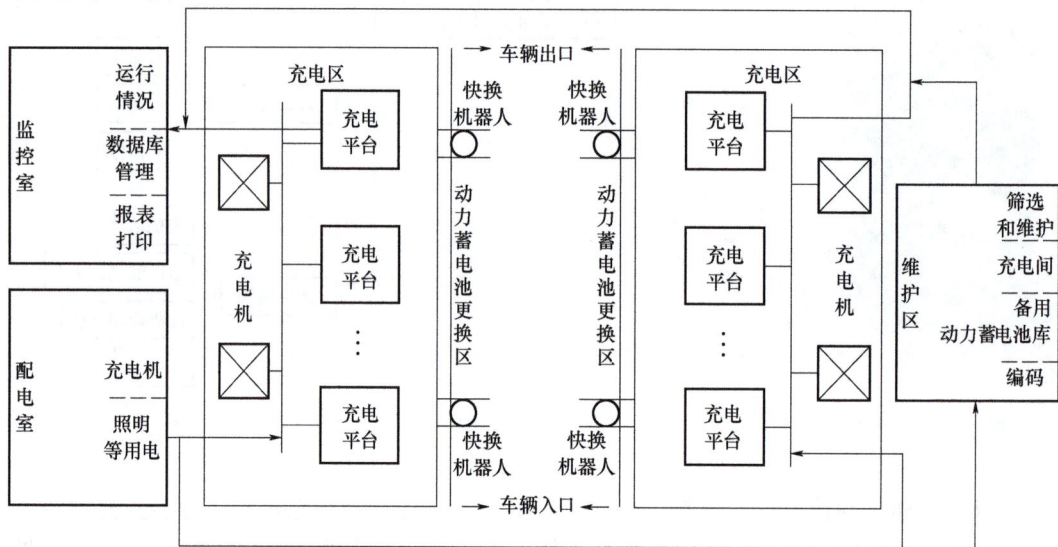

图 2-29　充电站总体结构

四、充电系统的组成和原理

1. 快充模式充电系统的组成和原理

（1）组成　在快充模式下，充电系统主要由充电桩（直流快充桩）、快充插口、高压控制盒、动力蓄电池、整车控制器、高压线束和低压控制线束等组成。

（2）快充模式充电系统的结构原理　快充模式充电系统的结构原理图如图 2-30 所示。

整车控制器是快速充电功能的主控模块。将快速充电插口由充电桩连接至车辆快充插口以后，整车控制器通过 CC 线判断充电插口已经正确连接，并启用唤醒电路唤醒车辆内部充电系统电路及部件。整车控制器通过输出高压接触器接通指令至高压控制盒，实现快速充电桩与动力蓄电池之间高压电路的接通。接通并实现充电时，整车控制器向仪表输出正在充电显示信息。

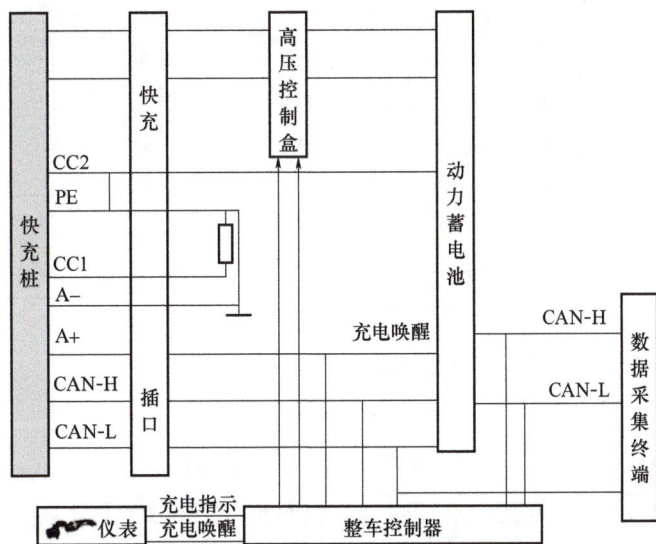

图 2-30　快充模式充电系统的结构原理图

（3）充电条件要求

1）充电线连接确认信号正常。

2）蓄电池管理系统供电电源正常（12V）。

3）充电唤醒信号输出正常（12V）。

4）充电桩、整车控制器、蓄电池管理系统之间通信正常（主继电器闭合、发送电流强度需求）。

5）5℃<动力蓄电池电芯温度<45℃。

6）单体蓄电池（电芯）最高电压与最低电压差<0.3V（300mV）。

7）单体蓄电池（电芯）最高温度与最低温度差<15℃。

8）绝缘性能>20MΩ。

9）实际单体蓄电池（电芯）最高电压不大于额定电压0.4V。

10）高、低压电路连接正常（远程开关关闭状态）。

2. 慢充模式充电系统的组成和原理

（1）组成　在慢充模式下，充电系统主要由供电设备（充电桩）、慢充插口、车载充电机、高压控制盒、动力蓄电池、整车控制器、高压线束和低压控制线束等组成。

（2）慢充模式充电系统结构原理　慢充模式充电系统结构原理图如图2-31所示。

充电枪连接通过车载充电机（充电器）反馈到整车控制器，再唤醒仪表显示连接状态（负触发）；充电机同时唤醒整车控制器和蓄电池管理系统（正触发），整车控制器唤醒仪表起动显示充电状态（负触发）；正、负主继电器由整车控制器发出指令由蓄电池管理系统控制闭合。

充电桩通过CC连接确认信号后，把S_1开关从12V端切换到PWM端，如图2-32所示。

当检测点 1 电压降到 6V 时，充电桩 K_1/K_2 开关闭合输出电流。

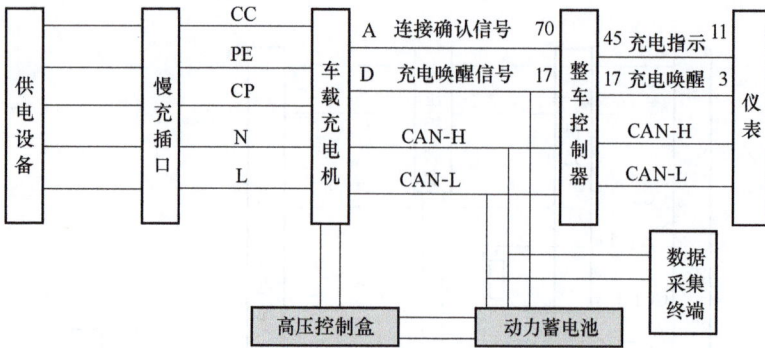

图 2-31　慢充模式充电系统结构原理图

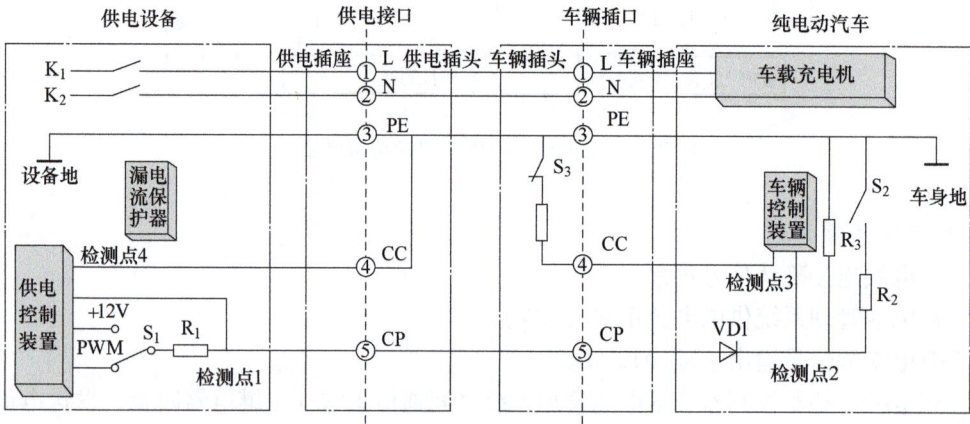

图 2-32　慢充模式充电系统工作电路图

（3）充电控制过程　充电控制过程如下（图 2-33）：

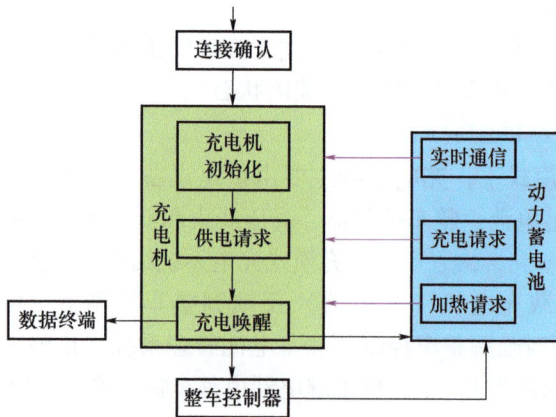

图 2-33　慢充模式充电控制过程

1）交流供电。

2）充电唤醒。

3）蓄电池管理系统检测充电需求。

4）蓄电池管理系统给车载充电机发送工作指令并闭合继电器。

5）车载充电机开始工作，进行充电。

6）动力蓄电池检测充电完成后，给车载充电机发送停止指令。

7）车载充电机停止工作。

8）动力蓄电池断开继电器。

（4）充电条件要求

1）充电线连接确认信号正常。

2）充电机供电电源正常（含220V和12V）及充电机工作正常。

3）充电唤醒信号输出正常（12V）。

4）充电机、整车控制器、蓄电池管理系统之间通信正常（主继电器闭合、发送电流强度需求）。

5）0℃动力蓄电池电芯温度<45℃。

6）单体蓄电池（电芯）最高电压与最低电压差<0.3V（300mV）。

7）单体蓄电池（电芯）最高温度与最低温度差<15℃。

8）绝缘性能>20MΩ。

9）实际单体蓄电池（电芯）最高电压不大于额定电压0.4V。

10）高、低压电路连接正常（远程控制开关关闭状态）。

五、充电系统检修

1. 比亚迪秦电动汽车直流充电桩无法充电故障

（1）故障现象　车主反映车辆在直流充电桩无法充电，显示起动充电未能成功，尝试更换多个充电桩也无法充电，但可以使用交流充电桩充电。

（2）故障分析

1）直流充电插口故障。

2）直流充电低压通信电路故障。

3）蓄电池管理系统故障或者控制直流充电的低压电路故障。

（3）维修过程

1）首先测试插充电枪后，仪表只有充电连接指示灯点亮，再无其他充电的相关信息，充电桩上显示充电起动未能成功，但交流可以充电，由此可以暂定蓄电池管理系统能正常工作，故障应该出现在直流充电过程中涉及的元器件或线束。

2）但由于车辆充电连接指示灯点亮，充电桩上却显示充电未能成功起动，因此将故障定位于充电过程中的CAN线信息交互失败。

3）接下来插上充电枪充电，测量蓄电池管理系统BK45（B）插接器的14号端子无电压，测量20号端子电压为2.9V，CAN线电压正常应为2.5V左右，测量蓄电池管理系统BK45（B）插接器的14号端子到充电插口S-端子不导通，蓄电池管理系统BK45（B）插接器的20号端子到充电插口S+端子导通正常。

4）测量充电插口的S-端和S+端到前舱线束BJB01（B）插接器4号端子和5号端子都导

通正常，可以排除直流充电插口故障，再测量前舱线束 BJB01（A）插接器 5 号端子到蓄电池管理系统 BK45（B）插接器 20 号端子导通正常，BJB01（A）接插件 4 号端子和蓄电池管理系统 BK45（B）插接器 14 号端子不导通，判定故障为该线束断路导致，更换前舱线束后故障排除。

（4）维修小结　此次故障维修需要非常了解整个直流充电的过程才能在有限的信息下做出正确的判断。

直流充电流程分析：插枪后充电柜检测到 CC1 1kΩ 电阻确认枪插好，直流充电柜控制吸合直流充电继电器，蓄电池管理系统得到双路电可以工作，车辆检测到 CC2 1kΩ 电阻后确认充电柜连接正常，蓄电池管理系统控制点亮仪表充电连接指示灯并与直流充电柜进行 CAN 通信，通信无异常后，直流充电柜输出高压电为车辆充电。

根据直流充电流程，该车辆蓄电池管理系统已经控制点亮仪表充电连接指示灯，说明 CC1、CC2 已经完成，判断为 CAN 通信未完成，怀疑 CAN 电路或充电插口故障导致。

在维修新能源车辆时经常会遇到故障码 U02A200：与主动泄放模块通信故障，该故障码形成原因是每次高压上电不成功或者充电不成功时，蓄电池管理系统内就会报主动泄放模块通信故障，所以维修时不能根据此故障码来确定故障点。

2. 比亚迪秦纯电动汽车无法交流充电故障

（1）故障现象　一辆比亚迪纯电动汽车无法交流充电，仪表一直显示充电连接中，可以上 OK 电正常行驶。

（2）故障分析

1）交流充电设备故障。

2）交流充电插口故障。

3）动力蓄电池及蓄电池管理系统故障。

4）四合一故障。

5）电路故障。

（3）维修过程

1）使用交流充电盒或是单相壁挂式充电盒，仪表都一直显示充电连接中。

2）如果仪表显示充电连接中，则说明充电设备和整车还没有交互完成。

3）蓄电池管理系统数据流中显示有充电感应信号——交流，说明 CC 信号正常。

4）而 VTOG 数据流中 CP 占空比信号一直是 0%，说明 CP 信号不正常。测量交流充电插口 CP 端子与 VTOG 的 64 号端子插接器 CP 端子导通性，发现不导通，仔细检查发现 BJB01 的 12 号端子退针，检修后试车，故障排除。

（4）维修小结　处理此类故障需要掌握充电控制流程。

VTOG 充电流程：将交流充电枪插入充电插口，VTOG 检测插枪信号（即 CC 信号）后，给 BCM 发出充电连接信号。BCM 控制双路电继电器吸合，蓄电池管理系统与 VTOG 获得双路电。VTOG 检测 CP 信号、蓄电池管理系统接收到充电感应信号后自检（无故障），蓄电池管理系统控制动力蓄电池内接触器和预充接触器吸合进行预充（预充完成后，吸合交流充电接触器、断开预充接触器），VTOG 检测到动力蓄电池的反馈电压后控制交流充电桩输出交流电（给 VTOG）进行充电。

【实训工单】

班级		实训场地	
姓名		实训日期	
学号		学时	
实训任务	纯电动汽车充电系统检修		
任务要求	1）能正确选择及检查充电电源、充电桩 2）能正确选择及检查快充和慢充的充电插口 3）能规范操作对纯电动汽车充电 4）能对纯电动汽车充电系统规范检修		
实训设备	吉利帝豪 EV450 或比亚迪秦 EV 纯电动汽车 4 辆，故障诊断仪 4 个，示波器 4 个，车间防护用具 4 套，个人防护用具 4 套，绝缘工具 4 套，常用检测设备 4 套，故障检测线 4 盒，通用拆装工具 4 套		
资讯	见项目二内容		
计划与决策	1. 角色分工： 小组编号：_____组长：_____操作员：_____ 安全员：_____辅助员：_____其他：_____ 2. 制订方案： _____ _____ _____ _____ _____ _____		
任务实施	1）针对慢充、快充模式，检查充电电源、充电桩是否正确及是否存在安全隐患 _____ _____ _____ 2）画出慢充、快充充电插口的简图 3）写出比亚迪秦纯电动汽车直流充电桩无法充电故障的检修流程 _____ _____ _____ _____ _____ _____		

（续）

评估	自我评价：□不合格　□合格　□良好　□优秀 说明：_____ 小组评价：□不合格　□合格　□良好　□优秀 说明：_____ 教师评价：□不合格　□合格　□良好　□优秀 说明：_____

💡 知识拓展

日前，比亚迪磷酸铁锂刀片电池（以下简称"刀片电池"）凭借过硬的品质和技术成功通过央视科教频道"针刺试验"，而搭载了刀片电池包和CTB电池车身一体化技术的比亚迪"海豹"也以优秀表现通过了"双面侧柱碰试验"，展现出强大的安全性能，有力回答了新能源汽车电池安全和整车安全问题。做电池出身的比亚迪有先天的技术优势，持续的高研发投入也令其不断突破技术难题，持续创新发展。在消费者最关心的安全问题上，比亚迪推出了理想的解决方案，即大名鼎鼎的"刀片电池"。

刀片电池是比亚迪研发多年的"超级磷酸铁锂电池"，电池回路较长，表面面积大且散热快。长条形的刀片电池密布于电池包，均匀受力，大幅提升电池包结构强度。刀片电池结合托盘和上盖，形成类似蜂窝铝板的坚固结构，相比于传统结构，在空间利用率上提升了50%，并凭借高体积能量密度优势，可在较小空间内布置大容量电池，实现更长的续驶里程。此外，高风险安全点位全面应用行业唯一全方位安全涂层技术，也极大程度提升了电池安全性能。基于以上技术，刀片电池的失控温度高达500℃，电池组整体刚度更高，抗变形、耐挤压能力更强，电池组内部短路的概率接近于零。即使面对被刺穿内部短路的风险，高强度刀片电池包也可做到无冒烟、不起火，电芯维持安全状态。

在《实验现场》节目中，安装了磷酸铁锂刀片电池包的电动汽车"海豹"顺利通过了"双面侧柱碰试验"。在主驾驶人侧和副驾驶人后侧连续两次侧面柱碰同一辆车后，"海豹"车身依然保持比较完整的结构，留给乘员的生存空间充足，电池包也没有明显的起火和自燃，无电解液泄漏现象，仍然处在良好的工作状态，最大侵入量点远远低于传统车型300mm形变量的平均值，整车安全性能高。

📁 【学习小结】

1. 本任务介绍了纯电动汽车的不同充电方式以及不同的充电设施。
2. 传统有线充电方式包括常规充电方式、快速充电方式、更换动力蓄电池方式。
3. 纯电动汽车无线充电技术是一种新型的纯电动汽车电能供给方式。纯电动汽车无线充电方式的原理类似于在车里使用移动电话，将电能转换成一种符合现行技术标准要求的特殊激光或微波束，在汽车顶上安装一个专用天线接收即可。其包括电磁感应式、磁共振式和微波式三种。
4. 充电插口是指用于连接活动电缆和纯电动汽车的充电部件，由充电插座和充电插头两部分构成。由于是连接电缆使用，因而充电插头是传导式充电机的必备设备。充电插头在充电过程中与充电插座结构进行耦合，从而实现电能的传输。

5. 纯电动汽车充电设施主要包括充电站及其附属设备，如充电机、充电站监护系统、充电桩、配电室以及安全防护设备等。

【知识巩固】

1. 纯电动汽车动力蓄电池的充电方式有_____和_____两种。而传统有线充电方式又分为_____、_____和_____。

2. 无线充电技术主要通过_____、_____、_____、_____、_____等方式实现非接触式的电力传输。

3. 纯电动汽车的无线充电方式有_____、_____和_____三种。

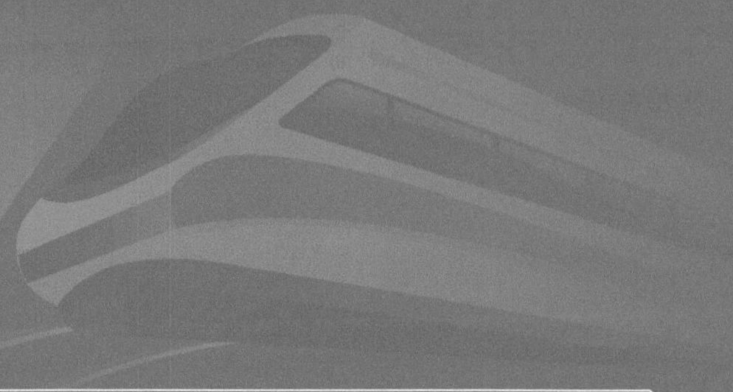

项目三

纯电动汽车驱动电机及控制系统检修

【情景导入】

2022 年，小王在新能源汽车某 4S 店工作，一辆牌照尾号为 1234 的纯电动汽车，车主反映这辆车有很多问题。于是师傅检查后发现上电后仪表板上电动机过热故障灯点亮、系统故障灯点亮、驱动电机系统故障灯点亮，仪表板显示 READY 指示灯，中控显示微度故障。换档旋钮旋至 D 位，车辆无法行驶。故障原因指向汽车驱动系统。现车间调度将任务工单派发给了小王，小王需要在学习和掌握相关知识的基础上，安全规范地完成分派的这次检修任务。

任务一　驱动电机检修

【任务描述】

本任务主要掌握驱动电机构造、驱动电机的拆装以及了解驱动电机系统的工作原理和控制策略，为后续的检修工作打下基础。

【学习目标】

知识目标	技能目标	素养目标
1. 掌握驱动电机系统的结构 2. 熟练掌握驱动电机的拆装 3. 了解驱动电机系统的工作原理以及控制策略	1. 能够根据故障诊断仪等准确判断故障并进行维修 2. 能够正确使用专用拆装工具	1. 培养学生在纯电动汽车维修工作中的严谨性 2. 注重纯电动汽车维修工作过程中的操作规范，具备一定责任意识

【理论知识】

纯电动汽车的驱动电机系统与动力蓄电池系统、电控系统一同被称为纯电动汽车的三大核心系统，它是汽车行驶过程中的主要执行机构，其驱动特性决定了汽车行驶的主要性能指标，直接影响纯电动汽车的动力性、经济性和操控性，所以驱动电机系统的重要性不言而喻。整车控制器根据驾驶人的意图发出各种指令，电机控制器响应并反馈，实时调整驱动电机输出，以实现整车的怠速、前行、倒车、停车、能量回收以及驻坡等功能。电机控制器的功能是通信和保护，实时进行状态和故障检测，保护驱动电机系统和整车安全可靠运行。

如果说发动机是传统内燃机的心脏，驱动电机就是纯电动汽车的心脏。它同发动机的功能一样，担负着纯电动汽车的驱动功能，驱动电机性能的好坏直接影响纯电动汽车性能的水平。

一、驱动电机系统的组成及工作原理

驱动电机是为车辆行驶提供驱动力的电动机，同时可以实现能量回收。下面主要介绍几种作为电动机的驱动电机。

1. 直流电动机

直流电动机是指通入直流电流后产生机械运动的电动机。图 3-1 和图 3-2 给出了国产 Z2 系列小型直流电动机的外观和结构组成。

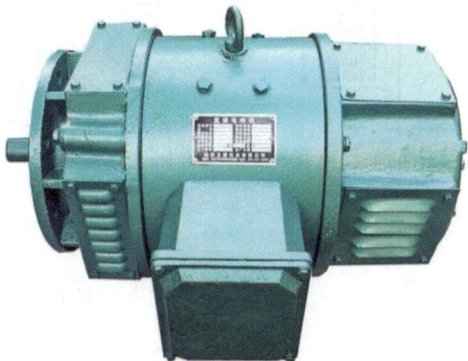

图 3-1 Z2 系列小型直流电动机的外观

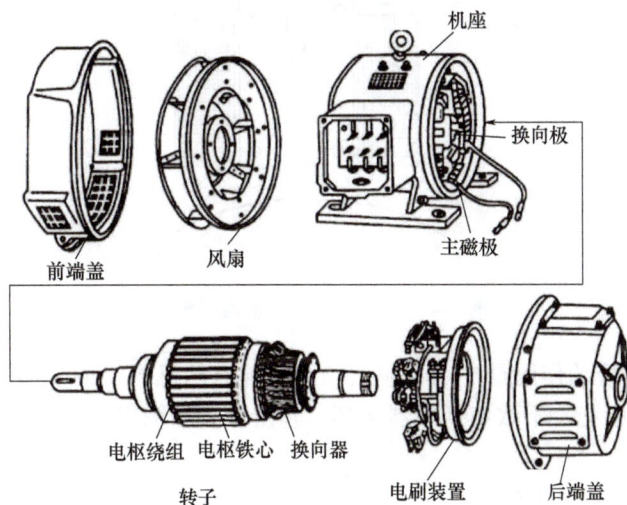

图 3-2 Z2 系列小型直流电动机的结构组成

(1) 直流电动机的结构 直流电动机的结构形式很多，但总体上均由定子（静止部分）和转子（运动部分）组成（图 3-3）。

1）定子部分。定子部分用于安放磁极和电刷，并作为机械支撑，具体包括主磁极、换向极、电刷装置、机座和端盖等。定子的作用是产生磁场和作为电动机的机械支撑。

① 主磁极。主磁极的作用是产生气隙磁场。主磁极由主磁极铁心和励磁绕组两部分组成，铁心一般用 0.5～1.5mm 厚的硅钢板冲片叠压铆紧而成，分为极身和极靴两部分，上面套励磁绕组的部分称为极身，下面扩宽的部分称为极靴，极靴宽于极身，既可以调整气隙中磁场的

分布，又便于固定励磁绕组。励磁绕组用绝缘铜线绕制而成，套在主磁极铁心上，整个主磁极用螺钉固定在机座上（图3-4）。

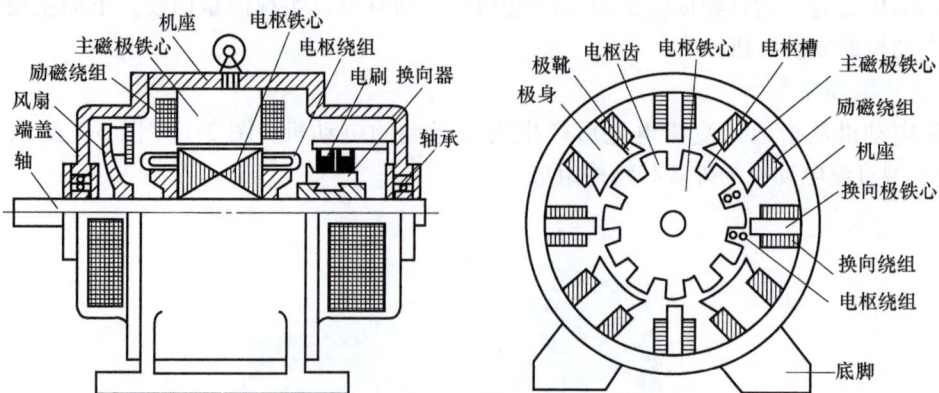

图 3-3 直流电动机的结构

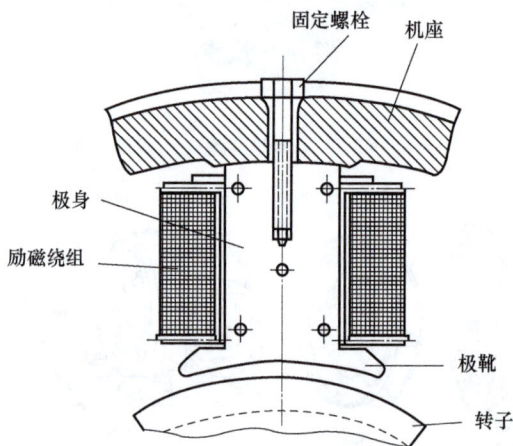

图 3-4 直流电动机的主磁极结构

② 换向极。换向极的作用是产生附加磁场，改善电动机的换向，使气隙磁场均匀，减小电刷与换向器之间的火花，不致使换向器烧坏，它由铁心和绕组构成（图3-5）。

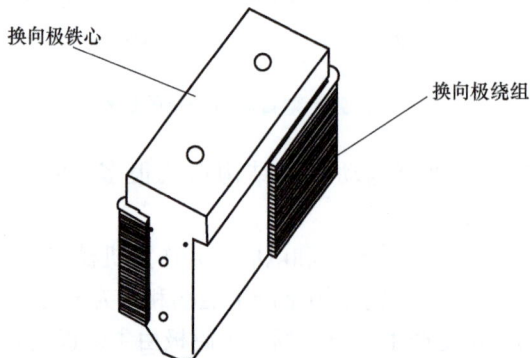

图 3-5 直流电动机的换向极

③ 电刷装置。电刷装置主要由用碳-石墨制成导电块的电刷、加压弹簧、刷盒和电刷架等组成（图3-6）。固定在机座上（小容量电动机装在端盖上）不动的电刷，借助于加压弹簧的压力和旋转的换向器保持滑动接触，使电枢绕组与外电路接通。它是电枢电路的引出或引入装置。

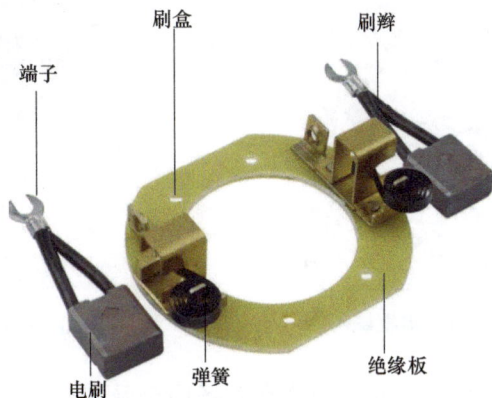

图3-6　微小型2极直流电动机的电刷装置

电刷排数（1排由1个或多个电刷并联组成）一般等于主磁极数，各同极性的电刷经软线汇在一起，再引到接线盒内的接线板上，作为电枢绕组的引出端。

④ 机座。机座的作用是用来固定主磁极、换向磁极和端盖，是电动机磁路的一部分。机座用铸钢或铸铁制成。机座上的接线盒有励磁绕组和电枢绕组的接线端，用来对外接线。

⑤ 端盖。端盖的作用是密封，保护电动机的内部结构。端盖由铸铁制成，用螺钉固定在底座的两端，盖内有轴承，用以支撑旋转的电枢。

2）转子部分。转子一般称为电枢，主要包括电枢铁心、电枢绕组和换向器等。电动机电枢的作用是输出转矩。

① 电枢铁心。电枢铁心由硅钢片冲制叠压而成，在外圆上有分布均匀的槽用来嵌放绕组（图3-7）。铁心为电枢绕组的支撑部件，也作为电动机磁路的一部分。

图3-7　直流电动机的电枢铁心

② 电枢绕组。电枢绕组是直流电动机的电路部分，可以产生感应电动势或电磁转矩，是实现能量转换的主要部件。它是由许多绕组元件构成的，按一定规则嵌放在铁心槽内和换向片相连，使各组绕组的电动势相加。绕组端部用镀锌钢丝箍住，防止绕组因离心力而发生径

向位移（图 3-8）。

③ 换向器。换向器由许多铜制换向片组成，外形呈圆柱形，换向器片与片之间用云母绝缘。如图 3-9 所示。

图 3-8　直流电动机的电枢绕组　　　　图 3-9　直流电动机的换向器

（2）直流电动机的工作原理　通电导线在磁场中会受到磁场力的作用，由左手定则（图 3-10），把左手放入磁场中，让磁力线垂直穿入手心，磁力线从 N 极出发进入 S 极，四指指向电流所指方向，则大拇指的方向就是导体受力的方向。

电源的直流电加于电刷 A（正极）和 B（负极）上，则线圈 abcd 中流过电流：在导体 ab 中，电流由 a 指向 b；在导体 cd 中，电流由 c 指向 d。由左手定则可知，导体 ab 所受到的磁场力从右向左，导体 cd 所受到的磁场力从左向右，这样形成的转矩 M 为逆时针方向。在该转矩作用下，电枢将逆时针方向旋转，如图 3-11a

图 3-10　左手定则

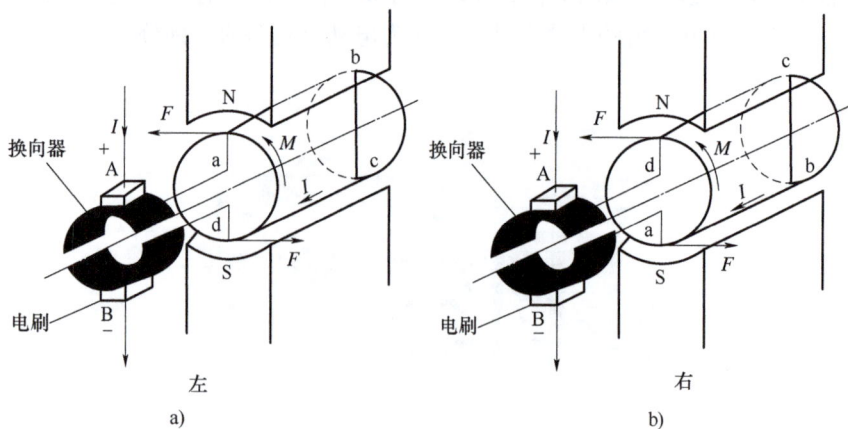

所示。当电枢转过了 180°，直流电仍由电刷 A 流入，从电刷 B 流出，电流在电枢内的流向改变为 d 到 c、b 到 a，由左手定则可知，导体 cd 所受到的磁场力从右向左，导体 ab 所受到的磁场力从左向右，转矩 M 仍为逆时针方向，则可保持电枢持续逆时针转动，如图 3-11b 所示。

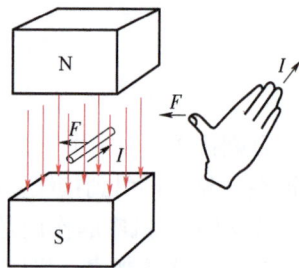

图 3-11　直流电动机的工作原理示意图

（3）直流电动机的励磁方式　按励磁方式不同，直流电动机可分为他励直流电动机、并励直流电动机、串励直流电动机和复励直流电动机四种类型。在图 3-12～图 3-16 中，I_a 为电枢电流，E_a 为电枢反电动势，I_f 为他励和并励方式下的励磁电流，I_s 为串励和复励方式下的励磁电流。

1）他励直流电动机。他励直流电动机的电枢和励磁绕组由两个独立的直流电源供电，如图 3-12 所示。励磁绕组与电枢绕组无连接关系，用外加电流进行励磁。他励直流电动机具有良好的线性和工作稳定性。此外，由于他励电动机可分别通过控制励磁电流和电枢电压来控制电动机的转速，因而其调速范围大。其另一个特点是很容易连接成发电机工作电路，实现纯电动汽车的制动能量回馈。

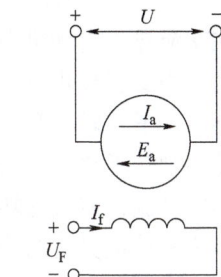

图 3-12　他励直流电动机电路原理图

2）并励直流电动机。并励直流电动机的电枢和励磁绕组并联后由一个独立的直流电源供电，如图 3-13 所示。其性能与他励直流电动机接近。并励直流电动机的励磁电流与电枢电压相关，负载变化时转速比较稳定，具有比较硬的机械特性，调速范围较宽，但提供大转矩的能力较差。

3）串励直流电动机。串励直流电动机的电枢和励磁绕组串联后由一个独立的直流电源供电，如图 3-14 所示。串励直流电动机在低速时有很大的转矩，即其起动转矩大，能很好地适应纯电动汽车起动大转矩的要求。其机械特性很软，有较宽的恒功率调速范围。其缺点是加速性能较差，因此，串励直流电动机较少用作纯电动汽车的驱动电机。

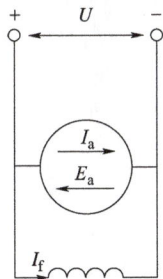

图 3-13　并励直流电动机电路原理图

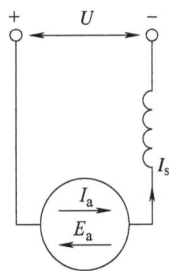

图 3-14　串励直流电动机电路原理图

4）复励直流电动机。复励直流电动机有两个励磁绕组，一个并励绕组，另一个串励绕组，并励绕组和电枢并联，和串励绕组串联后由一个独立的直流电源供电。若两绕组产生的磁通势方向相同，称为积复励；若相反，称为差复励（图 3-15 和图 3-16），纯电动汽车上常用积复励直流电动机。其特点是负载变化时转速变化大，机械特性优于并励直流电动机，适用于负载转矩变化较大的场合。

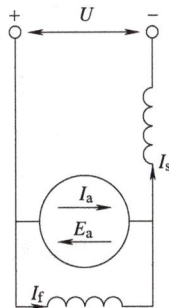

图 3-15　积复励直流电动机电路原理图

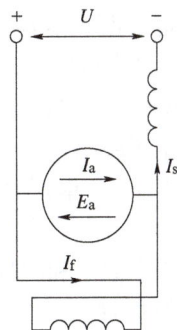

图 3-16　差复励直流电动机电路原理图

2. 交流异步电动机

在交流异步电动机中，分为单相异步电动机和三相交流异步电动机两大类，应用最广泛的当属三相交流异步电动机。交流异步电动机是一种将电能转化为机械能的电力拖动装置，其主要由定子、转子和它们之间的气隙构成。给三相定子绕组通入三相交流电后，产生旋转磁场并切割转子绕组导条，从而在转子绕组中产生感应电动势，且在闭合通路的转子绕组中产生感应电流，载流的转子导体在旋转磁场作用下将产生电磁力，从而形成电磁转矩。三相交流异步电动机具有结构简单、运行可靠、价格便宜、过载能力强及使用、安装、维护方便等优点，被广泛应用于各个领域。

交流异步电动机的性能特点有：体积和质量小；易实现转速超过 10000r/min 的高速旋转；高速低转矩时运转效率高；低速时有高转矩，以及有宽泛的速度控制范围；高可靠性；制造成本低；控制装置简单。

(1) 三相交流异步电动机的结构　小型笼型封闭式三相交流异步电动机的结构如图 3-17 所示。

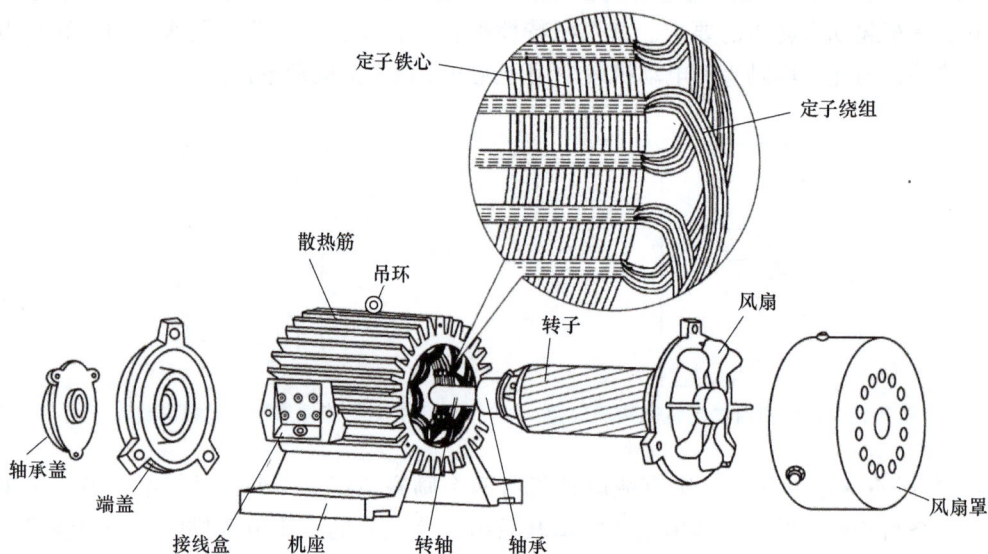

图 3-17　小型笼型封闭式三相交流异步电动机的结构

1）定子。定子由定子铁心、定子绕组、机座和端盖等组成，是静止不动的部分。

① 定子铁心。定子铁心作为磁路的一部分，作用是导磁通路。其由 0.5mm 厚且冲有一定槽形的导磁性能很好的硅钢片叠成。每张硅钢片表面有绝缘层。槽形由电动机容量、电压及绕组形式决定，槽形一致，且在定子铁心内圆周上分布均匀，如图 3-18 所示。

② 定子绕组。定子绕组是定子的电路部分。它由许多线圈按一定规律连接而成，嵌放在定子铁心槽内，常用的有单层绕组和双层绕组两种形式。一种形式的三相绕组模型如图 3-19 所示。

③ 机座。机座用来固定和支撑定子铁心。中小型电动机一般采用铸铁机座，大中型电动机一般采用钢板焊接的机座。

2）转子。转子由转子铁心与转子绕组组成。

① 转子铁心。转子铁心作为主磁路的一部分，用来导磁通路。其由 0.5mm 厚的有冲槽的

硅钢片叠成，呈圆柱形，套在转轴或转子支架上。

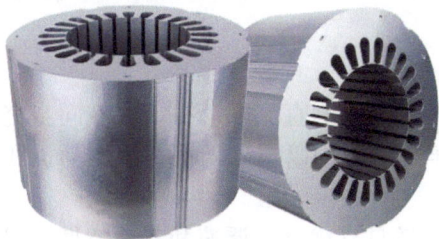

图3-18　定子铁心

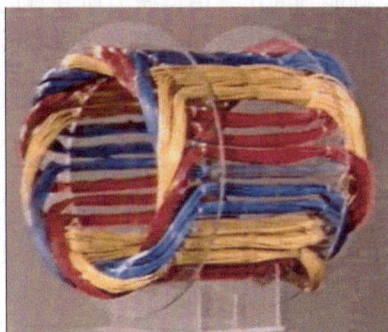

图3-19　一种形式的三相绕组模型

② 转子绕组。转子绕组是转子部分的电路。转子按绕组形式不同分为笼型转子和绕线转子两种。

笼型转子：转子铁心的每个槽内插入一根裸导条，形成一个多相对称短路绕组。分为铜条笼型转子和铸铝笼型转子。其有结构简单、价格低廉、工作可靠，不能人为改变电动机的机械特性的特点。

绕线转子：转子绕组为三相对称绕组，嵌放在转子铁心槽内。与定子绕组一样也是三相对称，这个对称的3相绕组接成星形，并接到转轴上的3个集电环，再通过电刷使转子绕组与外电路接通。其有结构复杂、价格较贵、维护工作量大，转子外加电阻可人为改变电动机的机械特性的特点。

笼型转子异步电动机和绕线转子异步电动机分别如图3-20和图3-21所示。

图3-20　笼型转子异步电动机

图3-21　绕线转子异步电动机

③ 气隙。异步电动机的气隙是均匀的，其大小为机械条件所能允许达到的最小值。中小型电动机的气隙一般为 $0.2 \sim 2$ mm。

气隙越大，则磁阻越大，产生同样大小的旋转磁场就需要较大的励磁电流。励磁电流是无功电流，所以，该电流增大会导致电动机功率因数变小。但是磁阻大，可减小气隙磁场的谐波含量，从而减小附加损耗。

（2）工作原理

1）当三相异步电动机接到三相电源上时，定子绕组就会产生旋转磁场，转子绕组在旋转磁场的作用下，产生感应电动势或感应电流。转子电流反过来又受到磁场的电磁力作用，根据左手定则能判断出，由电磁力所导致的电磁转矩促使转子沿旋转磁场转向，以转速 n_2 旋转。

2）转子转速 n_2 永远小于旋转磁场转速（同步转速）n_1，也就是说，转子转速 n_2 总是与同步转速 n_1 保持一定转速差，即保持异步关系，所以把这类电动机称为异步电动机。另外，平时所讲的电动机转速就是转子转速。

3. 永磁电动机

永磁电动机主要可分为永磁有刷直流电动机、永磁无刷直流电动机、永磁同步交流电动机和永磁混合式电动机4种。其中，在纯电动汽车上的应用以永磁无刷直流电动机和永磁同步交流电动机为主。

（1）永磁无刷直流电动机　有刷直流电动机虽然具有优良的调速和起动特性，但由于存在电刷和换向器，需要经常维护，并且会产生火花和电磁干扰，限制了它的应用范围。永磁无刷直流电动机是集永磁电动机、微处理器、功率逆变器、检测元件、控制软件和硬件于一体的新型机电一体化产品，它采用功率电子开关（如 GTR、MOSFET、IGBT）和位置传感器代替电刷和换向器，既保留了直流电动机良好的运行性能，又具有交流电动机结构简单、维护方便和运行可靠等特点。

1）永磁无刷直流电动机的结构。永磁无刷直流电动机一般由电动机、位置传感器和电子开关电路三部分组成。

电动机本体是一台反装式的普通永磁直流电动机，它的电枢放在定子上，永磁磁极放在转子上，结构与永磁式同步交流电动机相似。定子铁心中安放对称的多相绕组，通常是三相绕组，绕组可以是分布式或集中式，接成星形或封闭形，各相绕组分别与电子开关中的相应功率管连接。永磁转子多用铁氧体或钕铁硼等永磁材料制成，不带笼型绕组等任何起动绕组，主要有凸极式（表面贴装式）和内嵌式两种结构形式（图3-22）。

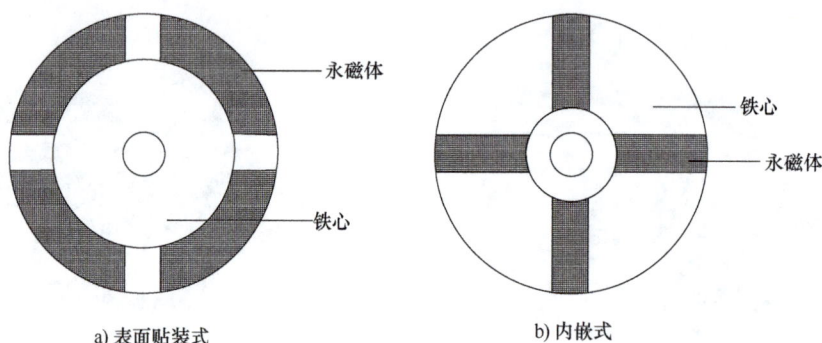

a) 表面贴装式　　　　　　　　　　b) 内嵌式

图3-22　永磁转子结构形式

① 转子位置传感器。转子位置传感器是无刷直流电动机的重要组成部分，用来检测转子磁场相对于定子绕组的位置，以决定功率电子开关器件的导通顺序。转子位置传感器常见的有磁敏式、电磁式、光电式和霍尔效应式等。霍尔效应式传感器具有测量精度高、工作稳定性好、结构简单、体积小、安装灵活方便、易于机电一体化等优点，在电动机上得到了广泛的应用。

② 逆变器。逆变器主电路有桥式和非桥式两种。图3-23 中 a、b 是非桥式开关电路，其他是桥式开关电路。在电枢绕组与逆变器的多种联结方式中，以星形三相六状态和星形三相

三状态使用最广泛。

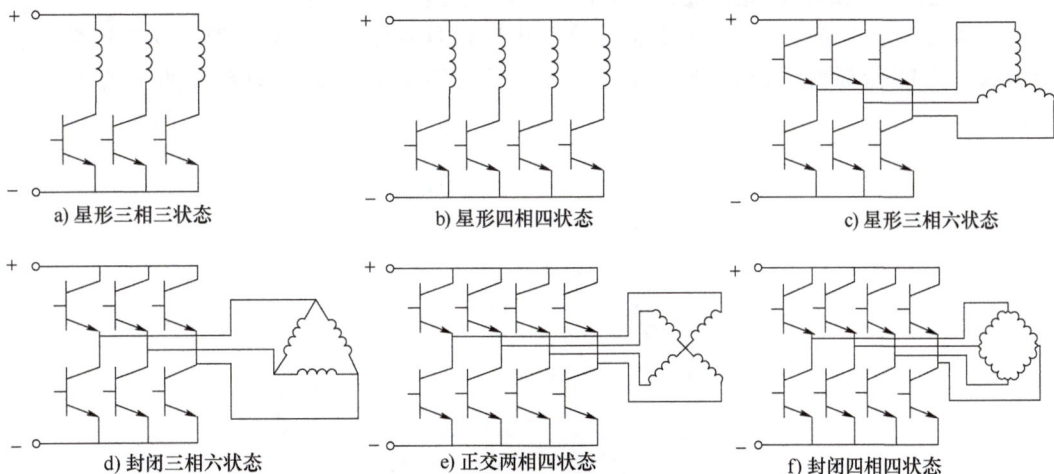

a) 星形三相三状态　　b) 星形四相四状态　　c) 星形三相六状态

d) 封闭三相六状态　　e) 正交两相四状态　　f) 封闭四相四状态

图 3-23　逆变器开关电路

2) 永磁无刷直流电动机的工作原理。永磁无刷直流电动机是在有刷直流电动机的基础上发展起来的。它是随着电动机技术和电子技术的迅速发展而出现的一种新型直流电动机。永磁无刷直流电动机的转子为永磁体，因而不需要电刷。

永磁无刷直流电动机的工作原理框图如图 3-24 所示。永磁无刷直流电动机的定子有对称布置的三相绕组，并且通过电子开关控制三相定子绕组及时换向。在电动机通电后，电子开关使某相定子绕组通电而产生磁场，使转子受电磁力的作用而转动起来；转子位置传感器将转子的位置转换为相应的电信号，并输入电子开关；电子开关根据转子位置传感器的信号控制电枢绕组依次通电，使定子产生的磁场旋转；旋转磁场的磁力作用于转子，使转子持续转动，产生方向不变的电磁转矩。

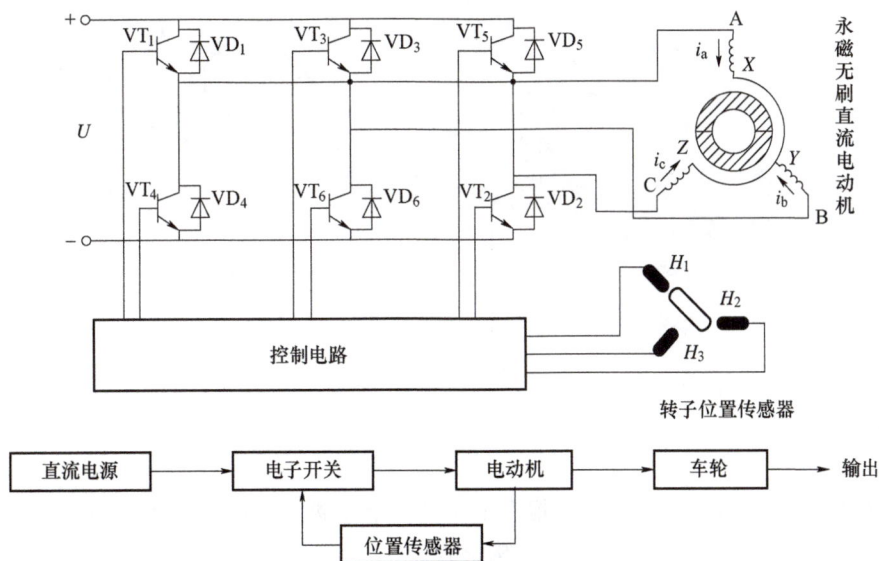

图 3-24　永磁无刷直流电动机的工作原理框图

从永磁无刷直流电动机定子产生旋转磁场的原理可知，由于定子绕组的相数有限，产生的旋转磁场是跳跃式的，因此，此种电动机产生的电磁转矩波动比较大。

（2）永磁同步交流电动机　永磁同步交流电动机具有体积小、效率高、功率因数高、起动力矩大、力能指标好、温升低等特点，已经成为纯电动汽车驱动系统的主流电机之一（图3-25）。

图3-25　特斯拉 Model 3 永磁同步交流电动机

1）永磁同步交流电动机的结构。永磁同步交流电动机由定子、转子和端盖等各部件组成，如图3-26所示。

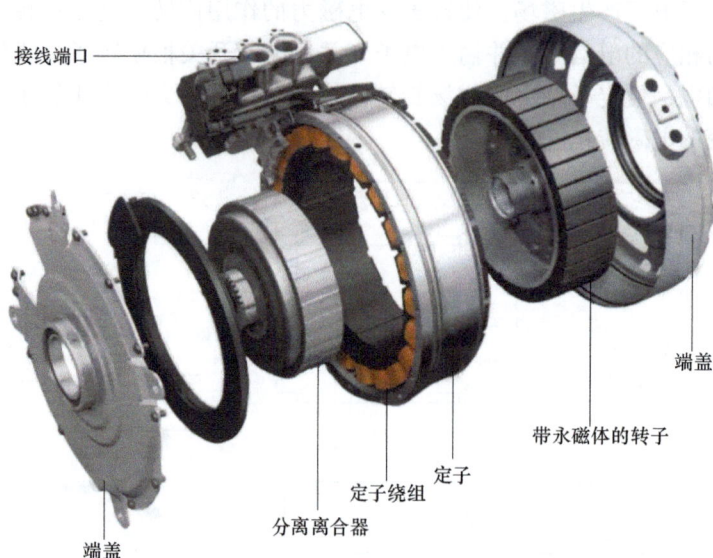

接线端口

端盖

带永磁体的转子

定子绕组　定子

分离离合器

端盖

图3-26　永磁同步交流电动机的结构

2）永磁同步交流电动机的分类。根据电机转子上永磁材料所处位置的不同，永磁同步交流电动机可以分为内置式与外置式两种结构形式。

① 内置式永磁同步交流电动机。内置式永磁同步交流电动机按永磁体磁化方向可分为径向式、切向式和混合式3种。它们之间的区别主要在于永磁体磁化方向与转子旋转方向关系

的不同。图 3-27 所示为几种不同形式的内置式转子的磁路结构。由于永磁体置于转子内部，转子表面便可制成极靴，极靴内置入铜条或铸铝等便可起到起动和阻尼的作用，稳态和动态性能都较好。又由于内置式转子磁路不对称，这样就会在运行中产生磁阻转矩，有助于提高电机本身的功率密度和过载能力，而且这样的结构更易于实现弱磁扩速。

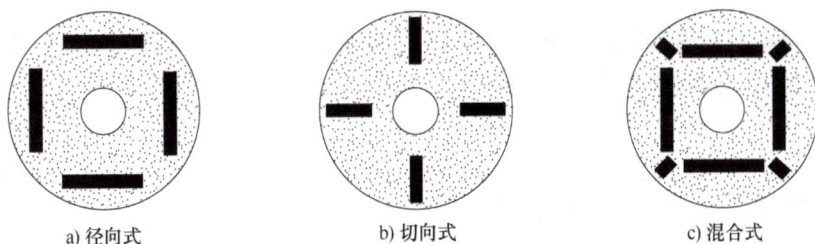

a) 径向式　　　　　b) 切向式　　　　　c) 混合式

图 3-27　内置式永磁同步交流电动机磁化方向

在车用电动机中，现如今大多数都采用内置式永磁同步交流电动机。与传统的电励磁电动机相比，永磁同步电动机特别是稀土永磁同步电动机具有结构简单、运行可靠、体积小、质量小、损耗少、效率高、电机的形状和尺寸可以灵活多变等显著优点，在纯电动汽车电驱动系统中具有很高的应用价值。很多纯电动乘用车均使用永磁同步交流电动机，如日系车中的丰田 2010 普锐斯、本田 INSIGHT 和日产 ALTIMA。在欧洲各国也大多采用永磁同步交流电动机，如奥迪 A8Hybrid、宝马 Active Hybrid7。我国永磁材料资源储备丰富，永磁同步交流电动机制造成本也将进一步降低，相对于其他种类的电动机，优势必将更加显著。

② 外置式永磁同步交流电动机。外置式永磁同步交流电动机根据永磁体是否嵌入转子铁心中，可以分为面贴式和嵌入式两种（图 3-28）。

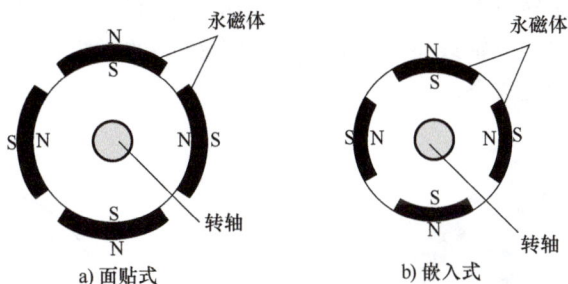

a) 面贴式　　　　　　　　　b) 嵌入式

图 3-28　外置式永磁同步交流电动机永磁体的位置

3）永磁同步交流电动机的工作原理。从基本原理来讲：永磁同步交流电动机与传统电励磁同步电动机是一样的，其唯一区别为，传统的电励磁同步电动机是通过在励磁绕组中通入直流电流来产生磁场的，而永磁同步交流电动机是通过永磁体来建立磁场的，并由此导致两者分析方法存在差异。

永磁同步交流电动机的转子为永磁体，定子绕有均匀分布的三相绕组。与三相异步电动机一样，当定子绕组输入三相交流电时，会产生一个旋转磁场，该磁场与转子的永磁体磁场相互作用，使转子产生电磁转矩，并随着定子的旋转磁场转动，由于转子的转动与旋转磁场同步，所以称为同步交流电动机。

4）永磁同步交流电动机的性能特点。永磁同步交流电动机的功率因数高、效率高、功率密度大，是一种比较理想的驱动电机。但由于电磁结构中转子励磁不能随意改变，导致电动机弱磁困难，调速特性不如直流电动机。

由于永磁同步交流电动机的转子上无绕组、无铜耗、磁通量小，在低负荷时铁损很小，因此，永磁同步交流电动机具有较高的功率质量比，比其他类型的电动机有更高转速和更大输出转矩。

由于永磁同步交流电动机的磁场产生恒定的磁通量，随着电流量的增加，电动机的转矩与电流成正比增加，同时电压也随之增加。

4. 开关磁阻电动机

开关磁阻电动机是近些年发展起来的调速电动机，其结构简单、调速范围宽且性能好，现已广泛用在仪器仪表、家电、纯电动货车等领域。

（1）开关磁阻电动机的结构　开关磁阻电动机由双凸极的定子和转子组成，其定子、转子的凸极均由普通的硅钢片叠压而成（图3-29）。

开关磁阻电动机有多种不同的相数结构，如单相、二相、四相及多相等，且定子和转子的极数有多种不同的搭配。

（2）开关磁阻电动机的工作原理　开关磁阻电动机依据磁路磁阻最小原理（或磁通最大原理）产生电磁转矩，使转子转动。

当定子、转子极正对时，电感达到最大值；当定子、转子极完全错开时，电感达到最小值。开关磁阻电动机的运行遵循磁阻最小原理，由于转矩方向一般指向最近的一对定子、转子极相对的位置，根据转子位置传感器反馈的位置信号，电枢绕组按顺序导通，转子便会连续旋转。

如图3-30所示，定子有A、B、C、D四对凸极，转子有1、2、3三对凸极，当电子开关 S_1、S_2 闭合，使A、A′定子绕组通电励磁时，通过转子形成闭合磁路，但电动机定子铁心与磁场的轴线不重合，于是转子就会受到弯曲磁力线切向分力的作用而转动，直到转子1、1′凸极轴线转至与定子A、A′凸极轴线重合的位置（闭合磁路的磁阻最小）。图3-31所示为相电感、转矩与转子位置的变化关系。

图3-29　开关磁阻电动机的定子和转子

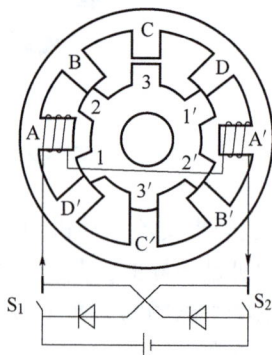

图3-30　四相8/6极开关磁阻电动机原理图

（3）开关磁阻电动机的性能特点
1）调速范围宽、控制灵活。
2）制造工艺简单、维护方便。

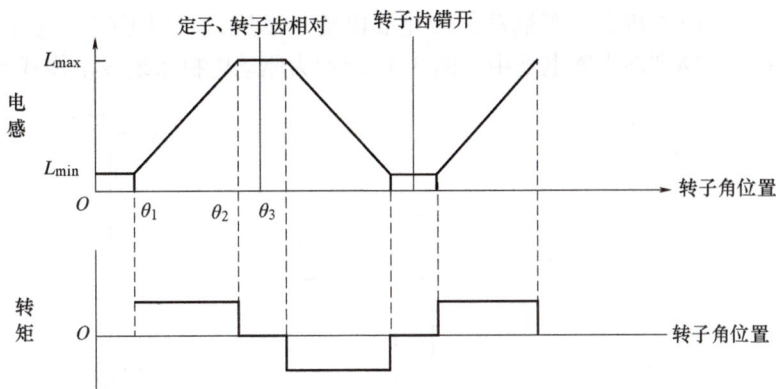

图 3-31　相电感、转矩与转子位置的变化关系

3）运转效率高。

4）可四象限运行，具有较强的再生制动能力。

5）结构简单、成本低。

6）转矩方向与电流方向无关。

7）损耗小。

8）可控参数多、调速性能好。

9）适用于频繁起动、停止以及正反转运行的工况。

二、驱动电机系统控制策略

1. 驱动电机系统驱动模式

整车控制器根据车辆运行时的车速、档位、动力蓄电池 SOC 值来决定电动机的输出转矩/功率。当电机控制器从整车控制器处得到转矩输出命令时，将动力蓄电池提供的直流电转化成三相交流电，驱动电机输出转矩，通过机械传输来驱动车辆，图 3-32 所示为驱动电机系统驱动模式示意图。

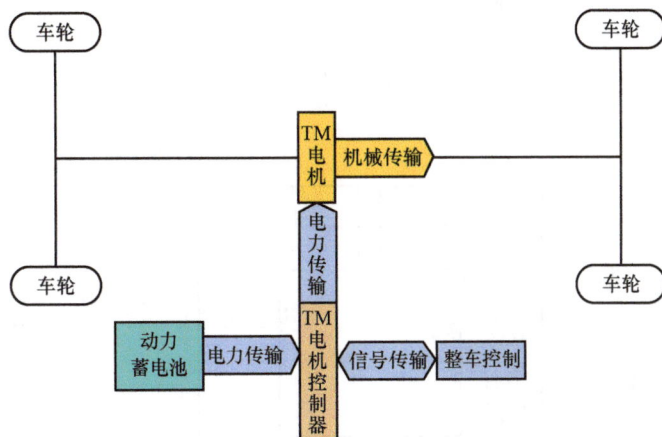

图 3-32　驱动电机系统驱动模式示意图

2. 驱动电机系统发电模式

当车辆在滑行或制动时，电机控制器从整车控制器得到发电命令后，电机控制器将使电

机处于发电状态，此时电机会将车辆动能转化成电能。然后，三相正弦交流电通过电机控制器转化为直流电，存储到动力蓄电池中，图 3-33 所示为驱动电机系统发电模式示意图。

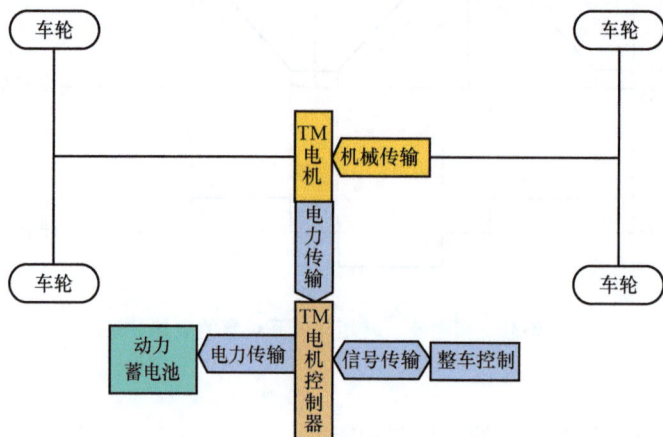

图 3-33　驱动电机系统发电模式示意图

三、驱动电机系统检修（旋转变压器故障案例）

1. 旋转变压器的介绍

旋转变压器安装在驱动电机上，是一种电磁式传感器，又称为同步分解器，用来测量旋转物体的转轴角位移和角速度。在纯电动汽车上，使用旋转变压器作为测量驱动电机转速的元件，并将测得的转速信号传递给电机控制器。

（1）旋转变压器的工作原理　旋转变压器的工作原理和普通变压器基本相似，区别在于普通变压器的一次、二次绕组是相对固定的，所以输出电压和输入电压之比是常数。但是，旋转变压器的一次、二次绕组则随转子的角位移发生相对位置的改变，因而其输出电压的大小随转子角位移发生变化，输出绕组的电压幅值与转子转角成正弦、余弦函数关系，或保持某一比例关系。旋转变压器的原理示意图如图 3-34 所示。其中，定子绕组作为变压器的一次

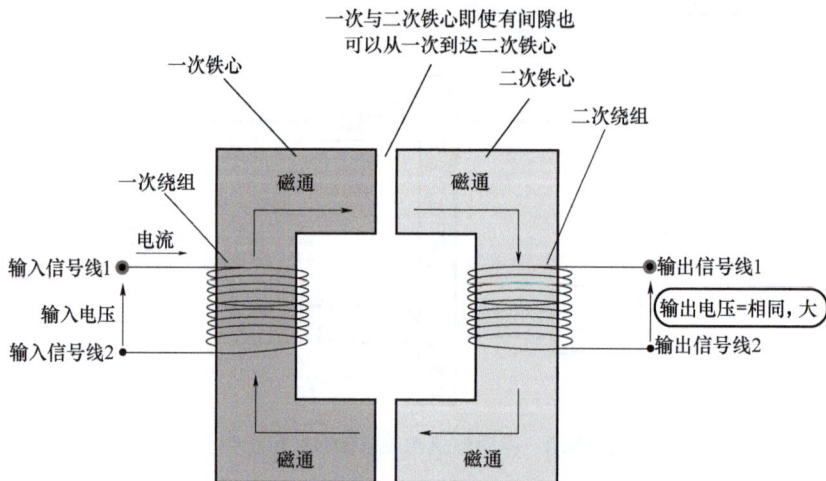

图 3-34　旋转变压器的原理示意图

绕组，接收励磁电压。转子绕组作为变压器的二次绕组，通过电磁耦合得到感应电压。一次侧作为定子，二次侧作为转子。随着两者相对角度的变化，在输出侧就可以得到幅值变化的波形。旋转变压器输出信号幅值随位置变化而变化，但频率不变。

（2）旋转变压器的结构　旋转变压器有多种形式，应用于纯电动汽车驱动电机上的旋转变压器在结构上分为传感器线圈和信号齿圈两部分。其中，传感器线圈固定在壳体上，也就是定子上，信号齿圈固定在转子上。传感器线圈由励磁、正弦和余弦三组线圈组成。

2. 旋转变压器故障排除

在驱动电机与电机控制器低压线束连接正确的前提条件下，如果出现旋转变压器故障，一般分为两种情况：一是旋转变压器本身故障，二是电机控制器旋转变压器解码电路故障。但是无论上述两种故障哪一种出现，都会导致驱动电机系统无法启动或转矩输出偏小等现象。若上述情况出现，首先检查驱动电机旋转变压器是否损坏。检查电机控制器与驱动电机连接低压线束有无退针与虚接现象，检查电机控制器低压控制插件 12V 供电是否正常，检查步骤如下：

（1）检查电路的通断　根据电路图脱开电机控制器插头，测量旋转变压器插头 35 号的针脚至电机控制器针脚 19 针之间导线是否出现断路和短路的情况。

（2）检查励磁绕组的电压　检查励磁绕组的电压，起动开关打至 ON 档测量插件端应有 3~3.5V 的交流电压。

（3）检查线圈的电阻值　用万用表测量旋转变压器传感器的阻值。正确的线圈阻值如下：

1）正弦绕组阻值。拔下插件测量传感器端子应为（60±10）Ω。

2）余弦绕组阻值。拔下插件测量传感器端子应为（60±10）Ω。

3）励磁绕组阻值。拔下插件测量传感器端子应为（30±10）Ω。

若线圈的阻值超出正常范围，需更换旋转变压器。若阻值正常，则可能是电机控制器内部旋转变压器解码电路故障，需更换电机控制器主控板。

3. 2018 款比亚迪秦 PRO-DM BSG 电动机维修案例

（1）故障现象　一辆 2018 款比亚迪秦 PRO-DM 混动车，搭载 BYD476ZQA 型发动机，续驶里程为 1200km。车主反映，该车无法使用 BSG 电动机起动发动机，只能用普通起动电动机起动车辆。

（2）故障诊断与排除　连接专用诊断仪，在 BSG 系统中读取到 4 个故障码（图 3-35）：

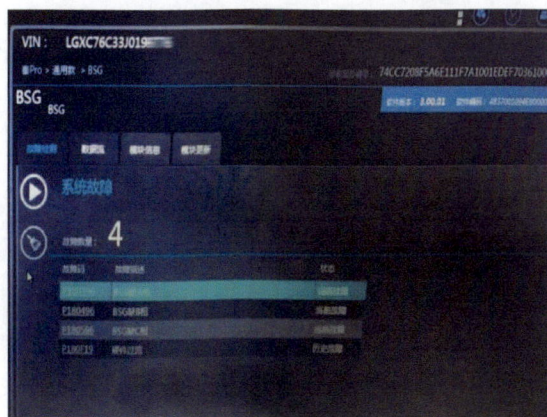

图 3-35　故障车内存储的故障码

P180396——BSG 缺 A 相（当前故障）。

P180496——BSG 缺 B 相（当前故障）。

P180596——BSG 缺 C 相（当前故障）。

P180F19——硬件过电流（历史故障）。

前 3 个故障码无法删除。

通过故障码可以看出，BSG 电动机存在缺相故障，将故障点初步锁定在 BSG 电动机、BSG 控制器及相关的控制电路。

BSG 电动机具有起停和发电等功能，能够起停发动机，并且能够在发动机处于怠速、运行等工况下根据策略要求进行发电，以维持整车电平衡。故障车 BSG 电动机的安装位置如图 3-36所示。

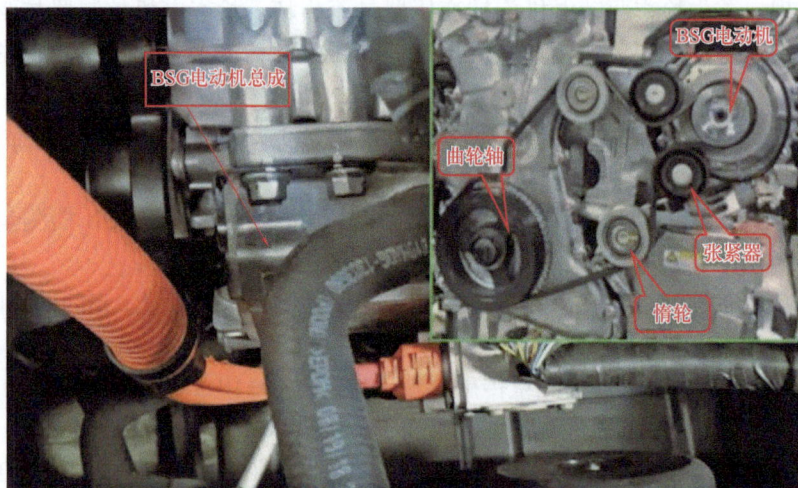

图 3-36　故障车 BSG 电动机的安装位置

BSG 电机控制器（图 3-37）是控制 BSG 电动机的装置，由输入输出插口电路、驱动电机控制电路和驱动电路组成，其主要功能是控制 BSG 电动机来给整车发电或起动发动机，同时，

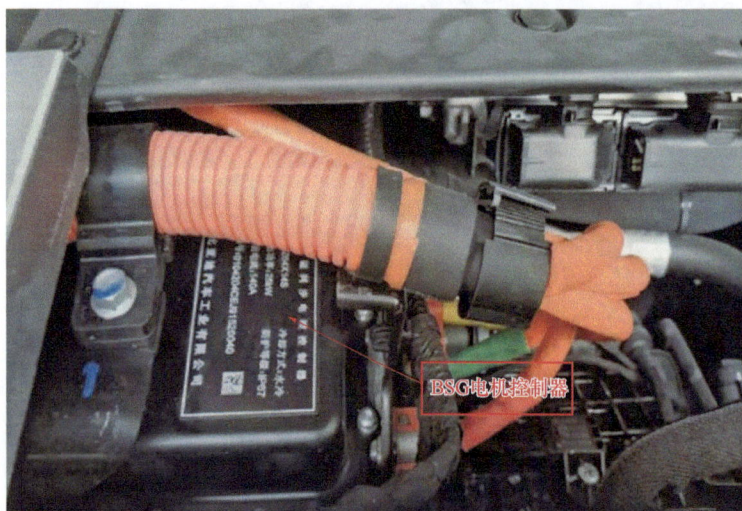

图 3-37　故障车 BSG 电机控制器的安装位置

包括CAN通信、故障处理、在线 CAN 烧写、与其他模块配合完成整车的工作要求以及自检等。装配 BSG 电动机的好处是：发动机起动响应速度快，既可作为起动电动机起动发动机，又能作为发电机为动力蓄电池进行充电（高压电）。

根据 BSG 电动机系统工作原理，并结合故障现象、故障信息，进行下述检测：

1）检查低压系统相关插接器的供电、搭铁及网络电压等，未发现异常。

2）使用诊断仪 VDS1000 扫描全车模块，各系统软件均为最新版本，无须更新。

3）读取 BSG 电动机数据流（图 3-38）发现，BSG 电动机的 A、B、C 各相电流均为 0，说明 BSG 电动机没有工作，BSG 母线电压为 0，说明没有电压输出。

图 3-38　读取 BSG 电动机数据流

4）戴上绝缘手套，断开高压母线，测量高压系统电压为 433V（图 3-39），说明高压动力蓄电池输出电压正常。

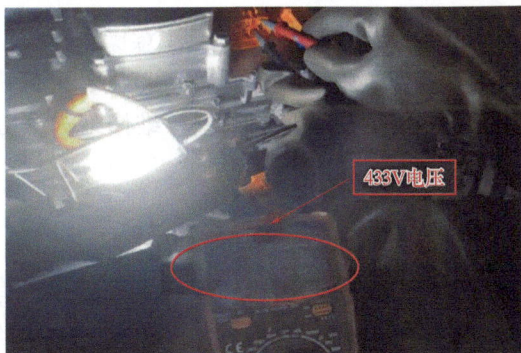

图 3-39　故障车高压系统电压

5）查阅有关维修资料发现，BSG 电动机在高压系统中有一个熔断器，测量位于前驱动电机控制器与 DC 总成里面的 BSG 电动机熔断器之间的电阻，阻值为 0（图 3-40），说明熔断器正常，其熔丝没有熔断。

6）查阅 BSG 电动机控制系统电路图，测量 BSG 电动机的正弦、余弦、励磁电阻，均正常，测量 BSG 电机控制器的供电、搭铁及网线电压、电阻，均正常。

7）进一步检查发现，BSG 电机控制器外部螺钉有拆装过的痕迹，拆开 BSG 电机控制器三相母线进行测量时发现，其中一根高压母线的固定螺钉没有拧紧，有跳电烧蚀的痕迹（图 3-41）。

图 3-40　测量故障车 BSG 电动机熔断器的电阻

图 3-41　BSG 电机控制器高压母线上的烧蚀痕迹

询问车主得知，该车之前因前部发生碰撞事故，在外面维修店维修过与 BSG 电动机相关的电路，事故修复后就出现了如前所述的故障现象，由此可以判断该车故障是由于事故车修复过程中装配不当引起的，中间的高压母线固定螺钉没有拧紧，高压跳电致使 BSG 电机控制器内部元件被损坏。更换 BSG 电机控制器后试车，该车恢复正常，故障被彻底排除。

维修小结：对于纯电动车辆的维修，首先一定要注意操作安全。了解车型的基本控制原理，通过查看有关故障及数据流，可以有效地缩小故障范围，进行快速排查。另外，对于车主，建议到正规可靠的维修店或品牌 4S 店对车辆进行维修维护，切莫贪小便宜或图一时方便，以免带来后期用车的麻烦。

四、驱动电机系统其他常见故障及维修

在排除驱动电机系统的故障时，可以使用诊断仪检查故障码，再根据故障码的提示，来分析故障产生的原因并进行电路和电气元件的检查。驱动电机系统常见故障及解决方法见表 3-1。

表 3-1　驱动电机系统常见故障及解决方法

序号	故障名称	故障码	故障可能原因	解决办法
1	电机控制器直流母线过电压故障	P114017	1）驱动电机系统突然大功率充电 2）高压回路非正常断开	分析整车数据，如果总线电压报文与实际电压不相符，则需要检查高压供电回路、高压主继电器、高压插件有无异常

（续）

序号	故障名称	故障码	故障可能原因	解决办法
2	电机控制器相电流过电流故障	P113119 P113519 P113619 P113719	1）负载突然变化、旋转变压器信号故障等导致电流畸变，如动力蓄电池或主继电器频繁通断 2）电机控制器损坏 3）电机控制器采集电压与实际电压不一致	1）检查高压回路 2）更换电机控制器 3）标定电压，编写电机控制器程序
3	电动机超速故障	P0A4400	1）整车负载突然降低，电动机转矩控制失效 2）电动机低压信号线插头连接松动或者退针 3）电机控制器损坏（硬件故障）	1）如重新上电不复现，不用处理 2）检查信号线插头 3）更换电机控制器
4	电动机温度过高故障	P0A2F98	1）电动机低压信号线插头连接松动或者退针 2）冷却系统工作异常 3）电动机本体损坏（长时间过载运行）	1）检查信号线插头 2）检查冷却液是否充足，水泵是否正常工作，冷却管路是否堵塞 3）更换电动机
5	电机控制器 IGBT 温度过高故障	P117F98 P117098 P117198 P117298	同电动机温度过高故障	同电动机温度过高故障
6	电机控制器辅助蓄电池欠电压故障	U300316	12V 辅助蓄电池电压过低，或者由于 35 针线束原因，电机控制器低压插口电压过低	检查辅助蓄电池电压，给辅助蓄电池充电；检查电机控制器低压插口，测量 35 针插件 24 脚和 1 脚电压是否低于 9V
7	与整车控制器通信丢失故障	U010087	1）未收到整车控制器信号 2）网络干扰严重 3）线束问题	检查 35 针线束连接是否正常，检查 CAN 网络是否出现 BUS OFF，或者更换整车控制器
8	驱动电机系统高压暴露故障	P0A0A94A	1）电机控制器电源模块硬件损坏 2）软件与硬件不匹配 3）有部件报出高低压互锁故障	刷写程序或更换电机控制器
9	电动机（噪声）异响		1）电磁噪声（高频较尖锐） 2）机械噪声，可能是来自减速器、悬架、电动机本体（轴承）	1）电磁噪声属正常 2）排查确定是否电动机本体损坏，若是则更换电动机

![学习小结] 【学习小结】

1. 纯电动汽车故障维修方法与技巧包括故障维修方法、故障诊断方法、故障维修技巧、电路故障诊断与检修注意事项等内容。

2. 故障维修方法包括直观检测法与现代仪器设备检测法。

3. 特别注意在进行维修拆装工作时需要使用专用工具，佩戴好劳保用品，工作细心，螺钉归位，时刻注意安全操作。

![知识巩固] 【知识巩固】

1. _____是车辆的核心装置，是将电能转换为机械能的装置。

2. 电力驱动控制系统可分为_____、_____和_____。

任务二　驱动电机控制系统常见故障与检修

![任务描述] 【任务描述】

电机控制器是驱动电机系统的控制中心，本任务需重点对电机控制器的结构及类型进行学习，了解电机控制器的功能。另外，还应对变频器有一定认知。随着工业自动化程度的不断提高，变频器也得到了非常广泛的应用。变频器在汽车上根据电动机的实际需要来提供其所需要的电源电压，进而达到节能和调速的目的。另外，变频器还有很多的保护功能，如过电流、过电压、过载保护等。

![学习目标] 【学习目标】

知识目标	技能目标	素养目标
1. 重点掌握电机控制器的结构与类型 2. 了解电机控制器的功能 3. 重点掌握变频器的结构 4. 了解变频器的种类	课后通过网络的方式查找相关知识，提升查找资料的能力	1. 培养学生在纯电动汽车维修工作中的严谨性 2. 注重纯电动汽车维修工作过程中的操作规范，具备一定责任意识

【理论知识】

一、电机控制器的结构与控制策略

电机控制器是驱动电机系统的控制中心，又称为智能功率模块，以绝缘栅双极型晶体管（IGBT）模块为核心，辅以驱动集成电路和主控集成电路。通过把微电子器件和功率器件集成到同一芯片上，形成了智能功率模块，对所有的输入信号进行处理，并将驱动电机控制系统运行状态的信息通过 CAN2.0 网络发送给整车控制器。驱动电机控制器内含故障诊断电路，当诊断出现异常时，它将会激活一个错误代码，发送给整车控制器，同时也会存储该故障码和数据。电机控制器是使用电流传感器、电压传感器和温度传感器来提供驱动电机系统工作信息的。

1. 传感器

(1) 电流传感器　电流传感器用以检测电动机工作的实际电流（包括直流母线电流、三相交流电流）。

(2) 电压传感器　电压传感器用以检测供给电机控制器工作的实际电压（包括动力蓄电池电压、12V 辅助蓄电池电压）。

(3) 温度传感器　温度传感器用以检测驱动电机控制系统的工作温度（包括 IGBT 模块温度、电机控制器板载温度）。

2. 结构与分类

(1) 电机控制器的结构　电机控制器包括传感器、中间连接电路与处理器 3 个功能单元。传感器把测得的数据，如电流、电压、温度、速度、转矩以及电磁通等转变为电信号，通过连接电路调整到合适的值，然后输入处理器。处理器的输出信号通常经过中间电路放大，驱动电能转换器的半导体元件。在驱动和制动能量回收过程中，蓄电池与电动机之间的能量流动是通过电能转换器进行调节的。电动机与车轮通过机械传动装置连在一起，该传动装置是可选的，因为电动机也可以装在车轮上直接驱动。

(2) 电机控制器的类型　电机控制器根据驱动电机的不同，分为直流电机控制器、交流感应电机控制器和开关磁阻电机控制器三大类。直流电机控制器又分为有刷电机控制器与无刷电机控制器。直流有刷电机控制器又分为串励电机控制器和他励电机控制器。交流电机控制器可分为永磁同步电机控制器和异步电机控制器。

1）直流电机控制器一般采用 PWM 斩波控制方式。

2）交流感应电机控制器采用 PWM 方式实现高压直流到三相交流的电源变换，采用变频调速方式实现电动机调速，采用矢量控制或直接转矩控制策略实现电动机转矩控制的快速响应。

3）交流永磁驱动电机系统包括正弦波永磁同步驱动电机系统和梯形波无刷直流驱动电机系统。其中，正弦波永磁同步电机控制器采用 PWM 方式实现高压直流到三相交流的电源变换，采用变频调速方式实现电动机调速；梯形波无刷直流电动机通常采用"弱磁调速"的方式实现控制。

4）开关磁阻电机控制器一般采用模糊滑模控制方法。

(3) 电机控制器的功能　电机控制器的功能是按中央控制单元的指令和驱动电机的速度、

电流反馈信号，对驱动电机的速度、驱动转矩和旋转方向进行控制。驱动电机控制器与驱动电机必须配套使用，目前，对驱动电机的调速主要采用调压和调频等方式，这主要取决于所选用的驱动电机类型。由于动力蓄电池以直流电方式供电，所以对于直流电动机，主要是通过 DC/DC 变换器进行调压和调速控制；对于交流电动机，需通过 DC/AC 变换器进行调频和调压矢量控制，对于磁阻电动机，则通过控制其脉冲频率来进行调速。当汽车倒车时，需通过驱动电机控制器使驱动电机反转，来驱动车轮反向行驶。当纯电动汽车处于减速和下坡滑行时，驱动电机控制器使驱动电机运行于发电状态，驱动电机利用其惯性发电，将电能通过驱动电机控制器回馈给动力蓄电池，所以驱动电机控制器与动力蓄电池电源的电能流向是双向的。

（4）变频器

1）功能。在纯电动汽车上，采用动力蓄电池的直流电作为电源，和采用三相交流电机作为驱动电机时，三相交流电动机不能直接使用直流电源，另外，三相交流电动机具有非线性输出特性，需要应用变频器中的功率半导体变换器件，来实现直流电源与三相交流电动机之间电流的传输和变换，并要求能够实现频率调节，在所调节的频率范围内保持功率的连续输出，同时实现电压的调节，能够在恒定转矩范围内维持气隙磁通恒定。将直流电变换为频率和幅值可调且电压可调的交流电，来驱动三相交流电动机。

2）基本结构模型。变频器在纯电动汽车上应用十分普遍，变频器的基本功率电路有以下几种：

① 交-直-交变频器系统。在有 220V/380V 交流电源处，一般采用交-直-交变频器系统，其基本功率电路如图 3-42 所示。

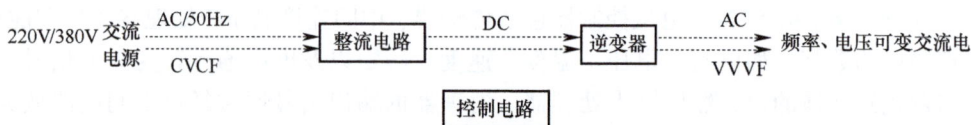

图 3-42　交-直-交变频器系统基本功率电路

② 交-交变频器系统。在有 220V/380V 交流电源处，还可以采用交-交变频器系统，其基本功率电路如图 3-43 所示。

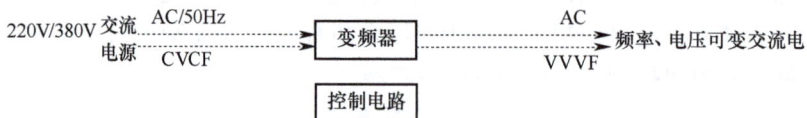

图 3-43　交-交变频器系统基本功率电路

③ 直-交逆变器系统。纯电动汽车一般采用直流动力蓄电池作为主电源，可以采用直-交逆变器系统，其基本功率电路如图 3-44 所示。

3）变频器的种类。随着电气设备技术的发展，变频器和逆变器都是采用现代电子控制技术或智能控制，使它们在多种电动机的控制上得到广泛应用，变频器有多种结构模型和多种应用场合，可以用以下方法分类。

① 按主要功率电路分。

a. 电压型变频器。电压型变频器又称为电压源逆变器，其基本电路如图 3-45 所示，最简

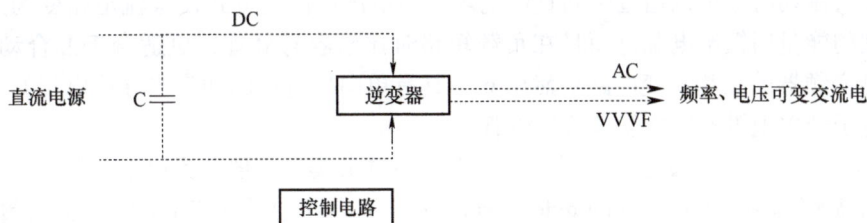

图 3-44　直-交逆变器系统基本功率电路

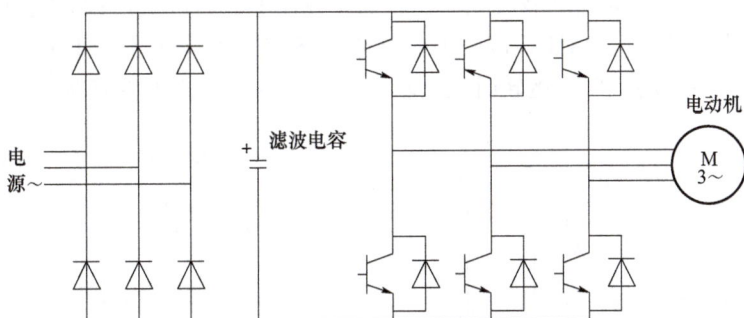

图 3-45　电压型变频器的基本电路

单的电压型变频器由可控整流器和电压型逆变器组成，用晶闸管整流器调压，逆变器调频，电源电流经过整流器整流为直流电，经电容器滤波，使中间直流电源近似恒压源和低阻抗，经过逆变器输出的交流电压，具有电压源性质，不受负载性质的影响，适合于多电动机的驱动，但调速动态响应较慢，由于反馈能量传送到中间直流电环节并联的电容中，会导致直流电压上升，为防止换流器件损坏，需要在功率电路中配置专门的放电电路。

电压型变频器的三相逆变电路是由 6 个具有单向导电性的功率半导体电子开关组成的，每个电子开关上反并联一个续流二极管，6 个电子开关每隔 60°电角度触发导通一次。

b. 电流型变频器。电流型变频器又称为电流源逆变器，其基本电路如图 3-46 所示，最简单的电流型变频器由晶闸管整流器和电流逆变器组成，用晶闸管整流器调压，逆变器调频，电源电流经过整流器整流为直流电，利用串联在回路中的大容量电感起限流作用，使中间直流电波平滑输出，逆变器向负载输出的交流电流为不受负载影响的矩形波，具有电流源性质，电流型变频器调速动态响应快，可以实现正、反转动并便于反馈制动。

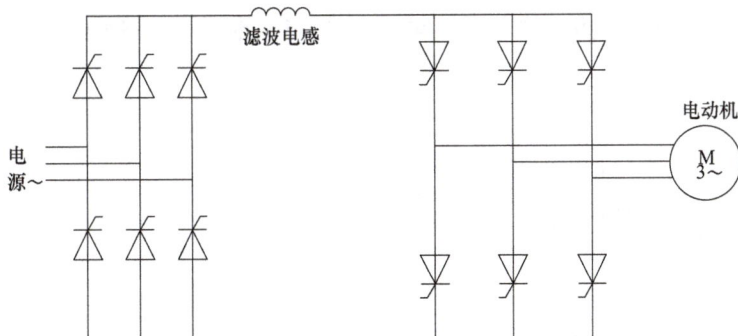

图 3-46　电流型变频器的基本电路

在电动机制动时，可以通过中间直流电环节的电压反向的方式使整流电路变为逆变电路，将负载反馈的能量回馈给电源，而且在负载短路时比较容易处理，更适合于混合动力汽车应用。电流型变频器的三相逆变电路仍然由 6 个具有单向导电性的功率半导体电子开关所组成，但在每个电子开关上没有反并联续流二极管。

② 按开关方式分。按变频器中的逆变器开关方式分类，一般分为以下几种：

a. 脉冲振幅调制（Pulse Amplitude Modulation，PAM）控制：PAM 是指在变频器整流电路中对输出电压（电流）的幅值进行控制，以及在变频器逆变电路中对输出的频率进行控制的方式，PAM 控制时，在逆变器中换流器件的开关频率（载波频率）为变频器的输出频率，是一种同步调速方式。PAM 控制载波频率比较低，在用 PAM 控制进行调速驱动时，电动机的运转效率高，噪声较低。但 PAM 控制必须对整流电路和逆变器电路同时进行控制，控制电路比较复杂，另外，在电动机低速运转时波动较大，其基本电路如图 3-47 所示。

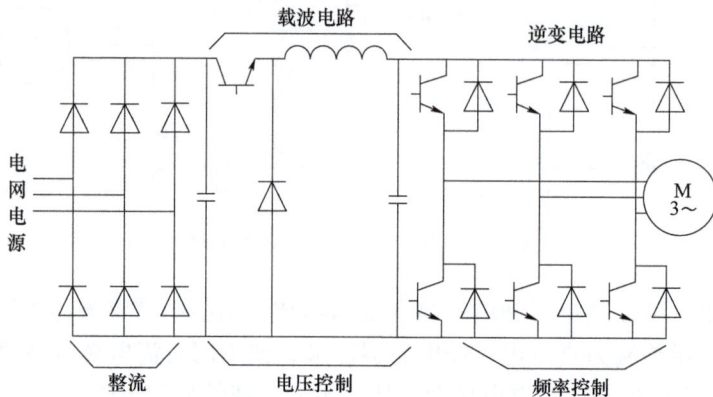

图 3-47　电压型 PAM 基本电路

b. 脉冲宽度调制（Pulse Width Modulation，PWM）控制：PWM 是在变频器的逆变电路中，同时对输出电压（电流）的幅值和频率进行控制的方式。在 PWM 控制时，比较高的频率对逆变电路的半导体开关元器件进行通断控制，通过改变输出脉冲的宽度来达到控制电压（电流）的目的。PWM 控制时变频器输出的频率不等于逆变电路换流器件的开关频率，属于异步调速方式。PWM 控制方式可以减少高次谐波带来的各种不良影响，转矩波动小，控制电路简单，成本也较低。但当载波频率不合适时，电动机在运转时会产生较大的运转噪声，在系统中增加一个调整变频器载波频率的系统，即可降低电动机在运转时的运转噪声。通常采用正弦波 PWM 的控制，通过改变 PWM 输出的脉冲宽度，使电压的平均值近似于正弦波，可以使异步电动机在进行调速运转时能够更加平稳。电压型 PWM 控制基本电路如图 3-48 所示。

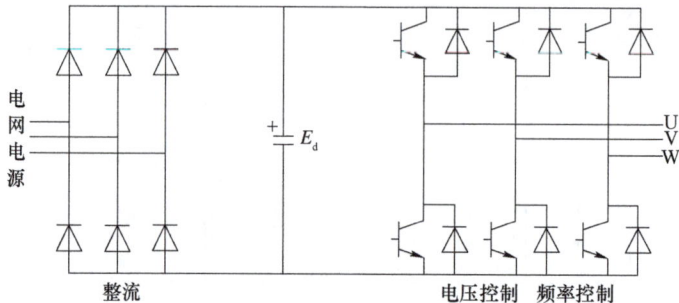

图 3-48　电压型 PWM 控制基本电路

c. 高载频 PWM 控制：高载频 PWM 是 PWM 控制方式的改进，在高载频 PWM 控制方式中，将载频的频率提高到超过人耳可以分辨的频率（10~20kHz）以上，从而减小电动机运转噪声，由于高载频 PWM 要求逆变器换流器件的开关速度很快，因此只能采用 IGBT 和 MOSFET 等有较大容量的半导体元器件，但变频器的容量还是受到限制，高载频 PWM 控制时变频器输出的频率不等于逆变电路换流器件的开关频率，属于异步调速方式，高载频 PWM 控制适用于低噪声型变频器。

③ 按工作原理分。

a. 幅/频比（V/f）变频器。在工作时对变频器的电压幅度和频率同时进行控制，使 V/f 保持一定，来获得电动机所需要的转矩。V/f 是一种比较简单的控制方式，多用于对精度要求不太高的通用变频器中，控制电路的成本也比较低。

b. 转差率控制变频器。转差率控制变频器是 V/f 变频器的改进，在转差率控制变频器控制系统中，利用装在电动机上的速度传感器的速度闭环控制和变频器电脉冲控制电动机的实际转速。变频器的输出频率则是根据电动机的实际转速与所需要转差频率而被自动设定的，从而达到在进行速度调控的同时控制电动机输出转矩的目的。这种变频器的优点是在负载发生较大变化时，仍然可以保持较高的速度精度和较好的转矩特性。

c. 矢量控制变频器。矢量控制变频器的原理是将交流电动机定子电流进行矢量变换，按矢量变换规律由三相变为两相，将静止坐标转换为旋转坐标，把交流电动机定子电流矢量分为产生磁场的励磁电流分量和与其相垂直的产生转矩的转矩电流分量。在控制中同时对定子电流的幅值和相位进行控制，也就是对定子电流矢量的控制。

矢量控制方式可以对交流电动机进行高性能的控制，采用矢量控制方式不仅使交流电动机的调速范围可以达到直流电动机的水平，而且可以控制交流电动机产生的转矩。采用矢量控制方式一般需要准确地掌握所控制的电动机的性能参数，因此需要变频器与专用电动机配套使用，新型矢量控制方式具有自调整功能，自调整矢量控制方式可以在电动机正常运转之前，自动对电动机的运转参数进行识别，并根据识别情况调整和控制计算中的有关参数，使自动调整矢量控制方式能够应用到普通交流电动机上。

④ 按用途分。

a. 通用变频器。通用变频器可以对普通交流电动机进行控制，分为简易型通用变频器和高性能通用变频器两种。简易型通用变频器，主要用于对调速性能要求不高的场合。高性能通用变频器在控制系统硬件和软件方面增加了相应的功能，用户可以根据电动机负载的特性选择算法和对变频器的参数进行设定。图 3-49 所示为通用变频器的内部结构，此类通用变频器具有以下功能：

Ⅰ. 对电动机具有全区域自动转矩补偿功能，防止失速功能和过转矩限定运行等。

Ⅱ. 对带励磁释放型制动器电动机进行可靠的驱动和调速控制，并保证带励磁释放型制动器电动机的制动器能够可靠释放。

Ⅲ. 减少机械振动和降低冲击作用。

Ⅳ. 运转状态检测显示功能，根据设定机械运行的互锁，使操作人员及时了解和控制变频器的运行状态，对机械进行保护等。

b. 高频变频器。在纯电动汽车上常采用高速电动机，用 PAM 控制方式控制的高速电动机用变频器输出的频率可达到 3kHz，在驱动交流电动机时，最高转速可达到 18000r/min。

c. 高性能专用变频器。高性能专用变频器基本都采用矢量控制方式，并与专用电动机配

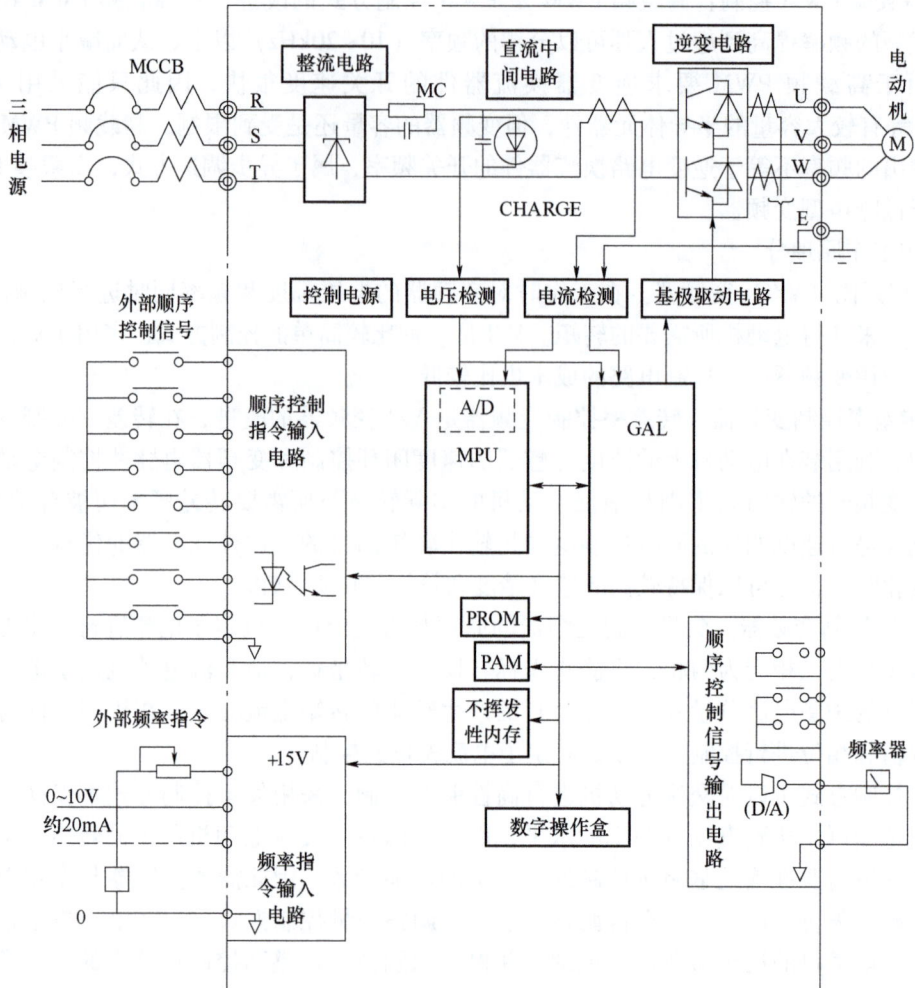

图 3-49　通用变频器的内部结构

套使用，在调速性能和对转矩的控制方面都超过了直流伺服系统，而且能够满足特定的电动机的需要，一般在纯电动汽车上都采用高性能专用变频器进行控制。高性能专用变频器的主要功能如下：

Ⅰ. 根据驾驶操纵装置输入的信号和各部分传感器的反馈信号自动调节与控制电动机的转速与转矩。

Ⅱ. 在恒转矩范围和恒功率的大范围内对电动机的转速和转矩进行调节与控制。

Ⅲ. 蓄电池过电压或不足电压的限制。

Ⅳ. 制动能量的反馈回收。

Ⅴ. 自动热控制、保护系统和安全系统。

Ⅵ. 在显示屏上显示蓄电池、动力系统和车辆的动态信号等。

3. 驱动电机控制策略

根据纯电动汽车的 P、R、N、D 四个档位以及加速踏板和制动踏板信号的不同组合，将纯电动汽车的运动状态分为五种运行模式，分别是起车模式、正常驱动模式、失效保护模式、制动能量回馈模式和空档模式。整车控制器采集起动开关信号、加速踏板、制动踏板、档位信号和其他传感器信号，然后提取出有效值，整车控制策略通过对这些有效值进行判断和计算，取相应的驱动模式，然后向电机控制器发送整车期望转矩指令。

（1）起车模式　起车模式是指车辆已经起动，档位挂在驱动档，加速踏板开度为零的运行模式。此时，整车控制器发送给电机控制器的转矩指令为起车小转矩。该转矩的主要功能如下：

如果在平直路面上行驶，可以使车辆保持一个恒定起车速度前行，如果在坡道上，则防止起车时车辆倒溜。在起车模式下，车辆最终以恒定速度行驶，并且车速有一个最大值，若车速超过这个值，则电动机停止转矩的输出。

（2）正常驱动模式（图 3-50）　正常驱动模式是指车辆处于驱动使能状态下，整车动力系统能够无故障运行，保障车辆正常行驶。此时整车控制器根据加速踏板开度、车速和动力蓄电池 SOC 值来确定发送给电机控制器的转矩指令，当电机控制器从整车控制器得到转矩输出的指令时，将动力蓄电池提供的直流电转化成三相交流电，驱动电机输出转矩，通过机械传输来驱动车辆。正常驱动模式下有一个最大行驶车速。

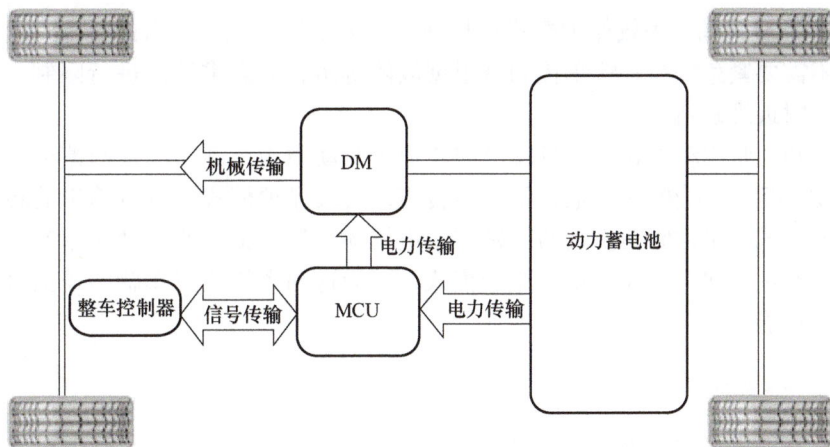

图 3-50　正常驱动模式

（3）制动能量回馈模式（图 3-51）　制动能量回馈模式也称为发电模式，在此模式下，若车辆在运行时制动信号有效，并且车速大于一定值，则对车辆的动能进行回收。由于电机既可以作为电动机，又可以作为发电机，根据电机的这一特点，纯电动汽车除具备传统燃油汽车制动系统的基本功能外，制动时调整载荷分配比例系数，在电机控制器从整车控制器得到发电指令后，能使电机处于发电状态。此时电机输出制动转矩，有效地吸收车辆制动时的动量，电机将车辆的动能转化为电能，然后三相正弦交流电通过电机控制器转化为直流电，产生的电能给动力蓄电池充电，增加了能量的利用率，所以纯电动汽车具有制动能量回馈的功能。

（4）空档模式　空档模式是指档位信号在 N 位时，整车控制器发送给电机控制器的转矩指令为 0，电机处于自由状态，电机随着驱动轮转动。传统的燃油汽车由于发动机不能带负载起动，在堵车或等候交通绿灯时，需要让发动机怠速转动。这部分燃油是不做功的，降低了整车的能量利用率，同时怠速时，燃油燃烧不充分，还造成了比较大的环境污染，而纯电动汽车就不存在这方面的缺点。

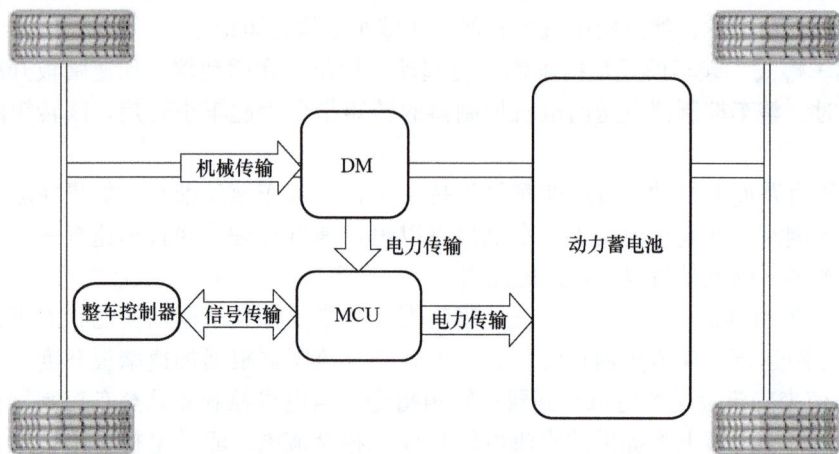

图 3-51　制动能量回馈模式

（5）失效保护模式　失效保护模式是指整车动力系统出现非严重的故障时，车辆还可以继续行驶而不需要紧急停车。整车控制器根据故障等级，对需求转矩进行限制，输出转矩维持车辆慢行到附近维修站。

起车模式和正常驱动模式下电机输出的转矩为驱动力矩，制动能量回馈模式下电机输出的转矩为制动力矩，空档模式下电机不输出转矩，失效保护模式下电机输出的转矩为驱动力矩，它和起车模式、正常驱动模式的区别在于电机输出转矩的大小、变化率有限制。整车驱动控制策略主要包括起车模式和正常驱动模式，因为这两个模式下车辆实现前进、倒车这种最基本的驾驶功能。

二、变频器常见检修办法

在变频器日常维护过程中，经常遇到各种问题，如外围电路问题，参数设定不良或机械故障。如果是变频器出现故障，如何判断是哪一部分问题，下面进行介绍。

1. 静态测试

（1）测试整流电路　找到变频器内部直流电源的 P 端和 N 端，将万用表调到电阻×10 档，红表棒（+）接到 P 端，黑表棒（−）依次接到 R、S、T，应该有几十欧姆的阻值，且基本平衡。相反，将黑表棒接到 P 端，红表棒（+）依次接到 R、S、T，有一个接近于无穷大的阻值。将红表棒接到 N 端，重复以上步骤，都应得到相同结果。如果有以下结果，可以判定电路已出现异常：阻值三相不平衡，可以说明整流桥故障；红表棒接 P 端时，电阻无穷大，可以断定整流桥故障或起动电阻出现故障。

（2）测试逆变电路　将红表棒接到 P 端，黑表棒分别接到 U、V、W 上，应该有几十欧姆的阻值，且各相阻值基本相同，反相阻值应该为无穷大。将黑表棒接到 N 端，重复以上步骤应得到相同结果，否则可确定逆变模块故障。

2. 动态测试

在静态测试结果正常以后，才可进行动态测试，即上电试机。在上电前后必须注意以下几点：

1）上电之前，须确认输入电压是否有误，将 380V 电源接入 220V 级变频器中会出现炸机（炸电容、压敏电阻、模块等）。

2）检查变频器各插接器是否已正确连接，连接是否有松动，连接异常有时可能导致变频器出现故障，严重时会出现炸机等情况。

3）上电后检测故障显示内容，并初步断定故障及原因。

4）若未显示故障，应首先检查参数是否有异常，并将参数复归后，在空载（不接电动机）情况下起动变频器，并测试U、V、W三相输出电压值。若出现缺相、三相不平衡等情况，则模块或驱动板等有故障。

5）在输出电压正常（无缺相、三相平衡）的情况下，带载测试。测试时，最好是满负载。

3. 故障判断

（1）整流模块损坏　整流模块损坏一般是由于电网电压或内部短路引起的。在排除内部短路的情况下，更换整流桥。在现场处理故障时，应重点检查用户电网情况，如电网电压，有无电焊机等对电网有污染的设备等。

（2）逆变模块损坏　逆变模块损坏一般是由于电动机或电缆损坏及驱动电路故障引起的。在修复驱动电路之后，测得驱动波形良好的状态下，更换模块。在现场服务中更换驱动板之后，还必须注意检查电动机及连接电缆。在确定无任何故障的情况下，运行变频器。

（3）上电无显示　上电无显式一般是由于开关电源损坏或软充电电路损坏使直流电路无直流电引起的，如起动电阻损坏，也有可能是面板损坏。

（4）上电后显示过电压或欠电压　上电后显示过电压或欠电压一般是由于输入缺相、电路老化及电路板受潮引起。找出其电压检测电路及检测点，更换损坏的器件。

（5）上电后显示过电流或接地短路　上电后显示过电流或接地短路一般是由于电流检测电路损坏引起的，如霍尔元件、运算放大器等。

（6）起动显示过电流　起动显示过电流一般是由于驱动电路或逆变模块损坏引起的。

（7）空载输出电压正常，带载后显示过载或过电流　该种情况一般是由于参数设置不当或驱动电路老化，模块损伤引起的。

现象：按下电动机运行按钮，变频器显示频率由低到高变化，而电动机运转，同时，电动机抖动，并发出很大的噪声。检查电路，主电路、控制电路均无连接错误。检测输出电流为12A，而电动机额定电流为6.3A，远远大于额定电流。经检查传动带无打滑现象。在空载情况下，起动电动机正常运转，且调速正常。用手盘车检验负载，并不重。

分析：为什么带载情况下电动机无法正常运转呢？是不是变频器某些参数设定不当引起变频器过载呢？与电动机起动有关的参数为加速时间和DC提升水平，如果这两个参数的设置与负载特性不匹配，就会造成电动机不能正常起动运转。加速时间过短，DC提升水平（即转矩提升）量过大，都可能引起过电流及电动机过载，从而无法正常运转。

措施：适当延长加速时间，降低DC提升水平。按起动按钮，电动机正常运转，且调速正常，无失速，同时，电动机噪声消失。

总结：使用变频器驱动负载时，一定要注意加速时间与DC提升水平及其他参数，过短的加速时间、过高的DC提升均能导致电动机过载、过电流及噪声过大，甚至发生过电流跳闸。因此，在实际使用中，一定要根据负载情况，对变频器参数进行设置，使变频器发挥最佳运行状态。

【实训工单】

班级		实训场地	
姓名		实训日期	
学号		学时	
实训任务	驱动电机及控制系统检修		
任务要求	1）能正确使用拆装工具 2）能正确拆装驱动电机 3）能对驱动电机及控制系统规范检修		
实训设备	吉利帝豪 EV450 或比亚迪秦 EV 纯电动汽车 4 辆，故障诊断仪 4 个，示波器 4 个，车间防护用具 4 套，个人防护用具 4 套，绝缘工具 4 套，常用检测设备 4 套，故障检测线 4 盒，通用拆装工具 4 套		
资讯	见项目三内容		
计划与决策	1. 角色分工： 小组编号：_____ 组长：_____ 操作员：_____ 安全员：_____ 辅助员：_____ 其他：_____ 2. 制订方案： _____ _____ _____ _____ _____ _____		
任务实施	1）写出驱动电机的拆卸流程 _____ _____ _____ _____ _____ _____ 2）写出比亚迪秦纯电动汽车驱动电机的 W 线束、V 线束、U 线束交流电流检修流程 _____ _____ _____ _____ _____ _____ _____ _____		

（续）

评估	自我评价：□不合格　□合格　　□良好　□优秀 说明：＿＿＿＿＿＿＿＿＿＿＿＿＿＿＿＿＿＿＿ 小组评价：□不合格　□合格　　□良好　□优秀 说明：＿＿＿＿＿＿＿＿＿＿＿＿＿＿＿＿＿＿＿ 教师评价：□不合格　□合格　　□良好　□优秀 说明：＿＿＿＿＿＿＿＿＿＿＿＿＿＿＿＿＿＿＿

💡 知识拓展

　　纵观汽车行业的发展史，高端汽车品牌的诞生一定伴随着顶级核心技术的成熟。超级技术造就高端品牌。仰望 U8 发布会一开场，比亚迪就展示了横向移动和原地掉头的操作。对于一辆长度超过 5m、宽度超过 2m 的"大家伙"来说，这样的动作已经颠覆了消费者对于传统汽车的认知，而支撑仰望 U8 以这一惊艳方式亮相的正是国内首个量产的四电机驱动技术——易四方，即用四电机平台独立驱动架构，通过矢量控制技术，实现对四轮动态控制。

　　在比亚迪看来，传统燃油车的车身稳定控制受限于时代和技术发展，感知速度和精度都与极致安全有很大差距，执行层面存在反应慢、效率低、功率低、四轮差异化程度低等问题。相较传统的燃油汽车动力系统，"易四方"技术可以通过感知力更强的电驱系统，以毫秒级的速度独立调整车辆四轮轮端动态，从而更好地控制车身姿态。

　　四电机独立控制可以让每个电机精准驱动车轮，通过车速灵活掌握车辆的转矩需求，无须制动，即可实现车轮以不同转矩转动、控制车辆的行驶轨迹。体现在车型上，就是可以通过对左右两侧车轮施加反向且大小相等的转矩，实现像坦克那样的"蟹行"和"原地掉头"功能。同时，得益于四电机系统灵活的、不受正反转限制的四轮转矩调整能力，搭载"易四方"技术的车型有高达 IP68 的核心系统防水等级，还开发了应急浮水功能。通过四轮独立的转矩控制使其即便漂浮在水中也具备直线行驶与转向、掉头的能力，可以满足更极限的紧急脱困需求。此外，由于车轮可以独立分配转矩，也能为易四方带来横向、纵向的车身稳定调节能力。基于此，"易四方"开发出"高速爆胎控制"功能，爆胎控制的最高安全性车速可以达到 120km/h，就算车辆转向机构和物理制动同时失效，也可以以每秒 1000 次的频率精准调整剩余三轮的转矩，通过驱动轮及时对车身姿态进行强有力的补偿干预，帮助驾驶人将车辆稳定可控地停下来，从动力的根源最大限度避免二次事故发生。

📚 【学习小结】

　　1. 电机控制器是驱动电机系统的控制中心，又称为智能功率模块，以绝缘栅双极型晶体管（IGBT）模块为核心，辅以驱动集成电路和主控集成电路。

　　2. 直流有刷电机控制器又分为串励电机控制器和他励电机控制器。交流电机控制器可分为永磁同步电机控制器和异步电机控制器。

【知识巩固】

1. _____是驱动电机系统的控制中心。

2. 电机控制器包括_____、_____和_____三个功能单元。

3. 电机控制器根据驱动电机的不同，分为_____、_____和_____三大类。

4. 简述变频器的结构。

5. 简述电机控制器的功能。

项目四

纯电动汽车电气系统检修

2022年，一辆牌照尾号为1234的纯电动汽车进入4S店进行维修，车主反映车辆电气设备不工作。维修接待人员首先使用万用表确定有无电源供给，发现车辆电源供给正常，但是无法起动汽车，且连接线束无松动。现车间调度将任务工单派发至你手中，请学习相关知识，安全规范地完成分派的检修任务。

任务一　DC/DC 变换器检修

【任务描述】

纯电动汽车上的电能变换器是实现电气系统电能变换和传输的重要电气设备。纯电动汽车电子设备系统内包含许多作用不同的功能模块，每个功能模块对电源的要求都不尽相同。本任务将对电能变换器的结构、功能与类型等方面进行介绍。

【学习目标】

知识目标	技能目标	素养目标
1. 了解电能变换器的结构 2. 了解电能变换器的功能 3. 了解电能变换器的类型	1. 能够掌握 DC/DC 变换器的功能以及单双变换器的工作原理 2. 能够掌握 DC/DC 变换器常见故障诊断与排除	1. 培养在纯电动汽车学习工作中的严谨性 2. 注重学习过程中的操作规范，具备一定责任意识

【理论知识】

每个功能模块对电源的要求都不尽相同，各部分所需的功率、电压、电流、安全可靠性和电磁兼容性等指标也不相同，纯电动汽车常用各种电能变换器来解决这些要求。

一、电能变换器的结构与功能

1. 电能变换器的结构

图 4-1 所示为纯电动汽车电-电（电力）混合供电系统以及各种电能变换器应用示意图。

DC/DC 变换器的型号命名格式的规定，如图 4-2 所示。例如，某 DC/DC 变换器型号命名为 ZB 006-240-024A，则表示直流/直流电源变换器，额定输出功率为 6kW，额定输入电压为 240V，单向。再比如 AB 100-336-360B，表示直流/直流电源变换器，额定输出功率为 100kW，额定输入（输出）电压为 336V，额定输出（输入）电压为 360V，双向。

2. 电能变换器的功能

在各种电动汽车中，电能变换器主要实现下列功能：

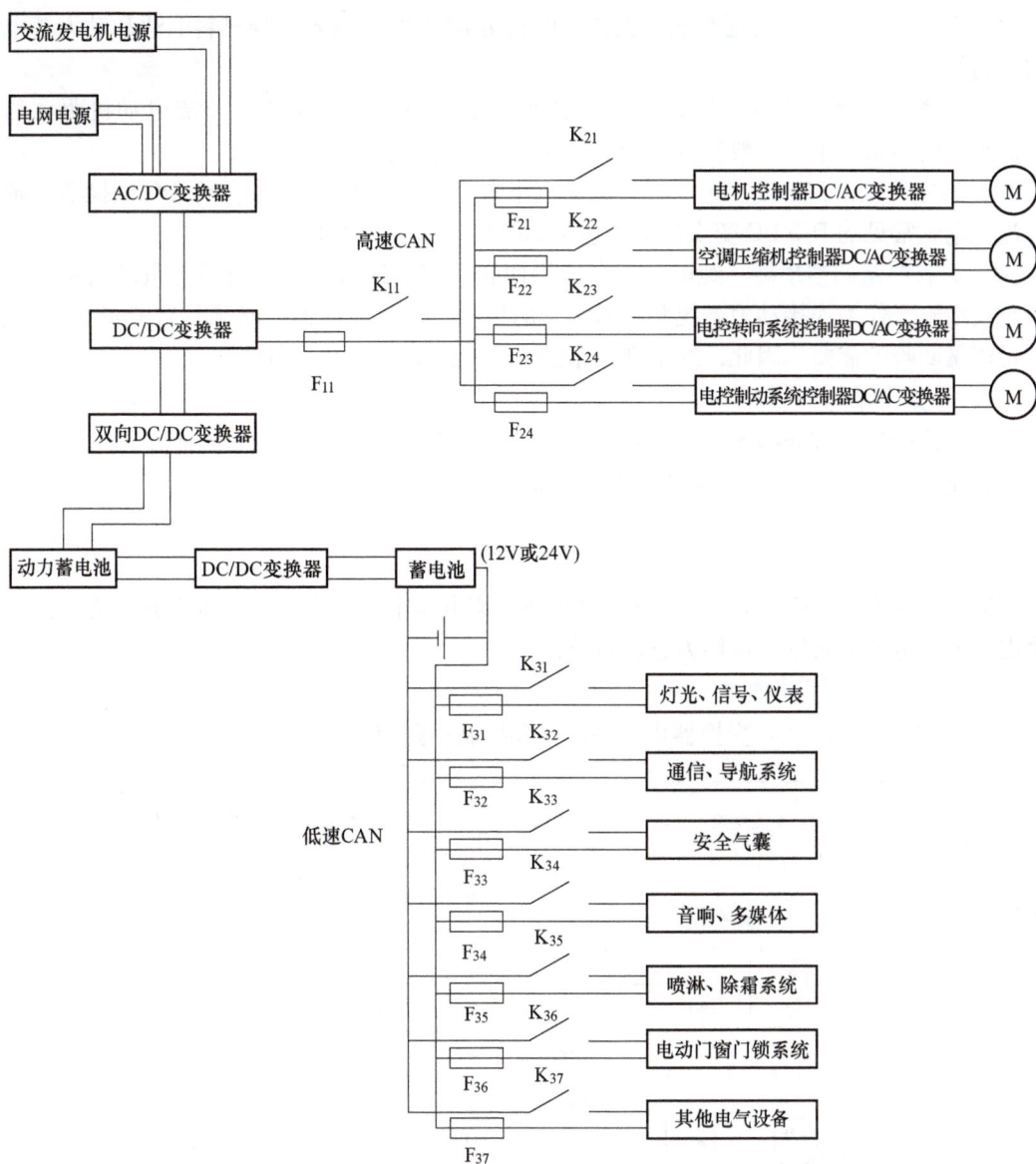

图 4-1　纯电动汽车电-电（电力）混合供电系统以及各种电能变换器应用示意图

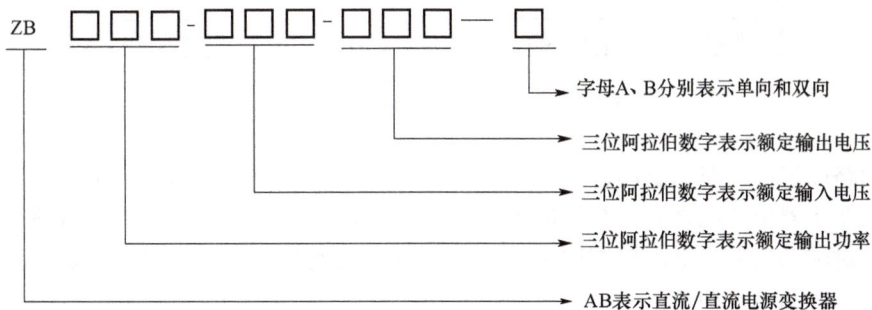

图 4-2　DC/DC 变换器的型号命名格式的规定

（1）不同电源之间的特性匹配　例如，可利用DC/DC变换器实现燃料电池和动力蓄电池之间的特性匹配。

（2）驱动辅助系统中的直流电动机　在小功率（一般小于5kW）直流电动机驱动的转向、制动等辅助系统中，一般直接采用DC/DC变换器供电。

（3）给低压辅助蓄电池充电　在纯电动汽车中，需要高压电源通过DC/DC变换器给辅助蓄电池充电。常见的DC/DC变换器类型包括380V/24V、320V/12V。

（4）具有能量回馈功能　纯电动汽车能量回收系统是纯电动汽车有限能量高效率使用的一个重要措施。作为连接动力系统和电源系统的桥梁，电能变换器还必须具有能量回馈功能，以满足能量回收的需要。因此，纯电动汽车的电能变换器一般为双向设计。

3. 电能变换器的类型

目前，使用的电能变换器主要有直流/直流（DC/DC）变换器、交流/直流（AC/DC）变换器和直流/交流（DC/AC）变换器三种类型。

二、DC/DC变换器的工作原理

DC/DC变换器（DC/DC Converter）是指在直流电路中将一个固定电压值的电能变换为另一个电压值的电能的装置，也称为直流斩波器。

1. DC/DC变换器的构成

如图4-3所示，DC/DC变换器由功率回路和控制回路组成。

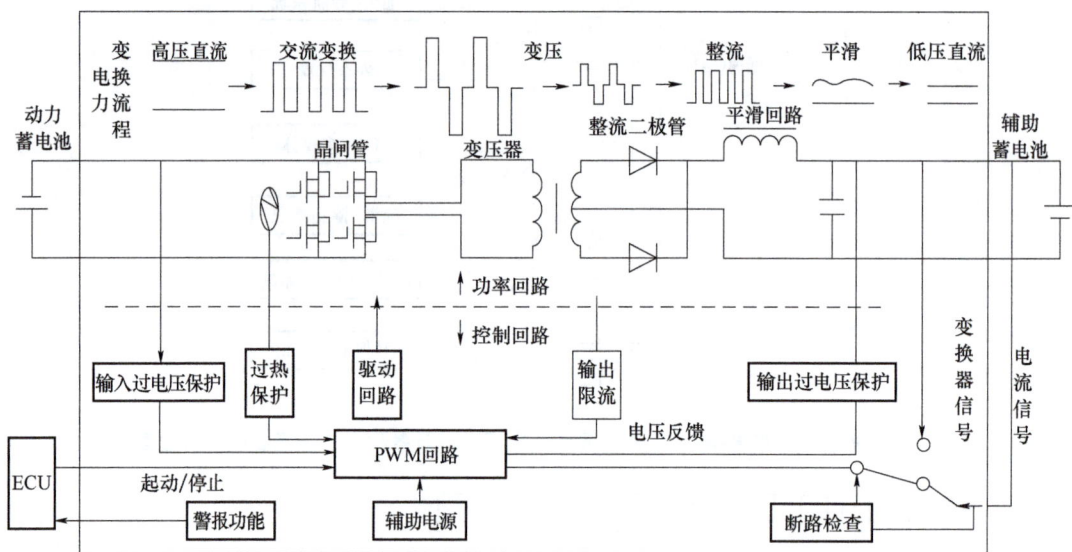

图4-3　DC/DC变换器的构成示意图

功率回路以控制回路的驱动信号为基础，打开、关闭晶闸管输入直流电，供给变压器交流电压。在变压器中变压之后的交流电压经整流二极管整流，整流后的断续直流电压经平滑电路平滑后对辅助电池充电。控制回路除了完成以上功能外，还具有输出限流、输入过电压保护，过热保护和警报功能。

2. DC/DC变换器的功能

纯电动汽车的DC/DC变换器主要功能是给车灯、ECU、小型电器等汽车附属设备供给电力和向附属设备电源充电，其作用与传统内燃机汽车的交流发电机相似。传统汽车依靠发动机带动交流发电机发电，为附属电气设备供电。由于纯电动汽车和燃料电池电动汽车无发动机，因此，电动汽车无法使用交流发电机提供电源，必须靠动力蓄电池向附属用电设备及其电源供电，因此，DC/DC 变换器成了必要设备。

(1) 单向变换器-双向变换器　在纯电动汽车的电子系统和设备中，直流母线不可能满足不同元器件对直流电源的电压等级、稳定性等要求，因而必须采用不同的 DC/DC 变换器来满足电子系统对电源的各种需求。DC/DC 变换器的直流输入电源可来自系统中的蓄电池，也可来自直流线。这种电源通常有 48V、24V、5V 等，其电压稳定性能差，且会有较高的噪声分量。要使汽车电子设备正常工作，必须使用一个 DC/DC 变换器，将变化范围较大的直流电压转换成一种稳定性能良好的直流电压。

(2) 单向 DC/DC 变换器　目前，大多数 DC/DC 变换器是单向工作的，即通过变换器的能量流方向是单向的。然而，对于需要能量双向流动的场合，如果仍然使用单向 DC/DC 变换器，则需要将两个单向 DC/DC 变换器反方向并联使用，这样虽然可以达到能量双向流动的目的，但是总体电路会变得非常复杂。双向 DC/DC 变换器就是可以完成这种能量流动的直接变换器。双向 DC/DC 变换器是在保持变换器两端的直流电压极性不变的情况下，根据实际需要完成能量双向传输的直流变换器。

(3) 双向 DC/DC 变换器　双向 DC/DC 变换器在纯电动汽车上得到以下应用：直流电动机基本已经被交流电动机、永磁电动机所取代。在这些应用场合中，双向 DC/DC 变换器可以调节逆变器的输入电压，并且可以实现制动回馈。

在纯电动汽车中，动力蓄电池通过双向电能变换器连接到直流母线上，以实现动力蓄电池和燃料电池组或发电机组的功率混合。当燃料电池组或发电机组对动力蓄电池进行充电时，电能变换器起到降压的作用；当动力蓄电池通过总线释放能量时，电能变换器起到升压的作用。

双向 DC/DC 变换器可以根据电动机的转速来不断调整逆变器的直流侧输入电压，从而减小电动机电流波形的纹波。另外，通过控制反向制动电流，双向 DC/DC 变换器可以将机械能回馈到动力蓄电池或者是一个附加的超级电容器中，从而达到提高整车效率的目的。

3. DC/AC 变换器

DC/AC 变换器也称为反用换流器、逆变器、变流器、反流器、电压转换器，可将直流电变换成交流电。这种技术被广泛应用于不间断电源、纯电动汽车及轨道交通系统、变频器等。纯电动汽车中的交流驱动电机的 DC/AC 变换器一般集成于电机控制器中。

直流/交流（DC/AC）变换器广泛应用于装有直流电源、交流电动机的纯电动汽车上。DC/AC 变换器的基本功能是将直流电源（车载储能式电源或燃料电池电源）变换为电动汽车所采用的交流电动机的驱动电源。直流/交流（DC/AC）变换器包括有源逆变器和无源逆变器，以及多种不同组合的高性能 DC/AC 变换器。

纯电动汽车的 DC/AC 变换器使用范围：在各种纯电动汽车上装置了多种采用交流电动机驱动的辅助设备，包括空调系统的压缩机和转向助力器等，它们的电源来自动力蓄电池或燃料电池组。需要用小型的 DC/AC 变换器将直流电源的电能转换为交流电，来带动辅助设备的电动机运转。

技术特点：DC/AC 变换器将动力蓄电池或燃料电池组的电能转化为三相交流电，并检测辅助装备运转参数的变化，以控制小型三相感应电动机的起动、运行和停止。

4. AC/DC 变换器

交流/直流（AC/DC）变换器又称为"整流器"，它的基本功能是将交流电源（或车载发动机-交流发动机发电电源或电网电源）变换为储能式电源。AC/DC 变换器应用于各种充电设备，以及有发动机、发电机组的自行发电（串联式）的电动汽车和插电式（Plug-in）电动汽车上。交流/直流（AC/DC）变换器基本形式有三种，即三相桥式 AC/DC 整流器、三相电压源 PWM AC/DC 整流器和三相电流源 PWM AC/DC 整流器。

三、DC/DC 变换器的检修

1. 故障现象

一辆 2018 款北汽 EC180 纯电动汽车，起动时车辆无任何反应，通过初步检测发现是辅助蓄电池亏电导致车辆无法起动，更换辅助蓄电池，车辆可以正常起动，测量辅助蓄电池电压，电压为 12.6V，正常车辆高压上电后辅助蓄电池电压应为 13.5V 左右，说明 DC/DC 变换器没有供电输出，测量 DC/DC 变换器至辅助蓄电池的供电电路，电路正常，说明是 DC/DC 变换器没有工作导致无供电输出。

2. 故障诊断

分析图 4-4 北汽 EC180 DC/DC 变换器电路图，并通过故障诊断仪读取故障码，整车控制器中报：P0A9409 DC/DC 变换器故障。此故障码没有具体指向，此时可以直接开始做相关测量，测量时一般从比较容易测量的点开始，首先应排除各熔丝，经测量熔丝完好。

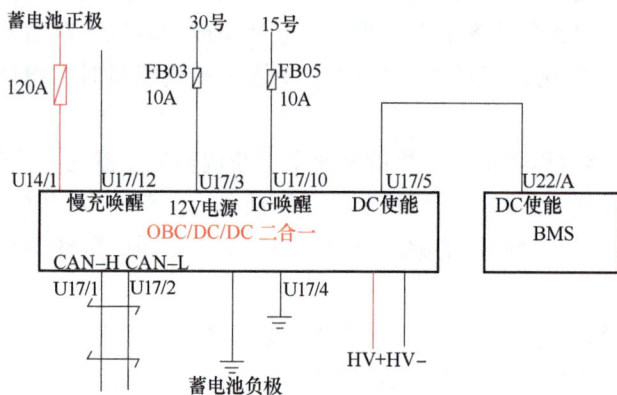

图 4-4 北汽 EC180 DC/DC 变换器电路图

接下来排除 DC/DC 变换器使能唤醒线，使能唤醒线实际上就是一个"开机"信号线，使能信号线在车辆上电前为低电位，当车辆上电成功后转变为 12V 高电位信号线，EC180 使能信号线的控制模块为蓄电池管理系统控制。DC/DC 变换器总成通过使能线收到高电位信号后即开始工作。测量蓄电池管理系统端和 DC/DC 变换器端信号都为 0，可能蓄电池管理系统内部故障或者使能线对搭铁短路，测量使能线对搭铁阻值，阻值小于 1Ω，确认使能线对搭铁短路，经过排除发现，线束在维护过程中有错误的操作，使线束出现破损导致导线短接到一起，产生了案例中的故障。

【学习小结】

1. 本任务具体介绍了电能变换器的结构、功能与类型等方面。

2. DC/DC 变换器（DC/DC Converter）是指在直流电路中将一个固定电压值的电能变换为另一个电压值的电能的装置，也称为直流斩波器。

3. DC/AC 变换器也称为反用换流器、逆变器、变流器、反流器、电压转换器，可将直流电变换成交流电。其基本功能是将直流电源变换为纯电动汽车所采用的交流电动机的驱动电源。

4. AC/DC 变换器又称为"整流器"，它的基本功能是将交流电源变换为储能式电源。

【知识巩固】

1. 目前，使用的电能转换器主要有_____、_____和_____三种类型。

2. DC/AC 变换器称为反用换流器，也称为逆变器、变流器、反流器，或称为电压转换器，可将_____变换成_____。

3. 请简述 DC/DC 变换器的作用。

任务二　高压配电箱检修

【任务描述】

高压配电箱是整车高压电配电装置，其主要功能是通过对接触器的控制来实现将高压动力蓄电池的高压直流电供给整车高压电器，以及接收车载充电机或非车载充电机的直流电来给高压动力蓄电池充电。本任务将介绍高压配电箱的结构、功能与类型等方面。

【学习目标】

知识目标	技能目标	素养目标
1. 了解高压配电箱的结构 2. 了解高压配电箱的功能	1. 能够掌握高压配电箱配电工作原理 2. 能够掌握高压配电箱常见故障诊断方法	1. 培养学生在纯电动汽车学习工作中的严谨性 2. 注重学习过程中的操作规范，具备一定责任意识

【理论知识】

一、高压配电箱的概述

1. 高压配电箱的基本功能

高压配电箱主要是对蓄电池组中的电能进行控制，通过接触器的吸合和断开来实现高压电能的分配、接通、断开，同时含有其他辅助功能，如高压电路的过载及短路保护等。

图 4-5 所示为吉利帝豪 EV450 高压配电箱电器原理图，高压配电箱将动力蓄电池总成输送的电能分配给电机控制器、空调压缩机和 PTC 加热器。此外，交流慢充时，充电电流也会经过分线盒流入动力蓄电池为其充电。车载充电机分线盒内对空调压缩机电路、PTC 加热器电路、交流慢充电路各设有一个 40A 的熔断器。当上述电路电流超过 90A 时，熔断器会在 15s 内熔断；当电路电流超过 150A 时，熔断器会在 1s 内熔断，保护相关电路。

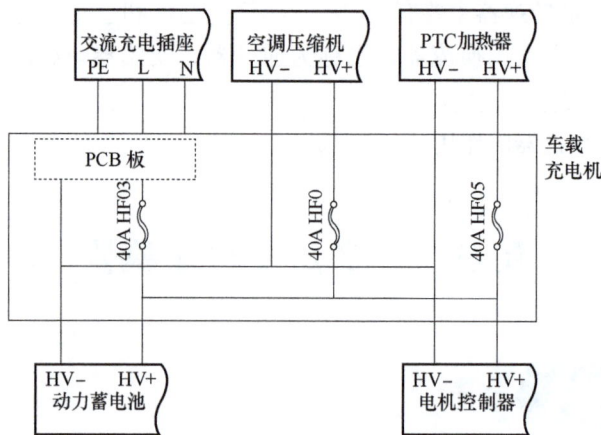

图 4-5　吉利帝豪 EV450 高压配电箱电器原理图

2. 集成高压配电箱

纯电动汽车高压部件集成化已成为趋势，目前，高压配电箱也很少单独存在，通常和其他高压部件集成为一个整体，如比亚迪秦 EV 的充配电总成（集成高压配电箱、车载充电机、DC/DC 变换器）、吉利帝豪 EV450 的车载充电机分线盒（集成高压配电箱、车载充电机）等，秦 EV 充配电总成在前机舱的布置如图 4-6 所示。同时，高压配电箱通常还设计有电流检测和漏电检测等功能。

比亚迪秦高压配电系统主要由动力蓄电池、接触器、电容器、压缩机、PTC、逆变器、驱动电机组成。比亚迪秦高压配电系统连接电路图如图 4-7 所示。

图 4-6　比亚迪秦 EV 充配电总成在前机舱的布置

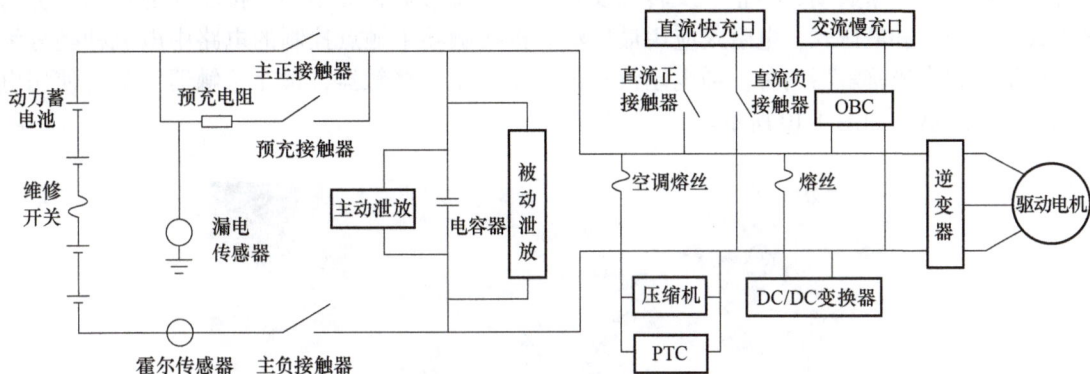

图 4-7 比亚迪秦高压配电系统连接电路图

二、高压配电箱的组成

纯电动汽车的高压配电箱大部分都布置在前机舱中，图 4-8 所示为吉利帝豪 EV450 高压配电箱的位置。高压配电箱的基本组成包括接触器（主正接触器、主负接触器、预充接触器、快充接触器等）、熔断器（交、直流充电保护熔断器，PTC 保护熔断器，电动压缩机保护熔断器等）、预充电阻、连接铜排等，图 4-9 所示为高压配电箱的内部结构。也有很多车型会将主正、主负接触器以及预充接触器等部件布置在动力蓄电池里，在维修过程中需要查找维修手册等资料确定相关部件的具体位置，如比亚迪秦 EV 等主正、主负接触器以及预充接触器就布置在动力蓄电池里。

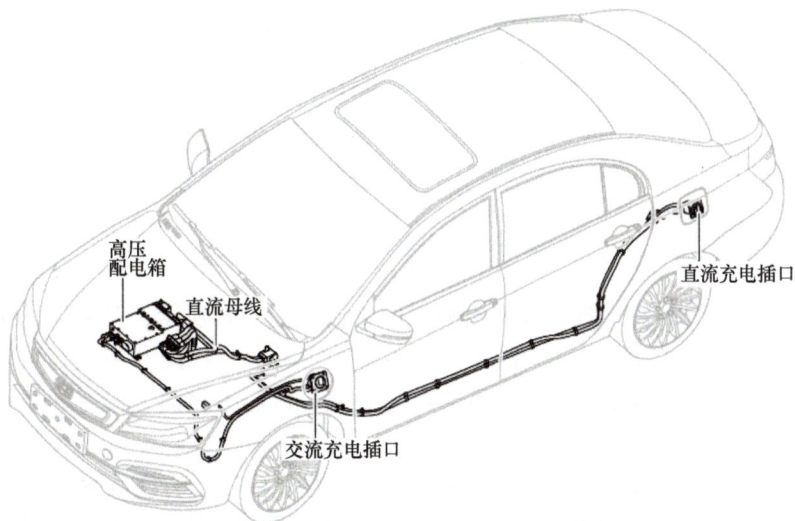

图 4-8 吉利帝豪 EV450 高压配电箱的位置

1. 接触器

接触器是一种用来自动接通或断开大电流电路的电器，主要用于远距离接通，分断电路及直流电动机的频繁起动、停止、反转和反接制动。接触器种类很多，按驱动力不同可分为电磁式、气动式和液压式，电磁式应用最广泛。按接触器主触点控制的电路中电流种类分为交流接触器和直流接触器两种。纯电动汽车的主正、主负接触器，预充接触器等都是使用电磁式直流接触器，如图4-10所示。

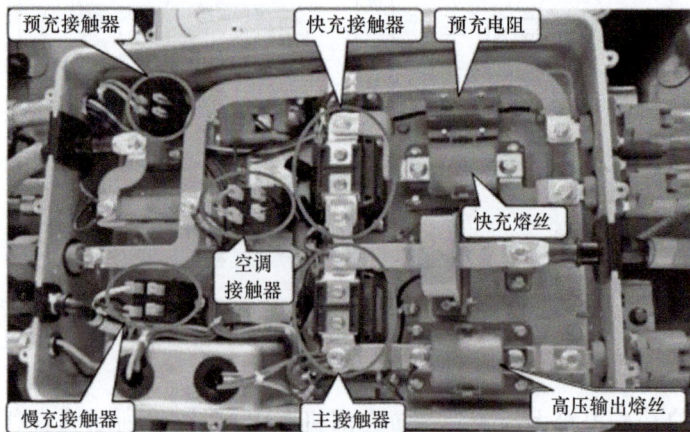

图4-9　高压配电箱的内部结构

图4-10　电磁式直流接触器

（1）直流接触器的结构　典型直流接触器的结构如图4-11所示，其主要由电磁机构、触点系统、灭弧装置和底座组成。直流接触器电磁机构由铁心、线圈和衔铁等组成。由于线圈中通的是直流电，正常工作时，铁心中不会产生涡流，铁心不发热，没有铁损耗，因此铁心可用整块铸铁或铸钢制成。

直流接触器有主触点和辅助触点。根据主触点的容量大小，有桥式触点和指形触点两种结构形式。接触器中有两类辅助触点：一类是动合（常开）触点，即当接触器线圈内通有电流时触点闭合，而线圈断电时触点断开；另一类是动断（常闭）触点，即线圈通电时触点断开，而线圈断电时触点闭合。

由于直流电弧不像交流电弧有自然过零点，直流接触器的主触点在分断较大电流（直流电路）时，灭弧更困难，往往会产生强烈的电弧，容易烧伤触点和延时断电。为了迅速灭弧，直流接触器一般采用磁吹式灭弧装置，并装有隔板及陶土灭弧罩。

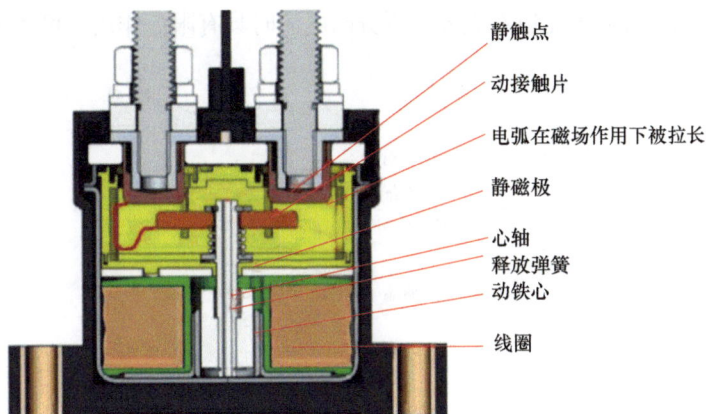

图 4-11　典型直流接触器的结构

静触点
动接触片
电弧在磁场作用下被拉长
静磁极
心轴
释放弹簧
动铁心
线圈

（2）直流接触器的工作原理　直流接触器的工作原理可以分为控制信号的产生、电磁力的产生和可动触头的移动三个阶段。

1）控制信号的产生。直流接触器的控制信号一般由控制电路产生。纯电动汽车控制电路一般是蓄电池管理系统发出信号，这些信号通过电线传输到接触器，控制接触器的合闸和分闸动作。

2）电磁力的产生。接收到控制信号后，电流进入电磁铁，电磁铁中的线圈受到电流作用而产生磁场。根据安培力学定律（即磁场对电流的作用力），在电磁铁中的磁场作用下，电磁铁上的铁心会受到力的作用，移动可动触头。当磁场达到一定强度时，这种力足以克服弹簧的弹性阻力，将可动触头与固定触头连接起来，从而实现合闸操作。

3）可动触头的移动。当电磁铁中的线圈失去电流时，电磁铁中的磁场消失，可动触头因弹簧的作用力被弹回原位，与固定触头断开连接。如此，分闸操作就完成了。

2. 熔断器

熔断器就是在电路中连接一段低熔点的金属丝或金属片，它既是导电体，也是过热熔断的脆弱环节，在过负荷时通过热熔效应可以切断故障电流，实现对用电器的自动保护。新能源汽车高压回路专用熔断器主要为管式熔断器（图 4-12），由熔管和熔体构成，管式熔断器的熔体装在熔断体内，然后插在支座或直接连在电路上使用。

图 4-12　熔断器实物图

管式熔断器的结构如图 4-13 所示，熔断体是两端套有金属帽或带有触刀的完全密封的绝缘管。这种熔断器的绝缘管内若充以石英砂，则分断电流时具有限流作用，可大大提高分断能力。

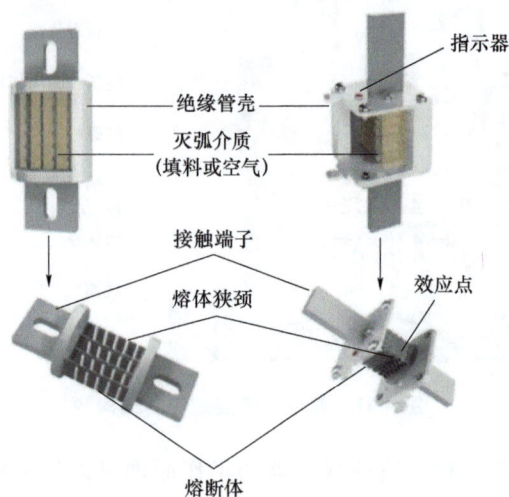

图4-13　管式熔断器的结构

三、高压配电箱的检修

1. 故障现象

一辆比亚迪秦EV，起动时仪表正常点亮，OK电无法上电成功，辅助蓄电池故障指示灯点亮，未插枪，但仪表充电连接指示灯点亮，仪表显示如图4-14所示。

图4-14　比亚迪秦EV高压无法上电仪表显示状态

2. 故障诊断与排除

根据辅助蓄电池故障指示灯点亮可以初步判断DC/DC变换器相关系统存在故障，而秦EV的DC/DC变换器是和高压配电箱及车载充电机集成在一起的，就是充配电总成内，所以可以初步判断充配电总成可能存在故障。

连接故障诊断仪读取故障码，发现充配电总成失去通信。所以，首先检查充配电总成的通信是否有故障，造成控制单元无法通信的可能故障部位有控制单元的供电、搭铁、总线及模块本体。在检测过程中，一般从容易测量的点开始测量。根据图4-15比亚迪秦EV充配电总成/交流充电口电路，选择F1/22作为测量切入点，通过测量发现F1/22熔丝熔断，故障排除。

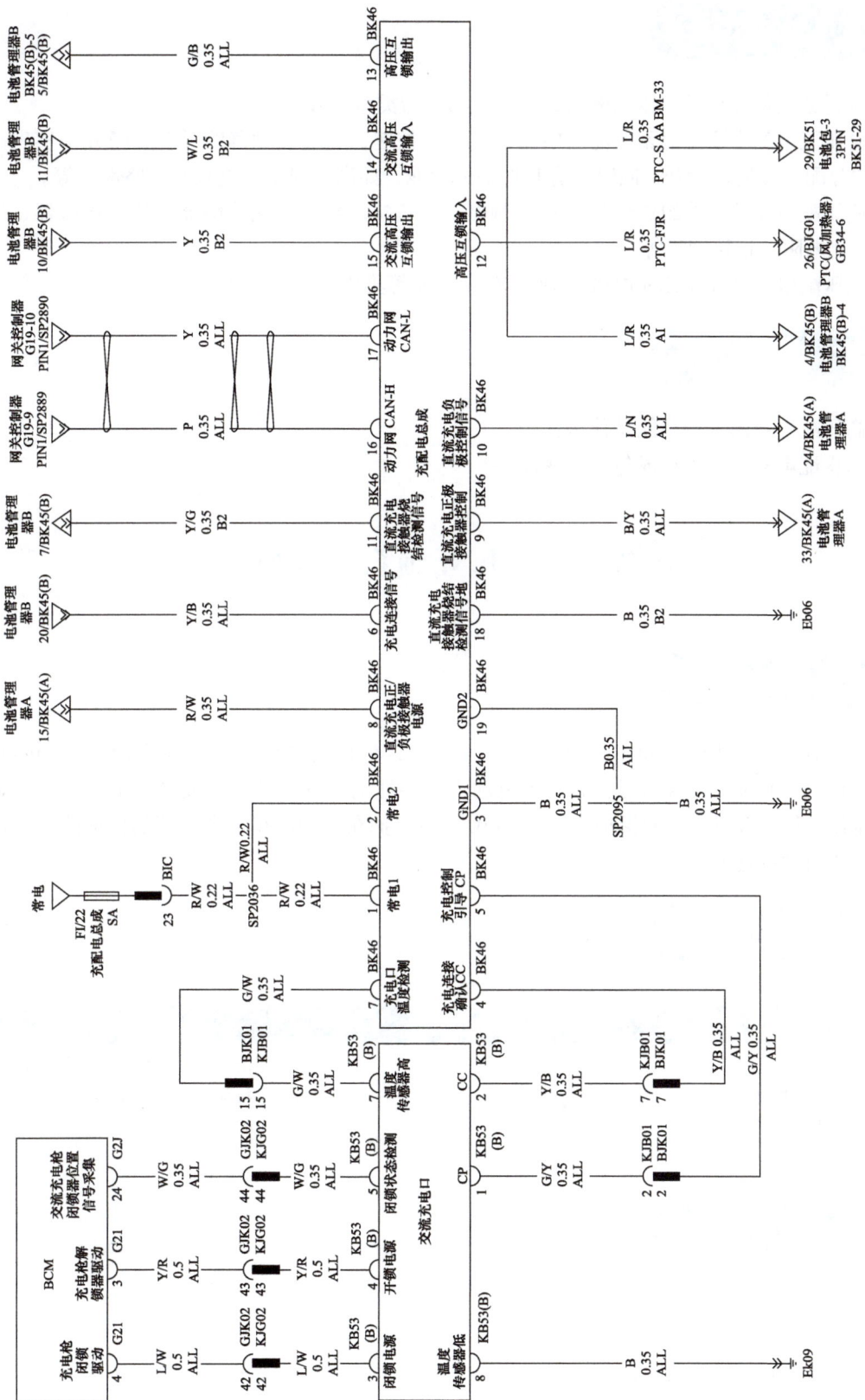

图 4-15　比亚迪秦 EV 充配电总成/交流充电口电路

【学习小结】

1. 本任务具体介绍了高压配电箱的结构、功能与类型等方面。

2. 高压配电箱主要是对蓄电池组中的电能进行控制，通过接触器的吸合和断开来实现高压电能的分配、接通、断开，同时含有其他辅助功能，如高压回路的过载及短路保护等。

3. 高压配电箱的基本组成包括主正接触器、主负接触器、预充接触器、快充接触器、熔断器、预充电阻、连接铜排等。

4. 高压配电箱会和车载充电机及 DC/DC 变换器等集成为一个整体。

【知识巩固】

1. 高压配电箱的基本功能是什么？
2. 高压配电箱的基本组成包括哪些部件？

任务三　高压互锁系统检修

【任务描述】

高压互锁系统（High Voltage Inter-lock，HVIL），也称为高压互锁回路系统（Hazardous Voltage Interlock Loop）。HVIL 是混合动力电动汽车和纯电动汽车的一项安全功能，可在车辆组装、维修、维护和操作期间保护人员。HVIL 旨在保护在电动汽车生命周期的任何阶段可能接触到高压组件的任何人。

【学习目标】

知识目标	技能目标	素养目标
1. 了解 HVIL 的定义 2. 了解 HVIL 的作用 3. 了解 HVIL 的类型	1. 能够掌握 HVIL 的示意图 2. 能够掌握 HVIL 的作用	1. 培养学生在学习工作中的严谨性 2. 注重学习过程中的操作规范，具备一定责任意识

【理论知识】

一、高压互锁

纯电动汽车包括动力蓄电池、驱动电线、适配器和电机控制器的子系统，这些子系统在更高的功率水平下运行，因此需要额外的安全功能。

HVIL 充当一种断路器，如果在车辆运行期间高压连接松动、断开或损坏，它会向驾驶人发送警报或故障码。HVIL 还有助于在发生事故时保护车辆的驾驶人和乘客。

高压互锁是指，用低压信号监视高压回路完整性的一种安全设计方法。通过使用低压信号来检查电动汽车上所有与高压线束相连的各组件，检测各个高压系统回路的电气连接完整性及连续性，如图 4-16 所示。

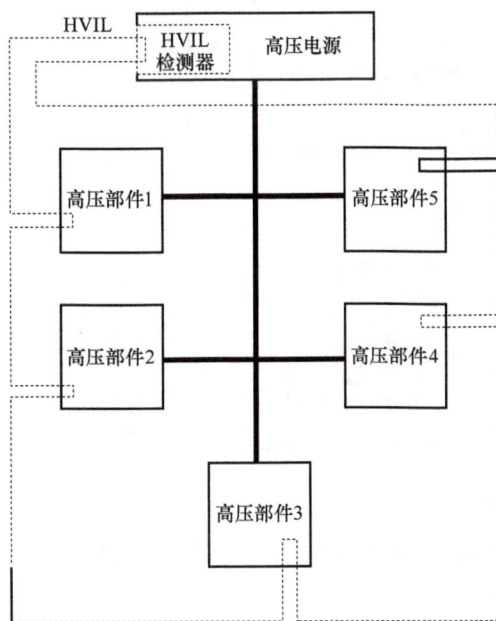

图 4-16　HVIL 图

就理论上而言，低压监测回路要比高压先接通、后断开，且间隔一定的时长（如150ms）。具体的高压互锁实现形式，不同项目有不同设计，如图 4-17 所示。

类型一：

类型二：

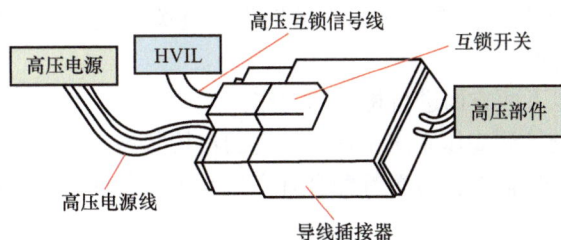

图 4-17　高压互锁的类型

目前，多采用集成在高压线束插接器上的形式，即在高压线束插接器上，额外多一组低压回路，用于检测 HVIL 的回路完整性。

另一种高压互锁插接器形式设计较为复杂。高压互锁结构独立于内塑壳或有一个单独的小插接器连接，通过两个插接器的先后安装关系保证，如图 4-18 所示。

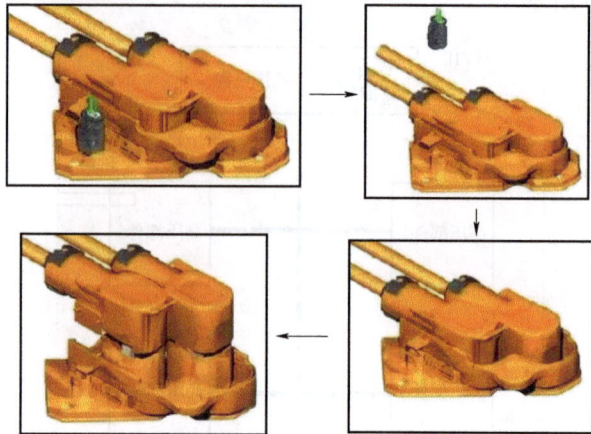

图 4-18　高压和互锁端子断开过程示意图

高压互锁的作用如下：

作用 1：在车辆上电之前，若检测到电路不完整，则系统无法上电，避免因为虚接等问题造成事故。

作用 2：防止人为误操作引发的安全事故。在高压系统工作过程中，如果没有高压互锁设计的存在，则手动断开高压连接点时，在断开的瞬间，整个回路电压将会全部加在断点两端，电压击穿空气在两个器件之间拉弧，时间虽短，但能量很高，可能对断点周围的人员和设备造成伤害。

作用 3：检测高压回路松动（会导致高压断电，整车失去动力，影响乘车安全）并在高压断电之前给整车控制器提供报警信息，预留整车系统采取应对措施的时间。

二、高压互锁的控制策略

HVIL 使用连续的低压回路来监控电动汽车中的所有高压插接器和组件。如果低压 HVIL 信号因任何原因中断，则表明高压系统存在需要解决的问题。

当 HVIL 电路出现故障时，会触发诊断故障码，并且车辆控制面板上会出现警报，让驾驶人知道他们的车辆有问题，应该及时送去维修。

与此同时，故障码还为维修技术人员提供了有关问题性质的信息，以便技术人员可以避免任何与安全相关的问题。

HVIL 主要从以下两方面进行检测和动作：

1）由低压系统检测高压系统中连接位置的连接状态。

2）全部高压插接器对接位置都配合有高压互锁信号回路，但回路形式与高压回路不具有必然的联系。

也就是说，高压上，电气 A 和电气 B 构成一个完整回路。

但对于高压互锁，可能给 A 设置一个单独的互锁信号回路，给 B 单独设置一个互锁信号回路；也可能把 A 和 B 的互锁信号串联在一个回路中。

典型的电动汽车内部有数千个连接点，如果其中任何一个出现故障，结果可能是轻微的不便，也可能是危及生命的重大问题。

整个车辆的高压插接器还提供防手指触摸的两步断开技术，以确保所有处理操作期间的最佳安全性。这些措施使人无法接触金属电触点的内部任何部位，从而保护可能会意外接触断开连接的消费者或维修技术人员。

熔入式插接器和其他创新技术可确保如果电流尖峰达到潜在危险水平，动力蓄电池将与汽车的其余部分和车载充电机断开连接，从而消除发生灾难性事件的可能性。

降低风险的另一种方法（即使电压升高）是超过 OEM 设定的最高安全规范。大多数规格涵盖 600~750V 范围内的车辆，但插接器供应商一般将其产品设计为 1000V。

HVIL 技术很重要，但对于 OEM 来说，在混合动力电动汽车或纯电动汽车的更大背景下看待 HVIL 也很重要，这些汽车是按照整个电气基础设施的最新安全和性能标准制造的。

三、高压互锁系统的检修

故障现象：一辆吉利帝豪 EV450，起动车辆，仪表正常点亮，READY 灯无法点亮，蓄电池指示灯、整车系统故障指示灯点亮。同时，动力蓄电池主正、主负继电器不动作，高压不上电。此时档位只能从 P 位切换至 N 位，或是从 N 位切换至 P 位，而无法切换到 D 位和 R 位。

故障诊断与排除：读取整车故障码，可读到以下故障码：P1C4096——高压互锁故障、P1C8E04——高压互锁输出信号断路。

根据图 4-19 高压互锁系统原理图，此时可以直接开始测量，也可以进一步读取数据流，读出"VCU 的高压互锁信号"显示为"未连接"，结合故障码和数据流，说明高压互锁电路存在故障。

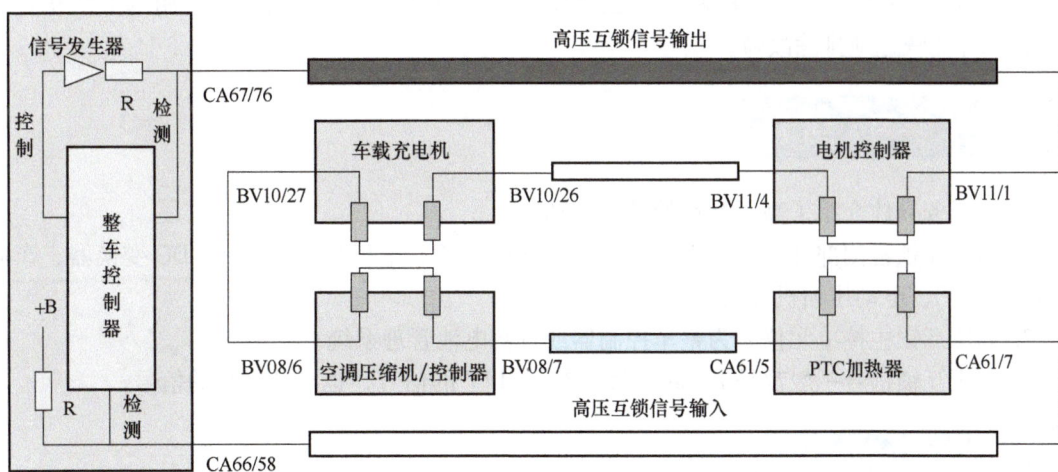

图 4-19　吉利帝豪 EV450 高压互锁系统原理图

测量整车控制器的高压互锁 CA67/76 的波形图如图 4-20 所示，标准波形如图 4-21 所示。

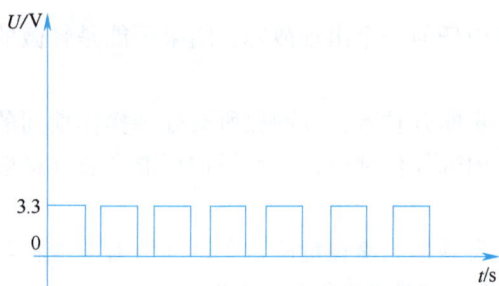

图 4-20　CA67/76 的波形图

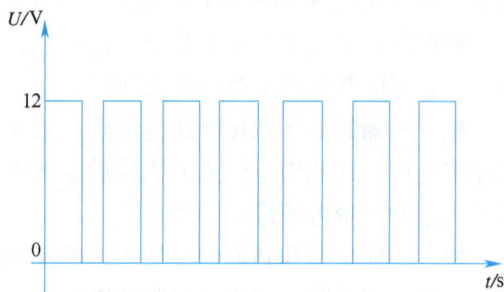

图 4-21　CA67/76 标准波形

EV450 高压互锁电路采用波形检测的方式参与，高压互锁的主要高压部件有电机控制器及高压线束、车载充电机及高压线束、PTC 加热器及高压线束、空调压缩机及高压线束。整车控制器通过 CA67/76 端子输出一个幅值约为 3.3V 左右的 PWM 占空比信号，波形信号通过高压互锁导线进入电机控制器的 BV11/1 端子，通过电机控制器高压插接器内部短路（导通），从电机控制器的 BV11/4 端子输出再进入车载充电机的 BV10/26 端子，通过车载充电机高压插接器内部短路（导通），从车载充电机的 BV10/27 输出；再进入空调压缩机控制器的 BV08/6 端子，通过空调压缩机控制器高压插接器内部短路（导通），从空调压缩机控制器的 BV87 端子输出；再进入 PTC 加热控制器的 CA61/5 端子，通过 PTC 加热控制器高压插接器内部短路（导通），从 PTC 加热控制器的 CA61/7 端子输出。进入整车控制器 CA66/58 端子；整车控制系统通过内部 +B 的上拉电路将幅值约为 3.3V 左右的 PWM 占空比信号拉至幅值约为 12V 左右的 PWM 占空比信号。

所以，此时互锁电路中可能存在断路的情况。分别测试高压互锁电路中各模块两端端子的波形，结果测试 BV10/26 端的波形显示为幅值接近 +B 的一条直线，BV11/4 端的波形显示为幅值为 3.3V 的一条方波，说明车载充电机 BV10/26 至电机控制器 BV11/4 电路断路。

当判断高压互锁存在断路故障后，也可以直接选择测量高压互锁电路电阻的方法来进行测量，同样能快速地排除故障。

【学习小结】

1. 本任务具体介绍了高压互锁的结构与功能。

2. 高压互锁检测部件包括动力蓄电池、高压配电箱、电机控制器、DC/DC 变换器、车载充电机、PTC、电动压缩机等高压部件。

3. 高压互锁主控单元仪表为整车控制器或者蓄电池管理系统。

4. 高压互锁信号一般都是 PWM 信号，有 0~12V 的信号，也有 0~5V 的信号。

【知识巩固】

1. 简述高压互锁的定义。

2. 高压互锁检测的部件主要包括哪些？

3. 试着描述高压互锁信号及检测原理。

任务四　汽车仪表故障诊断

【任务描述】

纯电动汽车的仪器与仪表是其主要状态和工作参数显示的窗口，便于驾驶人随时了解汽车各系统的工作状况并及时采取措施，防止发生事故和故障。本任务将介绍传统燃油汽车仪表、纯电动汽车仪器与仪表。

【学习目标】

知识目标	技能目标	素养目标
1. 了解传统燃油汽车仪表 2. 了解纯电动汽车仪表	能够对比掌握纯电动汽车仪表与传统燃油汽车仪表的不同	1. 培养学生在纯电动汽车学习工作中的严谨性 2. 注重学习过程中的操作规范，具备一定责任意识

【理论知识】

一、汽车仪表

汽车上都设有表示汽车工作状况的仪表、指示灯和警告灯等装置。指示灯（如前照灯远近光变换指示）只起提示作用，例如提示是打开状态还是关闭状态。警告灯一旦点亮，就应采取必要的措施。

纯电动汽车的仪器与仪表，是在传统燃油汽车仪表通用的显示信息的基础上删除了一部分燃油汽车仪表功能，增加了纯电动汽车仪表功能，如动力蓄电池与电动机工作状态等信息和报警指示灯的显示。混合动力电动汽车则是在传统燃油汽车仪表的基础上基本不删除原来仪表功能，增加了电动汽车仪表功能。

1. 传统燃油汽车仪表

（1）机油压力警告灯　机油压力警告灯和中央警告灯相连。如果在发动机运转时机油压力警告灯亮起来，应立即停车。该灯亮表明机油压力不足或润滑油路中缺油，应按规定加满机油，尽快与服务代理商联系。

（2）冷却液液位低警告灯　冷却液液位低警告灯点亮（闪烁）时，应立即停车等发动机冷却后，再按规定加满冷却液。

（3）油箱盖警告灯　如果油箱盖没有正确拧紧，该警告灯点亮。

（4）ESP（电子稳定性程序）**工作指示灯**　在系统工作时 ESP 指示灯闪烁；如果该功能解除或出现故障，指示灯连续点亮。

（5）颗粒排放滤清器堵塞警告灯（柴油发动机） 颗粒排放滤清器堵塞警告灯点亮并伴有声音信号。在发动机运转时，该灯闪烁，或者表示颗粒排放滤清器需要清污，或者表示发动机怠速运转时间过长（排气冒白烟）。如果继续在这种工况下工作，该滤清器会有堵塞的危险。如果条件允许，应尽快以 60km/h 以上的速度行驶至少 3min。

（6）驻车、制动系统和电子制动力分配警告灯 每次打开起动开关，驻车、制动系统和电子制动力分配警告灯都点亮，表明拉起了驻车制动器或者没有正确松开驻车制动器；在"STOP"警告灯点亮的同时点亮，表明制动液液位下降过快，如果是这种情况，即使松开驻车制动器，该警告灯依然点亮；在 ABS 警告灯点亮的同时点亮，表明电子制动力分配系统出现故障。

（7）防抱死制动系统（ABS）警告灯 每次打开起动开关时，ABS 警告灯都点亮 3s。如果在车速超过 12km/h 时点亮，表明 ABS 存在故障。但是，汽车上的传统伺服助力制动依然起作用。

（8）前制动片磨损警告灯 前制动片磨损警告灯点亮，表示制动片磨损严重，需要更换。

（9）蓄电池充电警告灯 每次打开起动开关，蓄电池充电警告灯都点亮。如果在发动机运转时该灯亮起来，则说明有下面情况：充电电路存在故障、蓄电池或起动机接线端子松动、发电机传动带断裂或松弛、发电机故障。

（10）发动机诊断警告灯 每次打开起动开关时，发动机诊断警告灯都点亮。如果在发动机运转时它连续点亮，表明排放控制系统中存在故障。如果在发动机运转时它点亮，表明喷油或点火系统存在故障，有损坏催化转化器的危险（只限汽油发动机）。

（11）柴油发动机预热指示灯 如果发动机进行了充分的暖机，柴油发动机预热指示灯不点亮，这种情况下可以立即起动发动机。如果灯点亮，等待灯灭后再起动。

（12）柴油滤清器放水警告灯 依据国家规定柴油滤清器放水警告灯点亮，应尽快与服务代理商联系，否则有损坏燃油喷射系统的危险。

（13）乘客侧安全气囊解除警告灯 乘客侧安全气囊解除警告灯点亮并伴有声音信号，并在多功能显示屏上显示信息。如果解除了乘客侧安全气囊，在打开起动开关后该指示灯点亮，并保持点亮。

（14）安全气囊警告灯 打开起动开关后，该警告灯点亮 6s。该警告灯在汽车运行时点亮，伴有声音信号，并在多功能显示屏上出现信息，表明前面、侧面或窗帘安全气囊出现故障。

（15）座椅安全带未扣紧警告灯 在发动机运转时，如果驾驶人座椅安全带没有扣紧，座椅安全带未扣紧警告灯点亮。

（16）车门未关紧警告灯 在发动机运转时，车门未关紧警告灯指示车门没有关好或行李舱打开。

（17）电子防盗器警告灯 电子防盗器警告灯点亮指示电子防盗器有故障。

（18）燃油液位低警告灯 当燃油液位低警告灯点亮后，油箱内所剩的燃油还能行驶约 50km。

2. 纯电动汽车仪器与仪表

纯电动汽车电子显示组合仪表显示精确度高、信息刷新快、使用数字进行分时显示，可使仪表板得到简化且能显示大量信息。采用数字显示和大 LCD 屏幕的好处是，只要仪表有足够的存储器和高分辨率的 LCD 显示，LCD 图形造型的自由度就会很高。驾驶人手动可以选择仪表的常显示内容，大多数系统还能在汽车有潜在的内在或外在危险情况时，让平时不显示的信息自动显示并发出警报，以提醒驾驶人注意。

（1）纯电动汽车仪表显示　一般传统汽车组合仪表显示的内容包括（发动机）转速表、车速表、燃油表、冷却液温度表等。纯电动汽车因为没有发动机，所以没有发动机转速表、冷却液温度表、燃油表，但需要相应地增加电动机转速表、电流表、电压表和剩余电量表这些与纯电动汽车相关的信息表。纯电动汽车电动机转速表一般不单独设计，多用功率表代替，采用功率表显示方式，图 4-22 和图 4-23 所示分别为北汽 160 和比亚迪秦 PRO 的仪表板。

图 4-22　北汽 160 仪表板

图 4-23　比亚迪秦 PRO 仪表板

电动机功率控制器和电动机温度可采用仪表显示，也可采用液晶显示，仪表将测量数据以指针、数字或条形图的形式显示出来。有的高档汽车采用了虚拟仪表的显示方式，这样的表内部空间可以得到充分利用，避免了仪表空间的紧张。

对于燃油汽车，报警指示装置一般设计有油量报警、冷却液温度报警、发动机故障报警、机油压力报警、真空度报警、沉淀水报警、预热报警、冷却液液位报警等指示灯。纯电动汽车可以取消这些与发动机相关的指示灯，同时需要增加与动力蓄电池、电动机相关的指示灯，如运行准备就绪、动力蓄电池充电状态、电动机及电机控制器过热、系统故障、动力蓄电池故障等。

报警及信号指示装置用来告知驾驶人有关电驱动系统和动力蓄电池正确操作条件的信息，习惯上称作 ×× 报警指示灯。纯电动汽车组合仪表中常用的报警指示灯有运行准备就绪、过热、超速、剩余容量低限、绝缘电阻、驱动电机控制器就绪、能量回馈故障、停车指示、充电指示、互锁指示、系统故障、动力蓄电池故障等。

指示表主要用来显示动力蓄电池、电动机和整车相关信息，纯电动汽车组合仪表中一般设计有5个指示表头，它们分别用来指示电动机转速、行驶车速、电流表、电压表和荷电状态（SOC），各个表头采用步进电动机驱动。

（2）纯电动汽车仪表和指示灯 纯电动汽车组合仪表与传统汽车组合仪表一样，纯电动汽车组合仪表显示的内容包括表头（指针）指示灯和报警（指示灯）显示两部分。图4-24所示为纯电动汽车主要仪表电路信号输入输出示意图，其中，指示灯和警告灯电路又分为控制负极和控制正极两种，如图4-25和图4-26所示。

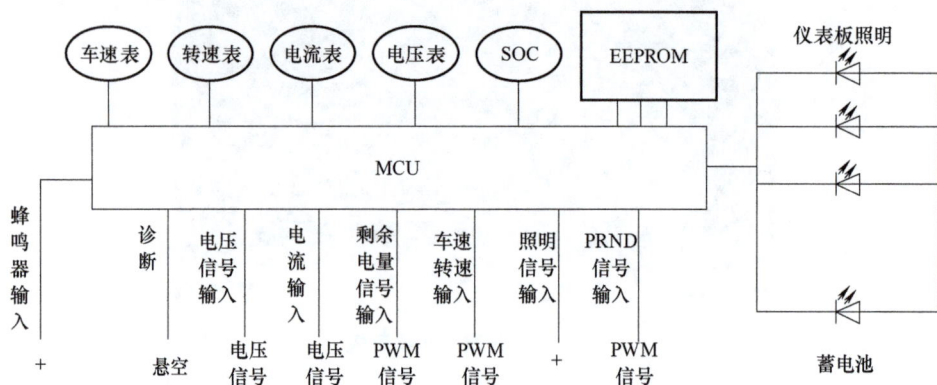

图4-24　纯电动汽车主要仪表电路信号输入输出示意图

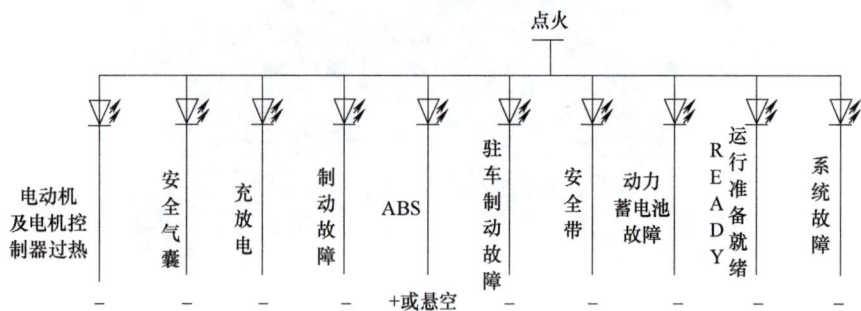

图4-25　仪表指示灯和警告灯电路控制负极

（3）纯电动汽车仪器与仪表

1）动力蓄电池指示仪表装置。与动力蓄电池相连接，为驾驶人提供动力蓄电池电量状态的相关信息。

2）荷电状态指示器。荷电状态指示器用于显示动力蓄电池的剩余工作容量，用符号"SOC"表示，显示动力蓄电池剩余电量与总容量的比例（%）。使用模拟式或数字式显示器，可以永久显示，或在驾驶人需要时随时给出指示，示值应清晰。荷电状态与动力蓄电池的放电率、工作环境温度和动力蓄电池的老化程度有关。当SOC低于某一规定值时，应特别明显地标示出来并报警。

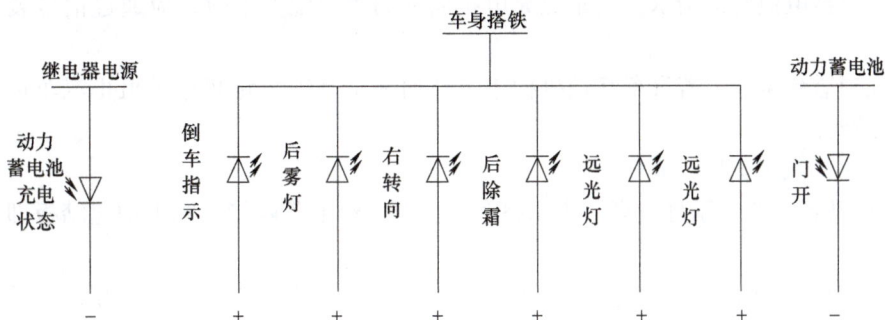

图 4-26　仪表指示灯和警告灯电路控制正极

如果使用动力蓄电池更换系统，最好能自动复位，如不能自动恢复到全充满状态，则应能人工复位。

3）电压表。电压表用来测量（显示）动力蓄电池的电压。在组合仪表的标度盘上应标示出恰当的工作电压范围，通常电压在 300V 以上。为增加示值的准确性，在工作范围内宜使用扩展标度。

4）电流表。电流表用来测量（显示）动力蓄电池的电流。在组合仪表的标度盘上应规定准确的 0 位置，对于具有再生制动功能的汽车，在标度盘 0 位置的两个方向上都应标示出正常工作电流的范围，负电流表示能量回收。

5）驱动电机指示仪表装置。它为驾驶人提供驱动电机工作状态的相关信息。

6）转速表。电动机转速表指示电动机的即时转速，一般在 10000r/min 以上。车速表与传统汽车一致，用于显示汽车的车速，信号取自电机控制器或整车控制器，使用模拟式或数字式显示器，当转速超过某一规定值时，应特别明显地标示出来。

7）警告和指示信号装置。指示信号装置用来告知驾驶人有关电驱动系统和动力蓄电池正确操作条件的信息，首选光学和（或）声学信号。装置由辅助蓄电池供电，如果由动力蓄电池带电部分供电，应进行防护。警告和指示信号装置可用指示仪表代替。

8）过热。当某设备温度过高可能会对汽车的安全或性能造成很严重的影响时，应向驾驶人发出警告。

9）超速。当电动机超速时，最好用声信号连同光信号向驾驶人发出警告。

10）剩余容量。当动力蓄电池剩余容量低于某个数值（例如 25%）时，应通过信号装置提醒驾驶人。

11）绝缘电阻/爬电距离指示。当绝缘电阻和（或）爬电距离低于规定值时，应通过信号装置提醒驾驶人。绝缘电阻包括动力蓄电池的绝缘电阻、动力系统和汽车电底盘之间的绝缘电阻、动力系统和辅助电路之间的绝缘电阻，爬电距离包括动力蓄电池连接端子间的爬电距离、带电部件与电底盘之间的爬电距离。

12）整车控制器打开指示。它向驾驶人显示控制器已打开，踩下加速踏板即可向驱动系统供电。如果用可视信号指示，它可与动力关闭按钮相结合。当汽车行驶时，该装置可关闭。

13）辅助蓄电池充电监测装置。当汽车正常行驶过程中向辅助蓄电池充电时，如充电元件发生故障，应通过信号装置提醒驾驶人。

14）停车指示。当驾驶人离开汽车时，如果驱动系统仍处于"可行驶"状态，应通过信号装置提醒驾驶人。

15）动力蓄电池充电指示。当车载充电机向动力蓄电池充电时，应通过信号装置提醒驾驶人。

16）互锁监测装置。若汽车互锁机构中有任何一个互锁装置起作用阻止汽车运行，应向驾驶人发出警告。

（4）纯电动汽车新增仪表标志

1）运行准备就绪指示灯点亮，表示整车控制器已经准备就绪，踩下加速踏板即可向驱动系统供电。

2）当车载充电机向动力蓄电池充电时，动力蓄电池充电状态指示灯点亮，表示当前处于充电状态，不可行车。

3）电动机及电机控制器过热指示灯点亮，表示电动机及电机控制器温度过高（限值），此时如果继续行车将对汽车安全性或性能造成严重影响。

4）系统故障指示灯指示电动机系统故障，如果电动机系统有故障，电机控制器向整车控制器发送故障码，此时指示灯点亮。

5）动力蓄电池故障指示灯点亮，表示动力蓄电池有蓄电池管理系统定义的故障码或当前动力蓄电池容量过低。

汽车仪表为减少通入仪表的导线数量，采用 CAN 总线共享整车各电控单元信号，例如发动机电控单元将电动机转速信号传到 CAN 总线上，仪表可以接收到。近来有整车采用全数字化管理方式，用电控单元把所有的信号全转化为数字量，数据发到 CAN 总线上共享，这样的仪表只有 4 根线，即供电和搭铁 2 根线，CAN 高和 CAN 低 2 根线。有的 CAN 采用了 3 根线，增多的一根为唤醒线。

二、汽车仪表故障现象

1. 仪表板故障

纯电动汽车仪表都是电子仪表，即仪表也是一个电控单元。所以，仪表的故障和其他电控单元一样，分为完全瘫痪、无法唤醒（无法正常点亮）、部分功能失效。

（1）完全瘫痪　完全瘫痪是指仪表处于黑屏状态，车辆解锁、打开车门及起动车辆时，仪表都不显示任何信息。导致仪表瘫痪的故障主要部位有仪表的供电、搭铁电路及通信线，当外部的供电、搭铁电路及通信线确定没有问题，那么故障基本就是仪表本身，可以将仪表拆开进行排查。

（2）无法唤醒　无法唤醒是指仪表能正常显示双闪及车门状态信息，但是起动车辆或者打到 ON 档时，仪表无法点亮。此现象基本都是仪表的 ON 档供电故障，要注意有些车系仪表是通过总线信号唤醒点亮的，如大众迈腾，这类仪表故障现象要考虑通信总线的故障。

（3）部分功能失效　部分功能失效是指仪表可以正常点亮，但是某些功能失效，如无法显示电动机转速、车速、温度等。出现此类故障首先要排除是否存在真实的相关故障，还是由于仪表部分功能失效，导致故障现象的发生。

2. 仪表指示灯

现代汽车各系统基本都有电控单元，当发生故障时，电控单元会通过总线将故障信息发送给仪表，仪表会进行相应的显示，包括故障指示灯、文本提示信息。车辆上电时，各系统也会进行自检，当仪表接收不到相关电控单元的自检信息时，仪表也会进行相应的显示。

纯电动汽车仪表除了有和传统汽车相同的指示灯，如车速、灯光等，还有很多纯电动汽车特有的状态及故障指示灯，主要有车辆运行模式指示灯、动力蓄电池电量、纯电动汽车功能受限故障指示灯等。比亚迪秦仪表指示灯见表 4-1，北汽 160 仪表指示灯如图 4-27 所示。

表 4-1　比亚迪秦仪表指示灯

图标	名称	图标	名称
	转向指示灯		示廓灯指示灯
	远光指示灯		后雾灯指示灯
	前雾灯指示灯		前排乘员座椅安全带指示灯
	驾驶人座椅安全带指示灯		智能钥匙系统警告灯
	安全气囊故障警告灯		电子驻车状态指示灯
	ABS 故障警告灯		转向系统故障警告灯
	驻车系统故障警告灯		ESP OFF 警告灯
	ESP 故障警告灯		燃油低警告灯
	胎压故障警告灯（装有时）		机油压力低警告灯
	充电系统警告灯		冷却液温度过高警告灯
	发动机故障警告灯		动力系统故障警告灯
	主告警指示灯		动力蓄电池故障警告灯
	动力蓄电池过热警告灯		放电指示灯
	驱动功率限制指示灯	SET	定速巡航控制指示灯
	动力蓄电池充电连接指示灯	ECO	ECO 指示灯
	定速巡航主指示灯	OK	OK 指示灯
SPORT	SPORT 指示灯	HEV	HEV 指示灯
EV	EV 指示灯		低速提示音关闭指示灯
	ACC 工作状态指示灯		ACC 故障警告灯
	ACC 待机状态指示灯	60	ACC 巡航车速

不同车系的纯电动汽车，总体指示灯基本相似，只有个别指示灯会有些不同。

三、汽车仪表故障诊断

现代汽车基本都是电子仪表，且仪表都具有故障自诊断系统，可对电子化仪表系统进行自检，检查电子仪表系统功能是否正常，并对其故障进行诊断，若有故障，就可以读出相关故障码，并通过查阅有关手册，了解故障码代表的故障原因，找出相应的处理方法。也可通过了解车辆的控制逻辑，根据故障现象判断可能的故障原因及故障范围。

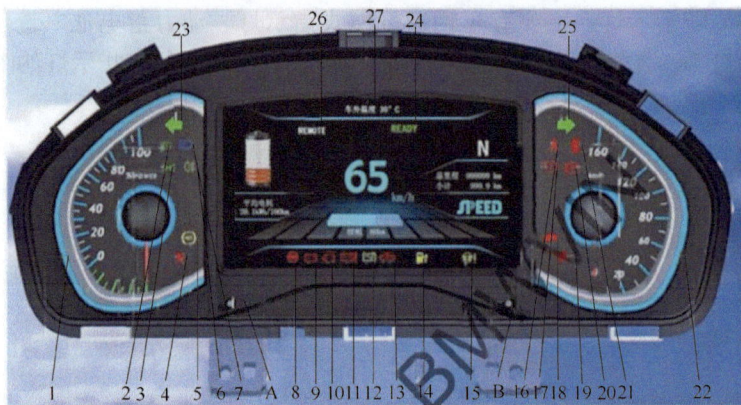

1	驱动电机功率表	2	前雾灯	3	示廓灯
4	安全气囊指示灯	5	ABS指示灯	6	后雾灯
7	远光灯	8	跛行指示灯	9	蓄电池故障指示灯
10	电机及电机控制器过热指示灯	11	动力蓄电池故障指示灯	12	动力蓄电池断开指示灯
13	系统故障灯	14	充电提醒灯	15	EPS故障指示灯
16	安全带未系指示灯	17	制动故障指示灯	18	防盗指示灯
19	充电线连接指示灯	20	驻车制动指示灯	21	门开指示灯
22	车速表	23/25	左/右转向指示灯	24	READY指示灯
26	REMOTE指示灯	27	室外温度提示		

图 4-27　北汽 160 仪表指示灯

1. 故障现象

一辆吉利帝豪 EV450 纯电动汽车，起动车辆时仪表无任何显示，继电器有吸合声音。遥控和无钥匙进入功能正常，开门时仪表不显示车门状态。

2. 故障诊断与排除

根据遥控和无钥匙进入功能正常，且开门时仪表不显示车门状态分析，可以判断是仪表通信存在故障。导致仪表通信故障的部位有仪表常电、搭铁、通信线及仪表本体，而且可以排除仪表的 IG1 电故障，因为仪表的 IG1 电虽然会导致仪表无法正常点亮，但是不影响车门状态的显示。

根据图 4-28 的吉利帝豪 EV450 组合仪表电路图，重点排除 B+电路、GND 电路及 CAN 总线电路。测量时首先按照由易到难的顺序进行，所以首先测量 IF35 熔丝的上下游电压，上游电压为12.5V，下游电压为0，说明熔丝有断路故障，拔出熔丝，熔丝已经熔断，更换新的熔丝，故障排除。

【学习小结】

1. 本任务具体介绍了传统燃油汽车仪表、纯电动汽车仪器与仪表等。

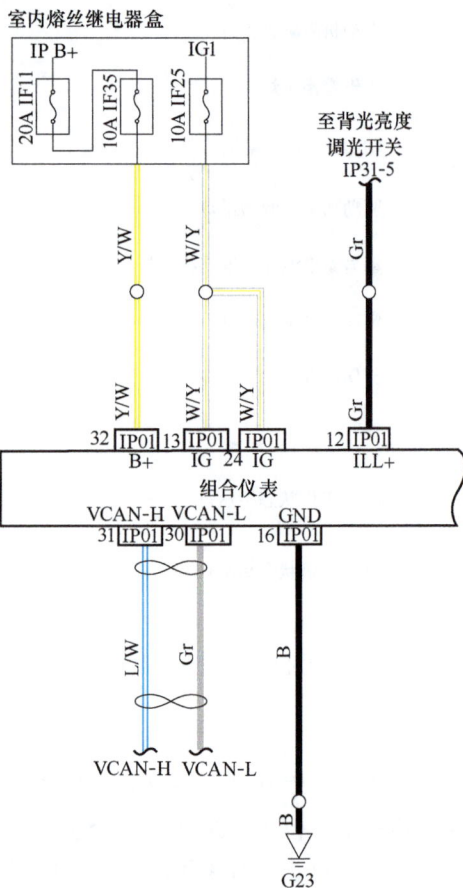

图 4-28　吉利帝豪 EV450 组合仪表电路图

2. 一般传统汽车组合仪表显示的内容包括（发动机）转速表、车速表、燃油表、冷却液温度表等。纯电动汽车因为没有发动机，所以没有发动机转速表、冷却液温度表、燃油表，但需要相应地增加电动机转速表、电流表、电压表和剩余电量表这些与纯电动汽车相关的信息表。纯电动汽车电动机转速表一般不单独设计，多用功率表代替，采用功率表显示方式。

【知识巩固】

1. 一般传统汽车组合仪表显示的内容包括_____、_____、_____、_____等。
2. 请简述纯电动汽车仪表与燃油汽车仪表的不同。

任务五　汽车总线系统检修

【任务描述】

纯电动汽车是由驱动电机控制系统、蓄电池管理系统、车载充电系统、电子辅助系统和低压电气系统等多个子系统构成的，控制系统的数量也比同类型的燃油汽车多。为了实现上述系统的数据共享，提高整车控制的准确性和快速性，需要采用车载网络系统进行整车信息的通信和数据共享。本任务将介绍 CAN 通信网络、FlexRay 总线系统、LIN 总线系统等。

【学习目标】

知识目标	技能目标	素养目标
1. 了解 CAN 通信网络 2. 了解 FlexRay 总线系统 3. 了解 LIN 总线系统	1. 能够掌握 CAN 通信网络常见故障诊断方法 2. 能够掌握 FlexRay 总线系统的特点 3. 能够掌握 LIN 总线系统常见故障诊断方法	1. 培养学生在纯电动汽车学习工作中的严谨性 2. 注重学习过程中的操作规范，具备一定责任意识

【理论知识】

一、汽车总线系统的分类

纯电动汽车网络是将纯电动汽车的动力系统、传动系统、悬架系统、转向系统、制动系统、控制系统、数字化仪表、安全保护设备、通信设备、娱乐设备等的信息集成化，使各种信息相互结合、相互作用，共享驾驶人发出的指令和传感器反馈的数据，更好地发挥各个系统的协调作用，以获得最佳的整车性能，综合提高纯电动汽车的操纵安全性和稳定性，以及节能、减排性能，实现纯电动汽车驾驶的智能化，最终实现无人驾驶。

目前，汽车上普遍采用的汽车总线有控制器局域网 CAN 和局部互联协议 LIN、高速容错网络协议 FlexRay、用于汽车多媒体和导航的 MOST 以及与计算机网络兼容的蓝牙、无线局域网等无线网络技术。

二、汽车总线系统的组成及工作原理

1. CAN 通信网络

控制器局域网络（Controller Area Network，CAN）使电控单元能通过网络进行数据交换。

（1）CAN 总线系统的组成与特点

1）CAN 总线系统的组成。CAN 数据总线系统由多个电控单元（每个电控单元都有自己的控制器、收发器）、两个数据传输终端电阻以及两条数据传输线组成（图 4-29）。CAN 总线的两条导线分别称为 CAN-High 线和 CAN-Low 线。除了数据传输线外，其他元件都置于电控单元内部。所有电控单元都通过这两条 CAN 数据总线进行信息传递，连成总线网络。

CAN 数据传输系统中每块电控单元的内部增加一个 CAN 电控单元、一个 CAN 收发器，每块电控单元的外部连接两条 CAN 数据总线。在系统中作为终端的两块电控单元，其内部还装有一个数据传递终端（有时数据传递终端安装在电控单元外部）。

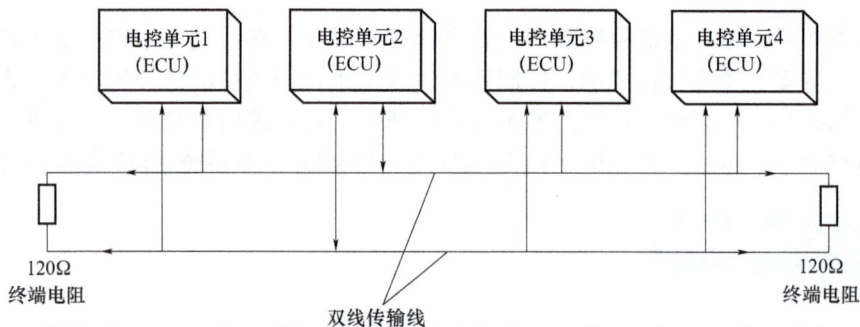

图 4-29　CAN 数据总线系统的组成

① CAN 电控单元。CAN 电控单元的作用是接收电控单元中微处理器发出的数据，对这些数据进行处理，并传给 CAN 收发器。同样，CAN 电控单元也接收收发器收到的数据，对这些数据进行处理并传给微处理器。同时，CAN 电控单元还具有故障记忆功能。

CAN 电控单元有两类：一类是独立的；另一类是和微处理器集成在一起的。前一种使用起来比较灵活，它可以与多种类型的单片机、计算机的各类标准总线进行接口组合。后一种中许多特定的情况下，能使电路简化和紧凑，提高效率。不管是哪一种，它们都严格遵守 CAN 的规范和国际标准。

② 控制器。控制器是 CAN 总线通信的控制单元，其主要作用是接收来自传感器的信号，形成要发送的指令，或将总线通过接收器传递的信号进行转换，传递给控制单元（CPU），再将控制单元传来的信号形成发送指令，通过发送器传递至总线，或直接驱动执行单元。

由于控制单元通过 CAN 控制器实现了网络传输，因此，CAN 总线既是电控单元的输入信息来源，也是电控单元的信息输出对象。

微控制器按事先规定好的程序来处理输入值，处理后的结果存入相应的输出存储器内，然后送到各个执行元件。为了能够处理数据传输总线信息，各电控单元内还有一个数据传输总线存储区，用于容纳接收到的和要发送的信息。

数据传输总线构件通过接收邮箱（接收信息存储器）或发送邮箱（发送信息存储器）与电控单元相连，该构件一般集成在电控单元的微控制器芯片内。

③ 收发器。它是一个发送器和接收器的组合，将 CAN 电控单元提供的数据转化成电信号并通过数据总线发送出去，同时，它也接收总线数据，并将数据传到 CAN 电控单元。

④ 终端电阻。整个 CAN 总线系统共有两个终端电阻，分别安装在系统的两个电控单元内，其作用是阻止 CAN 总线信号产生变化电压的反射。若终端电阻出现故障，则会因为电路的反射影响，导致电控单元的信号无效。

2）CAN 总线的特点。

① 可以多种方式工作，网络上任意一个节点均可以在任意时刻主动地向网络上的其他节点发送信息，而不分主从，通信方式灵活。CAN 总线系统上并联多个元件，如果某一电控单元出现故障，其余系统应尽可能保持原有功能，以便进行信息交换，使用方便。

② 网络上的节点（信息）可分成不同的优先级，可以满足不同的实时要求。

③ 采用非破坏性位仲裁总线结构机制，当两个节点同时向网络上传送信息时，优先级低的节点主动停止数据发送，而优先级高的节点可不受影响地继续传输数据。

④ 可以通过点对点、一点对多点（成组）及全局广播几种传送方式接收数据。

⑤ 直接通信距离最远可达 10km（速率 4kbit/s 以下）。

⑥ 数据传输快，通信速率最高可达 1MB/s（此时距离最长 40m），满足连成网络的各元件之间的数据交换的实时要求。

⑦ 数据密度大，节点数实际可达 110 个。所有电控单元在任一瞬时的信息状态均相同，这样就使两个电控单元之间不会有数据偏差。如果系统的某一处有故障，那么总线上所有连接的元件都会得到通知。

⑧ 采用短帧结构，每一帧的有效字节数为 8 个。

⑨ 每帧信息都有 CRC 校验及其他检错措施，数据出错率极低。即使有传输故障，不论是由内部原因还是外部原因引起的，都能准确识别出来，可靠性高。

⑩ 通信介质可采用双绞线、同轴电缆和光导纤维，一般采用廉价的双绞线即可，无特殊要求。

⑪ 节点在错误严重的情况下，具有自动关闭总线的功能，它可以切断与总线的联系，使总线上的其他操作不受影响。

（2）CAN 总线通信系统在纯电动汽车上的使用

1）CAN 总线的作用。目前，汽车上的网络连接方式主要采用 2 根 CAN 总线：一根是用于驱动系统的高速 CAN 总线，速率达到 500kbit/s；另一根是用于车身系统的低速 CAN 总线，速率是 100kbit/s。

驱动系统用 CAN 总线和车身系统用 CAN 总线这 2 根总线，可以是独立的，也可以通过设置网关在各根 CAN 总线之间搭桥实现资源共享，将各个数据总线上的信号反馈到仪表板总成上的显示屏上。驾驶人只要看显示屏，就可以知道各个电控装置是否正常工作。

2）CAN 总线的应用实例。

① 纯电动轿车 CAN 总线。纯电动轿车 CAN 总线系统原理框图如图 4-30 所示，它由中央电控单元、蓄电池管理系统、电机控制系统、制动控制系统、仪表控制系统组成。各个电控单元之间通过 CAN 总线进行通信，以实现传感器测量数据的共享以及控制指令的发送和接收等，并使各自的控制性能都有所提高，从而提高系统的控制性能。它们之间的通信与信息类

型为信息类和命令类。信息类主要是发送一些信息，如传感器信号、诊断信息、系统的状态。命令类则主要是发送给其他执行器的命令。

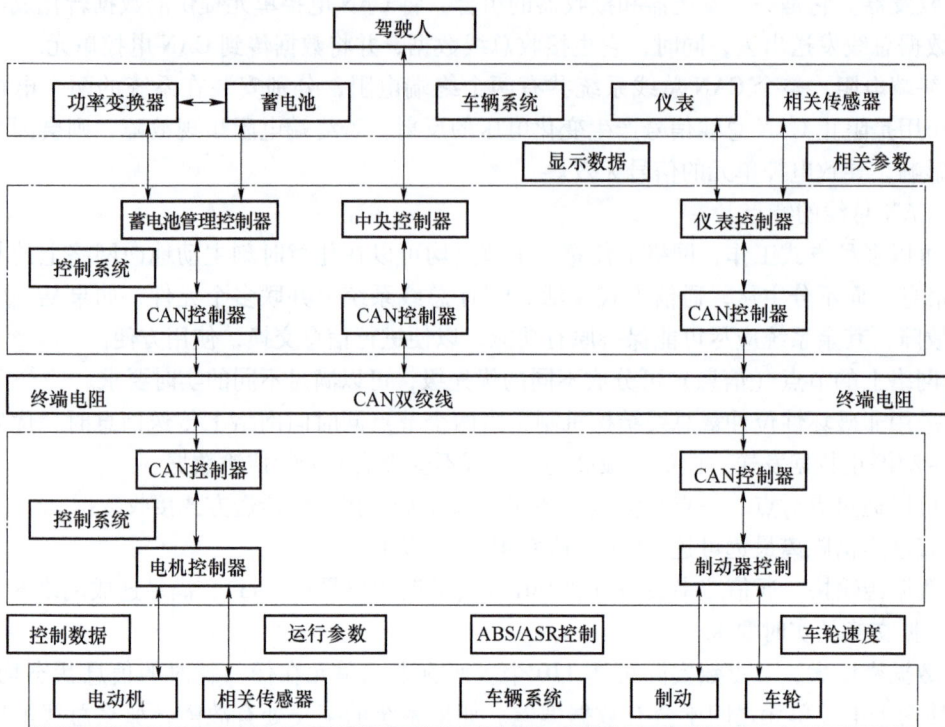

图 4-30　纯电动轿车 CAN 总线系统原理框图

② 纯电动客车整车总线系统。目前，国内很多大中城市都有纯电动公交客车运营，多采用基于多路 CAN 总线的纯电动客车通信协议。图 4-31 所示为某纯电动客车的整车 CAN 总线系统，该系统通过 CAN 总线实现了整车信息共享及数字化控制。该系统采用了三路 CAN 总线将整车各个电控系统连接起来，形成一个有机的整体。其中，CAN1 高速网段将整车动力系统部件连接起来，保证整车的行驶性能，网段以整车控制器为网关，可以接入其他 CAN 网络；

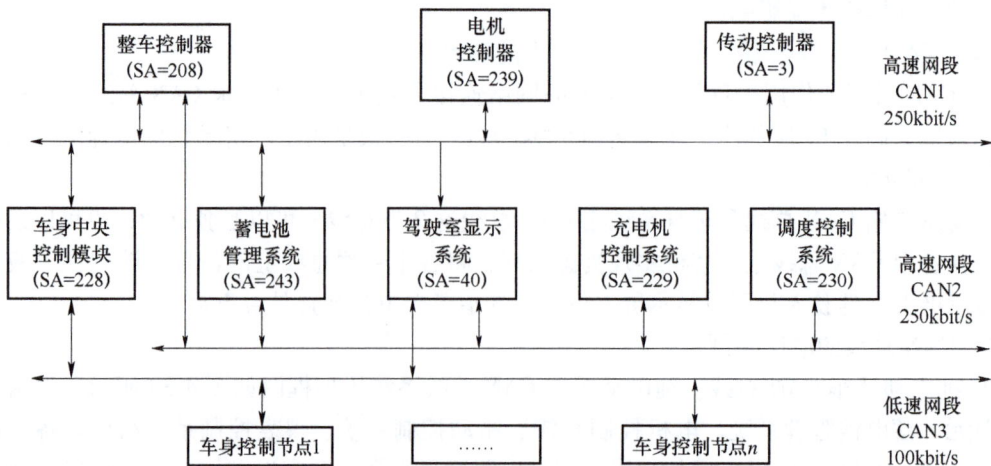

图 4-31　某纯电动客车的整车 CAN 总线系统

由于纯电动汽车上需要监测的动力蓄电池的数据比较多，单独为动力蓄电池设计了一条高速网段 CAN2，将动力蓄电池的详细信息传送给智能仪表系统和整车控制器，以保证整个系统的稳定性和可靠性；CAN3 为低速网段，将车身控制的各个模块以及智能仪表等节点连接起来，将车身低压电器、电动汽车控制开关、电动空气悬架系统等接入网络，实现了线束的大幅减少（减少约 70%）、控制诊断功能智能化（如制动灯替代功能、低压电源的管理等）以及系统功能的扩展。

③ CAN 总线在能量管理系统中的应用。图 4-32 所示为基于 CAN 总线的能量管理系统，该系统主要采集车体运行状况数据和动力蓄电池的电压、电流和温度数据。系统将采集的信息通过 CAN/USB 接口传输到计算机主机上，在主机上完成信息的存储和处理等工作。为保证控制的实时性，运动控制器需采集动力蓄电池的总电压和电流，以及驱动和控制踏板的输入信号电压，并通过 CAN 总线与能量管理系统信息共享。能量管理系统负责采集动力蓄电池的温度，并监控单体蓄电池的电压。

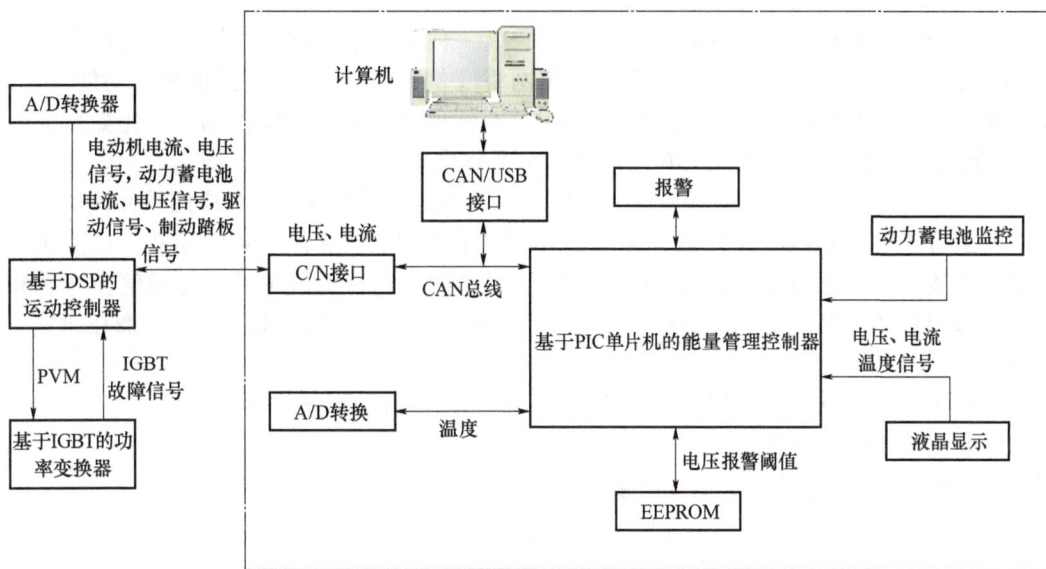

图 4-32　基于 CAN 总线的能量管理系统

另外，能量管理系统要实时监控动力蓄电池在充放电过程中各组蓄电池的电压、电流和温度，避免过充电和过放电现象的发生，同时对各组蓄电池定期进行自动检测和诊断，通过 CAN 总线与运动控制器通信，最大限度地延长动力蓄电池的使用寿命。

2. FlexRay 总线系统

FlexRay 联盟（FlexRay Consortium）推进了 FlexRay 的标准化，使其成为新一代汽车内部网络通信协议。FlexRay 关注的是当今汽车行业的一些核心需求，包括更快的数据速率，更灵活的数据通信，更全面的拓扑选择和容错运算。

FlexRay 可以为下一代的车内控制系统提供所需的速度和可靠性。FlexRay 两个通道上的数据速率最大可达到 10Mbit/s，总数据速率可达到 20Mbit/s。因此，应用在车载网络上，FlexRay 的网络带宽可能是 CAN 的 20 倍之多。

FlexRay 还能够提供很多 CAN 网络所不具有的可靠性特点。尤其是 FlexRay 具备的冗余通信能力可实现通过硬件完全复制网络配置，并进行进度监测。FlexRay 同时提供灵活的配置，可支持各种拓扑，如总线星形和混合拓扑。可以通过结合两种或两种以上的该类型拓扑，来配置分布式系统。

FlexRay 总线上的节点由微控制器、通信控制器、总线监控、总线驱动器（发送/接收驱动器）和电源系统 5 个部分组成。通信功能主要由通信控制器、总线监控及驱动器以及这些部分与主机的接口完成。

为了保证高的数据传输量和可靠性，FlexRay 在设计上有以下特点：

1）支持静态事件和动态事件驱动的两种通信机制。

2）高的数据传输速率和总线使用效率。

3）灵活的容错能力，支持单通道和双通道操作。

4）可靠的错误检测功能，包括时域的总线监测机制和数字 CRC 校验。

5）满足汽车环境要求和质量要求的控制器及物理层。

6）可采用多种总线拓扑结构，包括总线结构、星形结构以及多星形结构。

3. LIN 总线系统

LIN 是 Local Interconnect Network 的缩写，它是一种串行通信网络，用于实现汽车中的分布式电子系统控制。LIN 的目标是为现有汽车网络（例如 CAN 总线）提供辅助功能。因此，LIN 总线是一种辅助的总线网络，在不需要 CAN 总线的带宽和多功能的场合，比如智能传感器和制动装置之间的通信，使用 LIN 总线可大大节省成本。

LIN 技术规范中除定义了基本协议和物理层外，还定义了开发工具和应用软件接口。

LIN 通信基于 SCI（UART）数据格式，采用单主控制器、多从设备的模式，仅使用一根 12V 信号总线和一个无固定时间基准的节点同步时钟线，这种低成本的串行通信模式和相应的开发环境已经由 LIN 协会制定成标准。LIN 的标准化将为汽车制造商以及供应商在研发应用操作系统时降低成本。

典型的 LIN 应用有车门、仪表板、后视镜、照明以及其他智能传感器等。

LIN 电控单元的特点如下：

1）接收、传递或忽略与从主系统接收到信息标题相关的数据。

2）可以通过一个"叫醒"信号叫醒主系统。

3）检查对所接收数据的检查总量。

4）对所发送数据的检查总量进行计算。

5）与主系统的同步字节保持一致。

6）只能按照主系统的要求与其他子系统进行数据交换。

可以根据车内设备分布情况组成一个个独立的 LIN 分总线，作为 CAN 的次级总线用于纯电动汽车中，然后通过与 CAN 总线的接口接入纯电动汽车总线，其接口成本较 CAN 低，能够作为纯电动汽车现有的总线传输协议的补充。

三、汽车总线系统的检修

1. 故障现象

一辆比亚迪秦 EV，起动时，仪表可以正常点亮，但是"OK"电上电不成功，仪表提示有动力系统故障，而且未听到预充电继电器和主副继电器吸合的声音，车辆无法挂档，仪表显示状态如图 4-33 所示。

2. 故障诊断分析

仪表正常点亮，说明车辆低压上电正常，但高压上电异常，且动力蓄电池电量能正常显示，说明是动力网上单个模块相关故障导致无法高压上电。使用诊断仪读取故障码，扫描故障码后，诊断仪显示所有的动力系统模块均无法通信，导致动力系统模块都无法通信的原因可能有：

图 4-33　比亚迪秦 EV 仪表显示状态

1）诊断接口处通信电路故障。

2）动力 CAN 总线故障。

3）网关控制模块电路故障。

4）网关本体故障。

根据故障现象及诊断仪扫描结果，初步判断应该是网关相关故障导致。

根据判断，动力总线没有瘫痪，所以可直接通过测量电阻的方式进行测量，通过图 4-34 诊断插口的 12 号和 13 号端子测量动力总线的终端电阻，阻值为 120Ω，说明总线有断路故障存在，正常阻值为 60Ω。拔下网关控制器线束插头，先测量与网关插口（图 4-35）对应的线束插头上的 CAN 总线电压，测量的 CAN-H 与 CAN-L 电压分别为 2.52V 和 2.48V，说明电路正常。然后再测量终端电阻，阻值为 120Ω，此阻值为蓄电池管理系统（B）中的终端电阻，确认总线没有断路。根据以上所测，判断故障原因可能为网关控制器内部终端电阻损坏。用万用表测量网关控制器 G19/9 与 G19/10 端子间的阻值，为无穷大，最终判定导致本车故障的原因为网关控制器内部动力 CAN 总线终端电阻损坏。

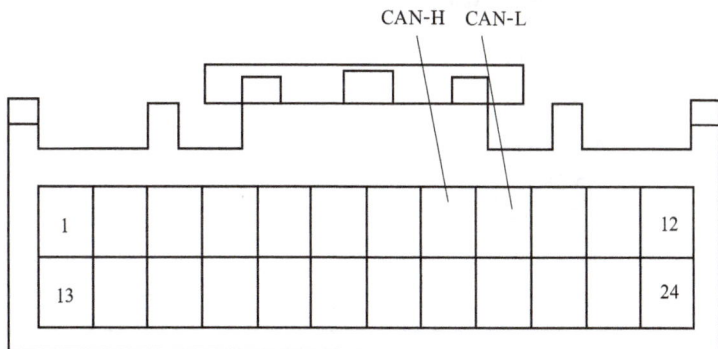

图 4-34　诊断插口端子

故障修复好后，车辆高压上电正常，挂档后行驶正常，加减速正常。

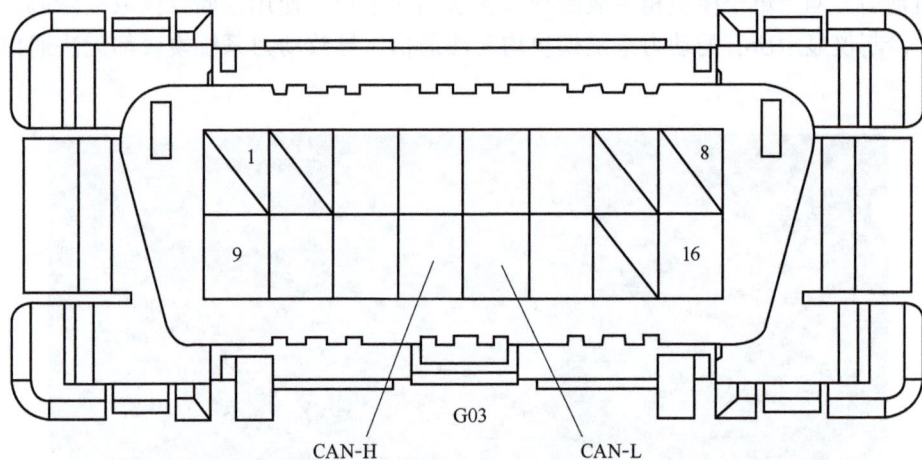

图 4-35　网关插口

【实训工单】

班级		实训场地	
姓名		实训日期	
学号		学时	
实训任务		汽车总线系统检修	
任务要求	1）能够掌握 CAN 通信网络常见故障诊断方法 2）能够掌握 FlexRay 总线系统的特点 3）能够掌握 LIN 总线系统常见故障诊断方法		
实训设备	吉利帝豪 EV450 或比亚迪秦 EV 纯电动汽车 4 辆，故障诊断仪 4 个，示波器 4 个，车间防护用具 4 套，个人防护用具 4 套，绝缘工具 4 套，常用检测设备 4 套，故障检测线 4 盒，通用拆装工具 4 套		
资讯	见项目四内容		
计划与决策	1. 角色分工： 小组编号：_____组长：_____操作员：_____ 安全员：_____辅助员：_____其他：_____ 2. 制订方案： _____ _____ _____ _____ _____ _____		

（续）

任务实施	1）写出 CAN 总线的特点 _____ _____ _____ _____ 2）写出网关内 CAN 总线终端电阻的检测流程 _____ _____ _____ _____ _____ _____ _____ _____ _____ _____
评估	自我评价：□不合格　□合格　　□良好　□优秀 说明：_____ 小组评价：□不合格　□合格　　□良好　□优秀 说明：_____ 教师评价：□不合格　□合格　　□良好　□优秀 说明：_____

💡 知识拓展

　　液冷超充技术是华为成功将手机充电中的液体散热系统应用到纯电动汽车充电领域的重要突破。在传统充电方式中，纯电动汽车在充电过程中产生的热量无法有效散发，导致充电效率下降，充电时间长。而液冷超充技术通过优化散热设计，将液体冷却系统引入纯电动汽车充电过程中，以降低温度，并提高充电效率，实现快速充电。

　　液冷超充技术通过在充电枪或充电桩内部引入液体冷却系统。当纯电动汽车进行充电时，液冷系统会将冷却剂通过内部的管道循环，将产生的热量有效散发，并维持充电过程中的温度在较低水平。这样可以避免动力蓄电池过热，提高充电效率和速度。

　　液冷超充技术具有许多特点和优势。首先，其充电速度堪比加油，大大缩短了充电时间。相比传统充电方式，液冷超充技术能够快速冷却动力蓄电池，使充电速度明显提升，用户只需花费几十分钟甚至更短的时间就能够完成充电，节省了宝贵的时间。

　　其次，液冷超充技术不挑车型，适用于各类电动汽车。无论是纯电动汽车还是插电式混合动力电动汽车，都能够受益于该技术的应用。这意味着无论是大中型乘用车、SUV 还是轻型商用车，都可以享受到快速充电的便利。

此外，液冷超充技术的应用也提高了充电过程的安全性。通过降低动力蓄电池温度，该技术能够减少动力蓄电池在充电过程中的过热问题，降低火灾和爆炸等安全隐患的风险。

华为液冷超充技术的充电功率达到了 600kW 以上，远超传统充电技术。同时，其充电效率也得到了显著提高，可以达到 95% 以上，远高于传统充电技术的 80% 左右。这意味着用户可以在较短的时间内充满电，不再需要长时间等待。

此外，华为液冷超充技术还具有温度控制功能，能够根据蓄电池组的温度变化自动调节冷却液的流动速度，确保蓄电池组处于最佳温度范围内，从而提高充电效率和续驶里程。

【学习小结】

1. 本任务具体介绍了 CAN 通信网络、FlexRay 总线系统、LIN 总线系统等方面。

2. CAN（控制器局域网络）是 Controller Area Network 的缩写，其含义是电控单元通过网络进行数据交换。

3. FlexRay 总线上的节点由微控制器、通信控制器、总线监控、总线驱动器（发送/接收驱动器）和电源系统 5 个部分组成。通信功能主要由通信控制器、总线监控及驱动器以及这些部分与主机的接口完成。

4. LIN 是 Local Interconnect Network 的缩写，它是一种串行通信网络，用于实现汽车中的分布式电子系统控制。LIN 的目标是为现有汽车网络（例如 CAN 总线）提供辅助功能。因此，LIN 总线是一种辅助的总线网络，在不需要 CAN 总线的带宽和多功能的场合，使用 LIN 总线可大大节省成本。

【知识巩固】

1. 纯电动汽车是由_____、_____、_____、_____和_____等多个子系统构成的，控制系统的数量也比同类型的燃油汽车多。

2. CAN 数据总线系统由多个_____、_____以及_____组成。

3. 请简述 FlexRay 在设计上的特点。

项目五

纯电动汽车整车控制系统认知与检修

2022 年，某职业院校新能源汽车技术专业学生，目前已经完成纯电动汽车基本结构的学习。现有两位学生针对纯电动汽车高压下电流程产生争议。甲认为，只需断开动力蓄电池负极就可以完成高压下电；乙认为，要先拔下维修开关再断开动力蓄电池负极才能完成高压下电。请学习纯电动汽车整车控制系统相关知识，整理出纯电动汽车高压下电的流程，并对他们的观点进行判定。

任务一　整车控制系统控制策略的认知

【任务描述】

了解纯电动汽车整车控制器及整车控制系统控制策略，对后续纯电动汽车整车控制系统的检修工作起决定性作用。本任务将介绍整车控制器的结构、功能、控制模式以及整车控制策略的内容、整车状态的认知等方面。

【学习目标】

知识目标	技能目标	素养目标
1. 了解整车控制器 2. 了解控制系统的结构 3. 了解整车控制策略包含的内容	1. 能够根据不同汽车状况进行故障诊断 2. 能够根据不同汽车状况准备不同的维修工具	1. 培养学生在纯电动汽车学习工作中的严谨性 2. 注重学习过程中的操作规范，具备一定责任意识

【理论知识】

一、整车控制系统的概述

1. 整车控制器的位置与结构

图 5-1 所示为吉利帝豪 EV450 整车控制器的外观，图 5-2 所示为整车控制器安装在前机舱中。

纯电动汽车整车控制器包括微控制器、高速 CAN 总线接口控制器、模拟量调理、开关量调理、继电器驱动和电源模块等。整车控制器对纯电动汽车动力链的各个环节进行管理、协调和监控，以提高整车能量利用效率，确保安全性和可靠性。该整车控制器采集驾驶人驾驶信号，通过 CAN 总线获得电动机和动力蓄电池的相关信息，进行分析和运算，通过 CAN 总线给出电动机控制和动力蓄电池管理指令，实现整车驱动控制、能量优化控制和制动回馈控制。该整车控制器还具有综合仪表接口功能，可显示整车状态信息；具备完善的故障诊断和处理功能；具有整车网关及网络管理功能。其结构原理图如图 5-3 所示。

图 5-1　吉利帝豪 EV450 整车控制器的外观

图 5-2　整车控制器安装在前机舱中

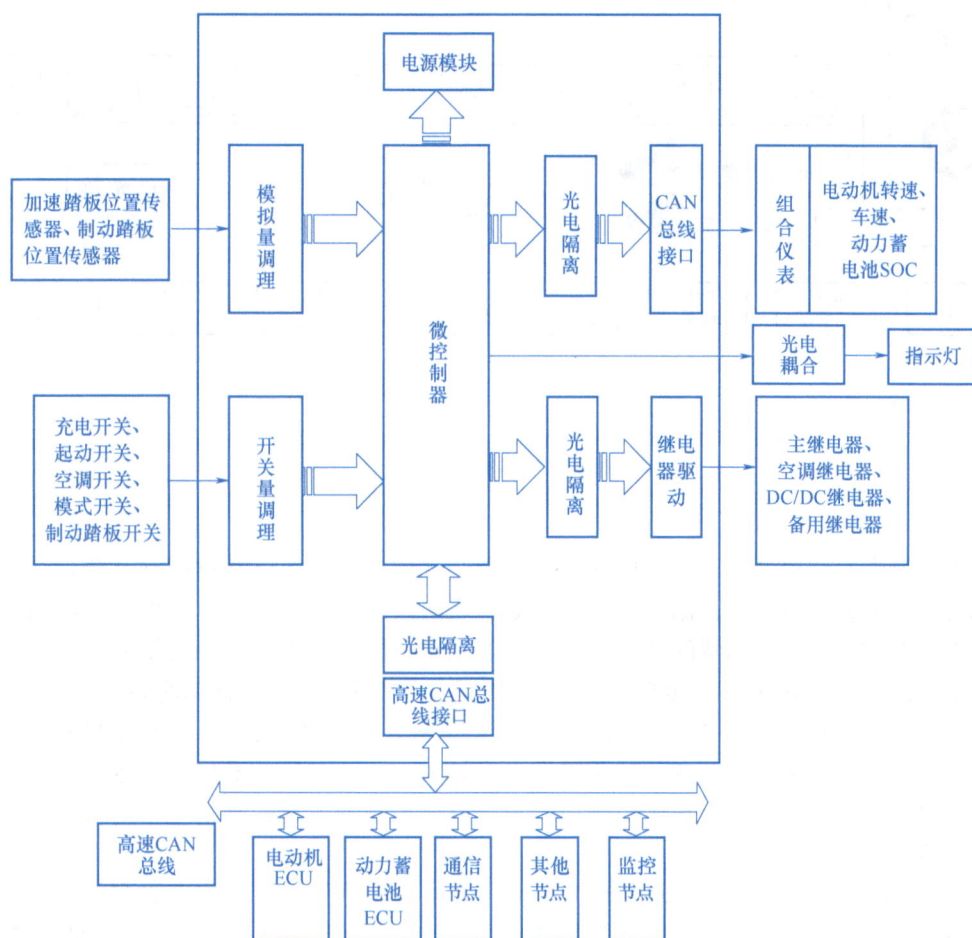

图 5-3　整车控制器结构原理图

　　纯电动汽车整车控制系统是由多个子系统构成的一个复杂系统，主要包括动力蓄电池、电动机等动力系统以及其他附件。整车控制系统的工作原理图如图 5-4 所示，在车辆运行时通过传感器以及其他车载控制器将整车运行的信息与实时状态反馈给整车控制器，同时，整车控制器根据驾驶人操作意图与整车控制策略进行运算，并将控制指令通过 CAN 总线以及各个硬件接口传输给其他车载控制器与执行器。整车控制器主要负责控制动力总成唤醒、电源加载、停机、驱动、能量回收、安全控制、故障检索诊断与失效控制等主要功能。

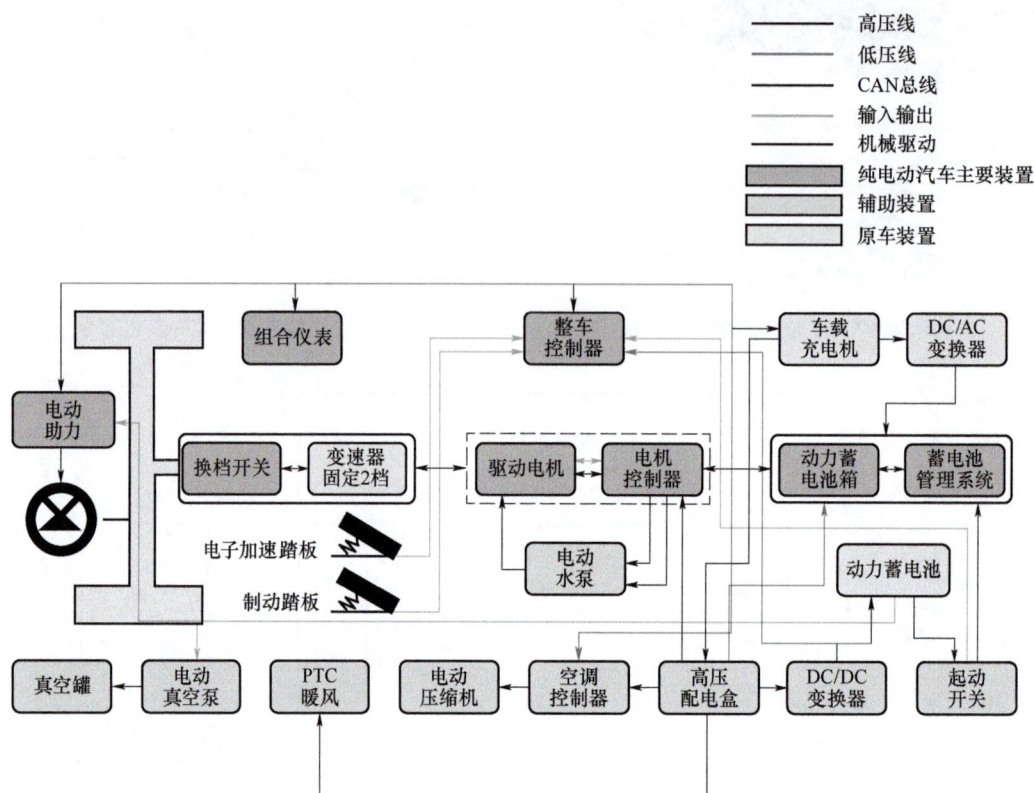

图 5-4　整车控制系统的工作原理图

2. 整车控制器的功能

整车控制器是纯电动汽车整车控制系统的核心部件，它采集电动机控制系统信号、加速踏板信号、制动踏板信号及其他部件信号，根据驾驶人的驾驶意图综合分析并做出相应判断后，监控下层的各部件控制器的动作，对汽车的正常行驶、动力蓄电池能量的制动回馈、网络管理、故障诊断与处理、车辆状态监控等功能起着关键作用。其具体功能如下：

1) 对汽车行驶控制的功能。当驾驶人踩下加速踏板或制动踏板时，驱动电机要输出一定的驱动功率或再生制动功率。电子加速踏板开度越大，驱动电机的输出功率越大。整车控制器接收、处理驾驶人的驾驶操作指令，并向各个部件控制器发送控制指令，使车辆按驾驶人的意图实现正常行驶。

2) 整车的网络化管理。在纯电动汽车中，电控单元比传统燃油汽车更多、更复杂。因此，CAN 总线的应用势在必行。整车控制器是纯电动汽车众多控制器中的一个，是 CAN 总线中的一个节点。在整车网络管理中，整车控制器是信息控制的中心，负责信息的组织与传输、网络状态的监控、网络节点的管理以及网络故障的诊断与处理。

3) 制动能量回馈控制。纯电动汽车以电动机作为驱动转矩的输出机构。电动机具有回馈制动的性能，此时电机作为发电机，利用纯电动汽车的制动能量发电，同时将此能量存储在储能装置中，当满足充电条件时，将能量反充给动力蓄电池。在这一过程中，整车控制器根据加速踏板和制动踏板的开度以及动力蓄电池的 SOC 值来判断某一时刻能否进行制动能量回馈，如果可以进行，则整车控制器向电机控制器发出制动指令，回收部分能量。

4）整车能量管理和优化。在纯电动汽车中，动力蓄电池除了给电动机供电以外，还要给电动附件供电，因此，为了获得最大的续驶里程，整车控制器将负责整车的能量管理，以提高能量的利用率。当动力蓄电池 SOC 值比较低时，整车控制器将对某些电动附件发出指令，通过限制电动附件的输出功率来增加续驶里程。

5）车辆状态的监测和显示。整车控制器应该对车辆的状态进行实时监测，并且将各个子系统的信息发送给车载信息显示系统，其过程是通过传感器和 CAN 总线，检测车辆状态及各子系统的状态信息，驱动显示仪表，将状态信息和故障诊断信息经过显示仪表显示出来。显示内容包括电动机的转速、车速、动力蓄电池的电量和故障信息等。

6）故障诊断与处理。连续监视整车电控系统，进行故障诊断，故障指示灯指示出故障类别和部分故障码。对整车具有保护功能，根据故障的类别对整车进行相应的安全保护处理。对于不太严重的故障，可低速行驶到附近维修站进行检修。紧急情况时可以关闭发电机以及切断母线高压系统。

7）外接充电管理。实现充电的连接，监控充电过程，报告充电状态。

8）诊断设备的在线诊断和线下检测。负责与外部诊断设备的连接和诊断通信，实现 UDS 诊断服务，包括数据流的读取、故障码的读取和清除，以及控制端口的调试。

3. 整车控制器的工作模式

整车控制器共有 9 个工作模式，分别为停车状态、充电状态、起动状态（也可以称为自检状态）、运行状态、车辆前进/后退状态、回馈制动状态、机械制动状态、一般故障状态、重大故障状态，如图 5-5 所示。每个模式的工作状态如下：

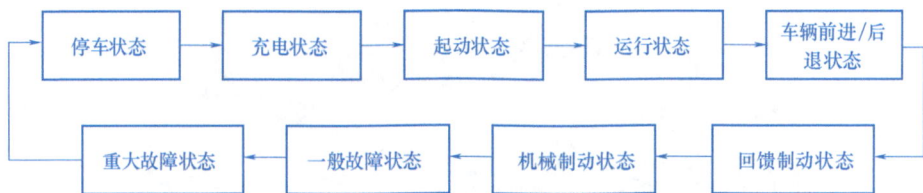

图 5-5　整车控制器的工作模式

1）停车状态。纯电动汽车处于停车状态，此时系统的主继电器断电，系统中各个节点停止运行。

2）充电状态。当纯电动汽车在停车状态下，插上充电插头或者按下充电按钮时，整车控制器控制组合仪表显示动力蓄电池充电状态，并对动力蓄电池工作状态进行实时监测；动力蓄电池 ECU 进入充电程序。

3）起动状态（上电）。在整车控制器确认拔掉充电插头时，转动汽车起动开关位置，这时系统中各个节点进入自检状态。

4）运行状态。转动汽车起动开关到指定位置，整车控制器向驱动电机 ECU 发送准备开车指令；整车控制器收到就绪指令后，进入行车程序。同时，动力蓄电池 ECU 进入电池管理程序。

5）车辆前进/后退状态。整车控制器通过对当前车辆功率的要求和动力蓄电池当前的状态计算并向电机控制器发出信号，电机控制器接收到方向信号和驱动转矩给定值信号后，控制电机进入运转状态，并根据方向信号确定驱动电机的转向，以及根据驱动转矩给定信号值确定驱动电机输出转矩的大小，控制驱动电机的输出功率，以实现动力性目标。

6）回馈制动状态。当加速踏板回零而且制动踏板处于回馈制动区时，整车控制器发送符合回馈制动要求的负转矩给驱动电机 ECU；驱动电机 ECU 进入发电程序，动力蓄电池 ECU 进入动力蓄电池回馈管理程序。

7）机械制动状态。制动踏板离开回馈制动区，驱动电机 ECU 停止发电程序，整车控制器进入机械制动程序，动力蓄电池 ECU 停止回馈。

8）一般故障状态。ECU 检测到一般故障，整车控制器报警（警告灯闪烁、通过 CAN 总线发送相关的报警信息，通知其他的节点），整个系统降级运行。

9）重大故障状态。ECU 报警（紧急情况采用紧急呼叫指令通知其他节点），必要时切断主继电器电源，系统停车。

4. 整车控制器的拆装方法

整车控制器的拆装必须由经过培训的专业维修人员进行，并准备好作业工具，严格遵守维修注意事项，确保人身及车辆安全。维修前需将车辆停放于维修区或合适的水平地面上，确保整车处于 P 位、驻车制动操纵杆拉起、车辆端充电枪拔出、起动开关处于 OFF 档并将钥匙拔出，辅助蓄电池负极断开。按照图 5-6 所示箭头及提示拔出整车控制器连接线束插头 A 和 B。

图 5-6　插头 A、B 拔出示意图

当拆装螺栓时，要按照维修手册规定的合适力矩进行。拆卸整车控制器后，不要私自打开壳体。

二、整车控制策略

结合整车控制器控制功能，整车控制策略包含的内容如图 5-7 所示。

1. 整车工作模式和切换

整车分为充电模式和行驶模式两个工作模式；整车控制器由低压唤醒后，周期性地执行整车模式的判断，其中，充电模式优先于行驶模式。

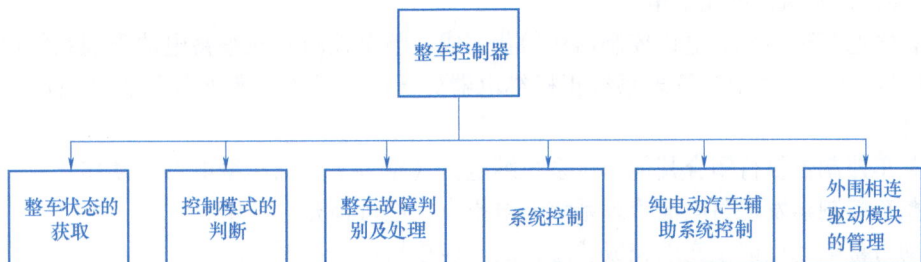

图 5-7　整车控制策略包含的内容

1）充电模式时有充电唤醒信号、（快慢充）充电门板信号或连接确认信号。

2）行驶模式时起动开关处于 ON 档、无充电唤醒信号、无充电门板信号或连接确认信号。

2. 整车工作模式切换

整车工作模式切换特点如图 5-8 所示。

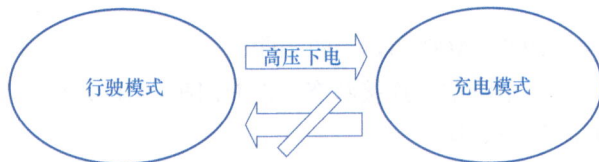

图 5-8　整车工作模式切换特点

(1) 充电模式不能切换到行驶模式　起动开关在 ON 档同时充电中，此时关闭充电接口，车辆不能上高压，需驾驶人将起动开关转到非 ON 档，并再次转到 ON 档时，方可上高压。

(2) 行驶模式可以切换到充电模式　整车在行驶模式时，如果检测有充电需求，整车控制器需先执行高压下电后，再进行正常的充电流程。

(3) 整车正常充电控制　整车有慢充和快充两种状态，如整车处于 ON 档有高压时，需先进行高压下电后再进行充电。

1）车辆插上充电枪时，先有充电唤醒信号给整车控制器、蓄电池管理系统和仪表等，仪表充电连接指示灯闪烁。

2）整车控制器检测到充电门板信号，判断进入充电模式，仪表充电连接指示灯点亮。

3）进入充电模式后，整车控制器置位允许充电指令。

4）蓄电池管理系统与充电机/充电桩建立充电连接，开始充电。

在充电过程中，整车控制器不直接参与充电控制，而是实时监控充电过程，包括对异常情况进行紧急充电停止，以及发送部分信息至仪表显示，上传监控平台信息。

3. 整车正常上电过程控制

纯电动汽车的起动开关有 OFF、ACC、ON、START 四个状态。整车上电分为低压上电和高压上电两个步骤：

(1) 低压上电　当起动开关处于 ON 档时，整车控制器、蓄电池管理系统、电机控制器等整车所有零部件低压上电。

(2) 高压上电

1）当起动开关处于 ON 档时，蓄电池管理系统、电机控制器当前状态正常，且不满足整车充电条件，开始执行高压上电。

2）蓄电池管理系统、电机控制器初始化完成，整车控制器检查蓄电池管理系统反馈动力蓄电池继电器状态。蓄电池管理系统正极继电器处于断开状态，整车控制器执行闭合高压主继电器动作。

3）整车控制器执行闭合其他高压系统继电器（空调系统高压继电器）动作。

4）整车控制器发送蓄电池管理系统上电指令，进行预充电操作。

5）动力蓄电池反馈预充电完成状态，高压连接指示灯熄灭。

6）检查档位在 N 位，且上电过程中驾驶人使起动开关处于 START 档。

7）仪表显示 READY 灯点亮，水泵、DC/DC 变换器开始工作。

4. 整车状态认知

（1）整车状态获取方式

1）整车状态的获取。通过车速传感器、档位信号传感器等，以不同的采样周期检测整车的运行状态。

2）通过 CAN 总线获得原车功能模块、动力蓄电池系统和电机驱动系统等状态信息。

（2）整车状态获取内容

1）起动开关状态——OFF、ACC、ON、START。

2）充电监控状态——充电唤醒、连接状态、慢充门板（开-关）。

3）档位状态——P、R、N、D。

4）加速踏板位置——电子节气门开度（0~100%）。

5）制动踏板状态——踩制动踏板、未踩制动踏板。

6）蓄电池管理系统状态——继电器、电压、电流等。

7）电机控制器状态——工作模式、转速、转矩等。

8）EAS（电动空调系统）、PTC 信息（PTC 加热）。

9）ABS 状态、ICM 状态（防抱死制动系统、仪表控制）。

5. 整车控制系统控制策略

纯电动汽车需要在满足驾驶人意图、汽车的动力性、平顺性和其他基本技术性能以及成本控制等要求的前提下选择合适的控制策略，针对各部件的特性及汽车的运行工况，控制策略要实现能量在驱动电机、动力蓄电池之间合理而有效地分配，使整车系统效率达到最高，获得整车最大的经济性以及平稳的驾驶性能。纯电动汽车动力系统中主要有驱动电机、机械减速装置和动力蓄电池等。整车控制系统要有一个性能优越、安全可靠的整车控制策略，从各个环节上合理控制车辆的运行状态、协调能源的分配，充分协调和发挥各部分的优势，使汽车整体获得最佳运行状态。纯电动汽车整车控制策略主要包括以下内容。

（1）汽车驱动控制　它是根据驾驶人的驾驶要求、车辆状态、道路及环境状况，经分析和处理，向电机控制器发出相应指令，满足驾驶要求。纯电动汽车驱动控制需要实时考虑行驶工况、动力蓄电池 SOC 值等影响因素，根据规则将转矩合理地分配给驱动电机，同时，限定驱动电机的工作区域和 SOC 值的范围，确保驱动电机和动力蓄电池能够长时间保持高效的状态。若出现问题，系统可根据预先设定的规则对纯电动车辆系统的工作模式进行判断和选择。最终，在整车控制器与电机控制器中形成一个实时控制的闭环系统。这样既能保证驾驶人驾驶意图能够得到充分满足，也能够对车辆状态进行控制，保证安全性和舒适性。整车驱动控制策略的核心是根据驾驶人动作分析其驾驶意图，并综合考虑动力系统状态，计算驾驶人对驱动电机的期望转矩，然后向驱动电机系统发出指令，使纯电动汽车的行驶状态尽可能快速、准确地达到工况要求和满足驾驶人的驾驶目的，汽车驱动转矩控制流程图如图 5-9 所示。

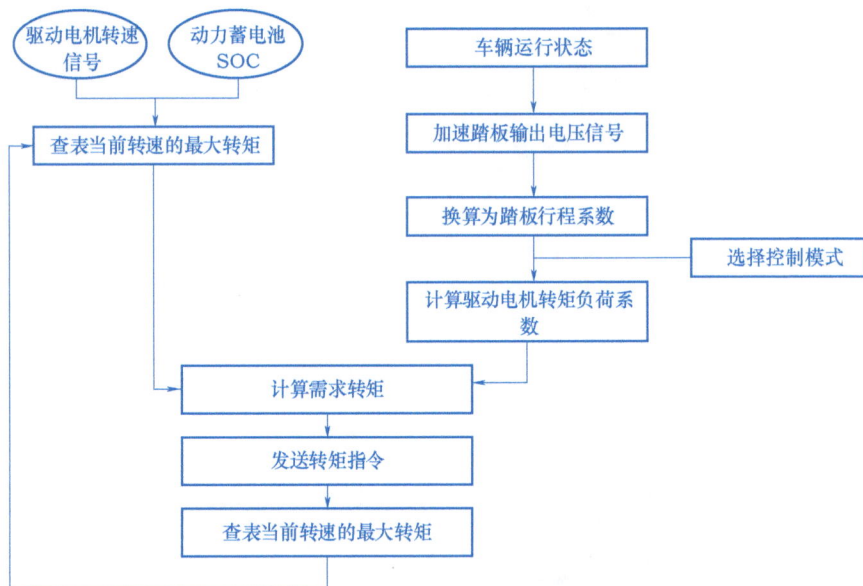

图 5-9　汽车驱动转矩控制流程图

（2）制动能量回馈控制　它是根据制动踏板和加速踏板的信息、车辆行驶状态信息、蓄电池状态信息，计算再生制动力矩，向电机控制器发出指令。制动能量回馈是纯电动汽车的标志性功能。制动能量回馈控制的原则是在最大限度提高能量回馈的同时，确保电制动与机械制动的协调控制，以保证汽车制动力的要求。考虑到纯电动汽车机械制动系统不可调整，而且只有制动踏板位置传感器，实施了纯软件的轻度制动能量回馈控制策略。制动踏板踩下时，回馈制动功能激活，回馈制动转矩与车速的函数关系如图 5-10 所示。

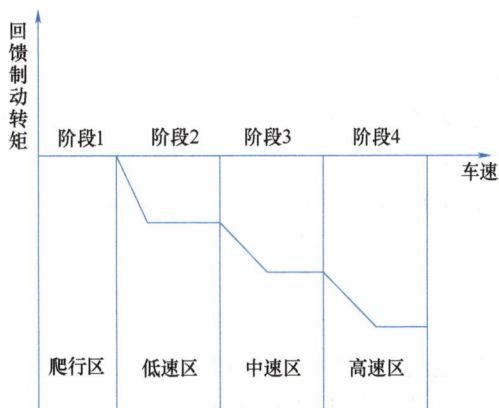

图 5-10　回馈制动转矩与车速的函数关系

在车速很低的爬行区，回馈能量与回馈路径能量损耗基本相抵，回馈效率很低且会明显影响驾驶人制动感觉，所以不进行制动能量回馈。在低速区，驱动电机具有一定转速，施以较低制动转矩，尽量回收制动能量。中速区驱动电机有较高转速，会产生较高的制动转矩，可以最大限度地进行能量回收。高速区时车辆惯性动能很高，可以施加较高制动转矩而不影响驾驶人制动感觉，在动力蓄电池可接收的情况下进行能量回收。其制动控制流程如图5-11所示。

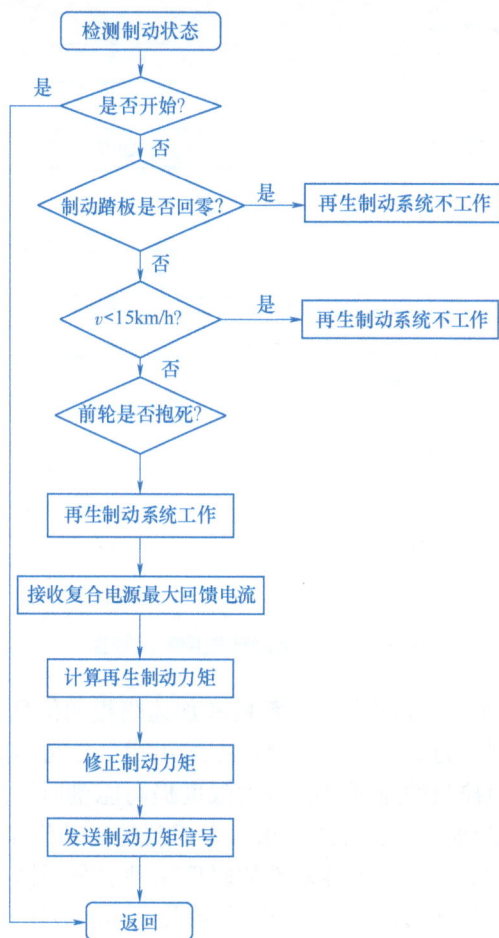

```
            检测制动状态
                 │
        是   ┌───────────┐
    ┌────────│  是否开始?  │
    │        └───────────┘
    │              │ 否
    │        ┌───────────┐   是   ┌──────────────┐
    │        │制动踏板是否回零?│──────│ 再生制动系统不工作 │
    │        └───────────┘       └──────────────┘
    │              │ 否
    │        ┌───────────┐   是   ┌──────────────┐
    │        │  v<15km/h? │──────│ 再生制动系统不工作 │
    │        └───────────┘       └──────────────┘
    │              │ 否
    │        ┌───────────┐
    │        │ 前轮是否抱死? │
    │        └───────────┘
    │              │
    │        ┌───────────┐
    │        │ 再生制动系统工作 │
    │        └───────────┘
    │              │
    │        ┌────────────────┐
    │        │接收复合电源最大回馈电流│
    │        └────────────────┘
    │              │
    │        ┌───────────┐
    │        │ 计算再生制动力矩 │
    │        └───────────┘
    │              │
    │        ┌───────────┐
    │        │  修正制动力矩  │
    │        └───────────┘
    │              │
    │        ┌────────────┐
    │        │ 发送制动力矩信号 │
    │        └────────────┘
    │              │
    │        ┌───────────┐
    └────────│    返回    │
             └───────────┘
```

图5-11　制动控制流程

纯电动汽车制动时，要根据制动踏板位置、动力蓄电池剩余电量、制动时车速以及防抱死制动系统是否处于工作状态来控制再生制动系统的工作。能量回收时，制动能量回收系统可以接收最大回馈电流，并计算再生制动力矩、修正制动力矩，最后发送相应的制动力矩信号。为了保护动力蓄电池，回馈电流不能超过动力蓄电池最大充电电流，SOC过高时取消电机再生制动，因为很容易导致动力蓄电池电压过高，而且动力蓄电池充电难度也增加。同时，防抱死制动系统工作时，必须取消驱动电机再生制动。

（3）整车能量优化管理　它是通过对车载电源系统的管理，提高整车能量利用效率，延长纯电动汽车的续驶里程。纯电动汽车整车能量的唯一来源为动力蓄电池，通过蓄电池管理系统有序管理，整车控制器通过总线与蓄电池管理系统通信。蓄电池管理系统能够向整车控制器上报剩余电量信息、动力蓄电池总电压和总电流、动力蓄电池温度信息、动力蓄电池输出继电器状态等。整车控制器根据汽车控制策略以及来自总线上的动力蓄电池状态和驱动电机状态信息以闭合或者断开蓄电池管理系统的总正、总负继电器，完成高压回路的闭合和断开功能。与传统燃油车相比，纯电动汽车能够实现制动能量回馈功能。当整车处于减速滑行或制动状态时，整车控制器控制汽车产生再生制动力矩，使驱动电机发电，并将驱动电机发出的电能回充到动力蓄电池中，以实现有效的制动能量回收。

(4) 车辆状态显示　它是对车辆某些信号进行采集和转换，由主控制器通过综合数字仪表显示出来。纯电动汽车整车控制系统的整车控制器对汽车的状态信息进行采集和处理，将重要状态和故障信息发送给仪表进行显示，其显示的主要内容有车速信息、驱动电机转速、动力蓄电池剩余电量、驱动电机故障信息以及动力蓄电池故障信息等。

(5) 故障检测处理及诊断　整车控制系统的整车控制器连续监视动力系统，进行故障诊断，并及时进行相应安全保护处理。故障处理及自诊断功能也是整车控制系统控制策略的重要组成部分，在整车控制系统整车控制器的代码中估计有 60% 以上的故障可以进行自诊断。整车控制系统的故障主要分为传感器（如加速踏板位置传感器）故障、继电器（如空调继电器）故障以及 CAN 总线故障。依据故障的严重程度，将故障分为等级进行处理，当发生任何一种故障，纯电动汽车就进入相应故障模式。为了维修人员能够快速、准确地确定故障的位置，纯电动汽车上整车控制系统一般采用基于通用的诊断协议的诊断服务功能进行故障自诊断，并存储相应的故障信息。

【学习小结】

本任务介绍了纯电动汽车的整车控制系统。整车控制系统由整车控制器、高压配电盒、DC/DC 变换器、子系统控制器（动力蓄电池管理器、电机控制器）、控制总线 CAN（控制总线 CAN-H、控制总线 CAN-L）、驾驶人操纵系统及整车各种低压辅助电器等组成。

整车控制器的作用是负责汽车的正常行驶、制动能量回馈、整车驱动电机及动力蓄电池的能量管理、网络管理、故障诊断及处理、车辆状态监控等，从而保证整车在较好的动力性、较高的经济性及可靠性状态下正常稳定地工作。可以说整车控制器性能的优劣直接决定了新能源汽车整车性能的好坏，起到了中流砥柱的作用。

【知识巩固】

简答题

1. 请简述整车控制器的结构与功能，及其在车上的位置。
2. 请简述整车控制器的控制策略。

任务二　整车控制系统检修

【任务描述】

掌握纯电动汽车整车故障管理与检修对后续开展纯电动汽车整车控制系统工作起十分重要的作用。本任务将介绍整车故障诊断流程、整车故障等级、仪表板故障内容等方面。

知识目标	技能目标	素养目标
1. 了解整车故障诊断流程 2. 对整车故障等级有清楚认识	1. 具备独立分析整车故障等级的能力 2. 具备对系统进行检修的能力	1. 培养学生在纯电动汽车学习工作中的严谨性 2. 注重学习过程中的操作规范，具备一定责任意识

【理论知识】

一、整车控制系统检修的概述

1. 整车故障诊断流程

第一步：连接故障诊断仪和车辆的通信。

若故障诊断仪无法连接车辆，请按以下顺序进行排查：

1）使用万用表，检查整车控制器的供电是否正常，包括 ON 档电、常电，同时，需要检查低压电气盒中整车控制器的各个供电熔丝是否正常。

2）使用万用表，检查 OBD 诊断口与整车控制器的 CAN 总线线束连接是否牢固、正常，如果以上都正常，请更换全新的整车控制器。

3）排查结束，故障诊断仪将可以顺利与整车控制器建立 CAN 总线通信连接。

第二步：进入诊断界面，按照流程进行其他故障的定位、排查和维修，最后清除故障码，试车，将车辆交还用户。

仪表显示整车故障时的诊断流程图如图 5-12 所示。

1）读取故障码。

2）读取冻结帧。

3）读取数据流。

4）维修。

5）清除故障码。

6）关闭起动开关，再打开起动开关到 ON 档，再次读取故障码，确认故障不再存在，维修完成。

2. 整车故障等级

整车故障等级见表 5-1。

表 5-1　整车故障等级

等级	名称	故障后处理	故障列表
一级	致命故障	紧急断开高压	电机控制器直流母线过电压故障、蓄电池管理系统一级故障
二级	严重故障	零转矩	电机控制器相电流过电流、IGBT、旋转变压器等故障，驱动电机节点丢失故障，档位信号故障

（续）

等级	名称	故障后处理	故障列表
三级	一级故障	跛行	加速踏板信号故障
		降功率	电机控制器驱动电机超速保护
		限功率<7kW	跛行故障，SOC<1%，蓄电池管理系统单体蓄电池欠电压，内部通信、硬件等二级故障
		限速<15km/h	低压欠电压故障、制动故障
四级	轻微故障	仅仪表板显示，能量回收故障，仅停止能量回收	驱动电机系统温度传感器、直流欠电压故障，整车控制器硬件、DC/DC变换器异常等故障

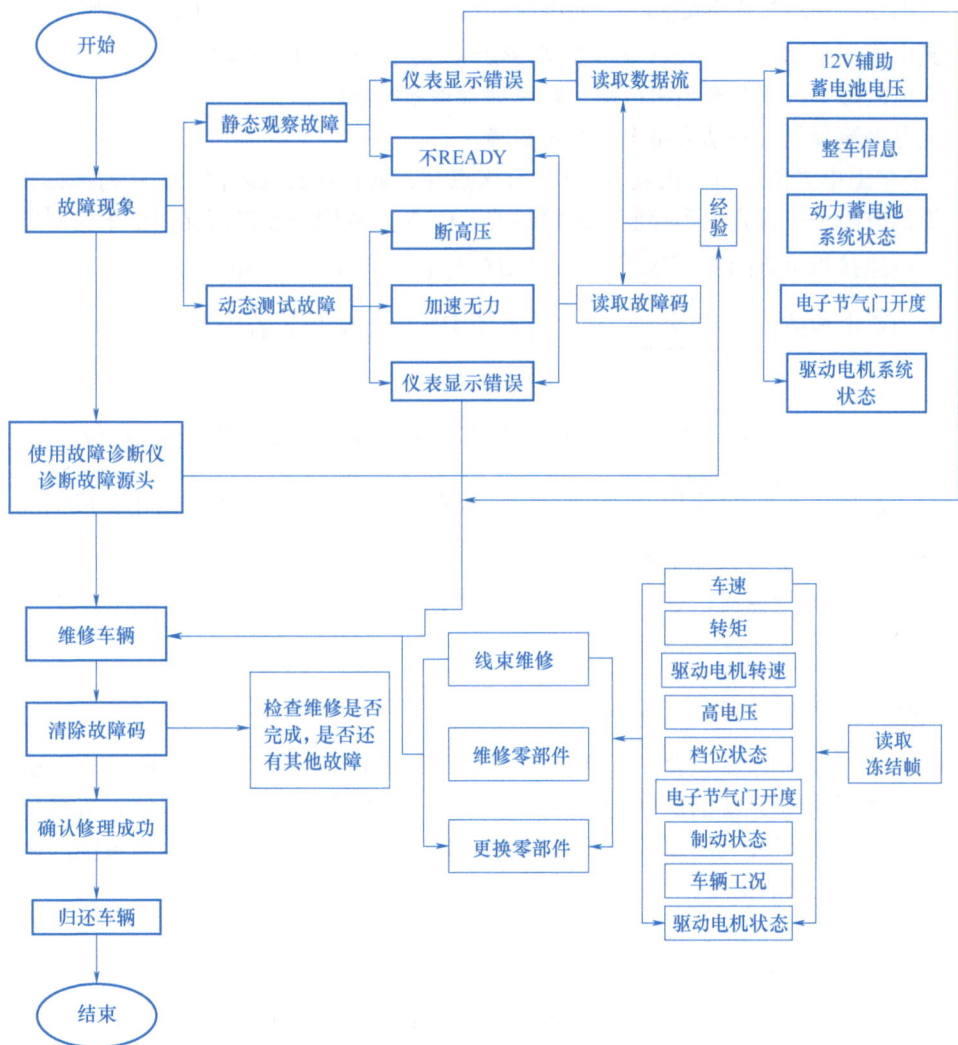

图5-12　仪表显示整车故障时的诊断流程图

3. 仪表显示故障定义

1）动力蓄电池故障▉——动力蓄电池系统通过 CAN 总线报送的故障绝缘等级低。

2）驱动电机故障 ——驱动电机系统通过 CAN 总线报送的驱动电机系统温度高故障。

3）通信故障——整车控制器与仪表的 CAN 总线通信中断。

4）低压欠电压故障 ——蓄电池电压低、DC/DC 变换器工作异常。

5）档位闪烁——档位信号异常。

6）动力蓄电池充电故障——动力蓄电池故障、车载充电机故障。

4. 整车充电、上电异常诊断

(1) 整车充电异常诊断

充电异常情况如下：

1）充电连接指示灯闪烁 ——充电唤醒信号、车载充电机、整车控制器硬件故障。

2）充电连接指示灯不亮——整车控制器硬件、连接确认信号故障。

3）充电故障——车载充电机故障、蓄电池管理系统故障。

4）充电电流异常——动力蓄电池系统故障。

(2) 整车上电异常诊断
仪表 READY 灯未点亮，通过观察仪表信息，进行原因排查：

1）通信故障——检查整车控制器连接情况、CAN 总线网络连接情况、整车控制器硬件。

2）充电连接指示灯闪烁/亮 ——检测有充电门板信号、充电唤醒。

3）动力蓄电池故障灯亮 ——重新置于 ON 档上电后，若仍亮，表明动力蓄电池有故障。

4）档位显示状态闪烁 ——档位重新换到 N 位，若仍闪烁，检查相关档位。

5）高压连接指示灯亮 ——检查蓄电池管理系统、电机控制器初始化完成情况，检查 BMS 上电流程，检查整车控制器硬件情况。

故障诊断仪读取数据流信息：ON 档唤醒信号电压>6V、充电唤醒信号电压为 0、CC 连接信号电压>3V。

二、整车控制器故障诊断

比亚迪秦整车控制系统包含高压配电盒、DC/DC 变换器、高压电控总成、车载充电机。

比亚迪秦整车控制系统的检修要遵循由易到难、由外到内、由电气部件到机械部件的原则进行，并且一般是优先利用设备进行不解体检修。下面主要介绍整车控制系统的高压电控总成和 CAN 总线系统的检测。

1. 高压电控总成检测

(1) 高压电控总成基本检查

1）高压电控总成外观检查。检查高压电控总成是否有破损和变形情况，若有，及时进行进一步检测。

2）高压电控总成插接器检查。检查高压电控总成相连各部件插接器是否存在退针、损坏和脱落等破损现象，若有，应及时进行处理，主要是进行修复或更换。

(2) 高压电控总成初步诊断
在汽车起动以后，连接诊断仪读取高压电控总成模块的数据信息，根据数据流分析其具体工况，主要需要读取的数据包括动力蓄电池当前总电压、动力蓄电池当前总电流、漏电次数、充电次数、单次充电电量、单次放电容量、绝缘电阻值、预充状态、主控制器状态、高压系统状态、高压互锁状态等。

(3) 高压电控总成电气检测　在比亚迪秦纯电动汽车上，高压电控总成的检测主要包括供电检测和绝缘检测。

1) 高压电控总成供电检测。高压电控总成的供电是双路电，选用万用表合适档位和量程，分别检测高压电控总成配电箱两个电源端子与搭铁端子的电压值，检查高压电控总成常电电源是否正常，正常值应该为 10~14V。

2) 高压电控总成绝缘检测。高压电控总成是比亚迪秦的核心部件，它的绝缘检测主要是针对动力蓄电池、驱动电机、快充和慢充端子进行。

① 高压电控总成与动力蓄电池相连接端子绝缘检测。断开动力蓄电池高压线束与高压电控总成的连接线束，使用绝缘电阻表的 500V 档位，分别测量线束的高压输入正极线束端子和高压输入负极线束端子与车身搭铁的电阻值，标准绝缘电阻值应大于 20MΩ。

② 高压电控总成与驱动电机相连接端子绝缘检测。断开驱动电机高压线束与高压电控总成的连接线束，使用绝缘电阻表的 500V 档位，分别测量线束的高压电控总成与驱动电机 A 相、B 相、C 相相连的端子与车身搭铁的电阻值，标准绝缘电阻值应大于 20MΩ。

③ 高压电控总成与快充连接端子绝缘检测。断开快充充电接口高压线束与高压电控总成的连接线束，使用绝缘电阻表的 1000V 档位，分别测量线束的高压输入正极线束端子和高压输入负极线束端子与车身搭铁的电阻值，标准绝缘电阻值应大于 20MΩ。

④ 高压电控总成与慢充连接端子绝缘检测。断开慢充充电接口高压线束与高压电控总成的连接线束，使用绝缘电阻表的 1000V 档位，分别测量线束的高压输入正极线束端子和高压输入负极线束端子与车身搭铁的电阻值，标准绝缘电阻值应大于 20MΩ。

2. CAN 总线检测

CAN 总线故障主要包括硬件故障、电路故障和插接器故障，硬件本身的故障可以通过更换新硬件来判定，电路和插接器故障需要借助万用表按照 CAN 总线系统的特点进行检测。

CAN 总线系统中拥有一个 CAN 控制器、一个信息收发器、两个数据传输终端及两条数据传输总线，除了数据总线外，其他各元件都置于各电控单元的内部。CAN 总线系统中，当汽车电源系统供电异常、汽车 CAN 总线系统的电路异常、汽车 CAN 总线系统的各电控单元出现故障都会引起 CAN 总线系统无法工作，电源系统的检测不在这里进行。所以，CAN 总线系统的检测主要是针对 CAN 总线系统的电路和电控单元进行模块数据读取、终端电阻值测量、电压测量、信号波形测量。

(1) 读取模块测量数据块　使用诊断仪读取某电控单元数据块，如果显示 1，表明被检测电控单元工作正常；如果显示 0，则表明被检测电控单元工作不正常，其原因可能是电路断路或该电控单元损坏。

(2) 终端电阻值测量　比亚迪秦纯电动汽车的 CAN 总线系统内有 2 个 120Ω 的终端电阻，它们是并联的。单独测量一个终端电阻约为 120Ω，CAN 总线网络的正常电阻值应为 60Ω，据此可以判断终端电阻是否正常。

电阻测量过程中应注意：先断开车辆动力蓄电池的接线，约等待 5min，直到系统中所有的电容器放完电后再测量，因为电控单元内部电路的电阻是变化的。

(3) 电压的测量　使用万用表测量 CAN-L 或 CAN-H 的对搭铁电压。比亚迪秦 CAN 的 CAN-L 对搭铁电压约为 2.2V，CAN-H 对搭铁电压约为 2.8V；这些接近的值根据总线负载可能有约为 100mV 的偏差。

（4）CAN 总线系统的信号波形测量　CAN 总线的正常波形是 CAN-H 和 CAN-L 电压相等、波形相同、极性相反，通过使用专用示波器和综合诊断仪可以测量波形，来判断故障。

1）测量方法。将仪器第一通道的红色测量端子接 CAN-H 线，第二通道的红色测量端子接 CAN-L 线，两者的黑色测量端子同时接搭铁。此时，可以在同一界面下同时显示 CAN-H 和 CAN-L 的同步波形。

2）波形分析。

① CAN-H 对搭铁短路：CAN-H 的电压置于 0，CAN-L 的电压正常，在此故障下，变为单线工作状态。

② CAN-H 对正极短路：CAN-H 的电压约为 12V，CAN-L 的电压正常，在此故障下，变为单线工作状态。

③ CAN-L 对搭铁短路：CAN-L 的电压置于 0，CAN-H 的电压正常，在此故障下，变为单线工作状态。

④ CAN-L 对正极短路：CAN-L 的电压约为 12V，CAN-H 的电压正常，在此故障下，变为单线工作状态。

⑤ CAN-H 对正极通过连接电阻短路：CAN-H 线的隐性电压拉向正极方向，正常值约为 0，受连接电阻影响，电阻越小，隐性电压越大，在没有连接电阻的情况下，该电压值约为动力蓄电池电压。

⑥ CAN-H 通过连接电阻对搭铁短路：CAN-H 的显性电压移向接搭铁方向，正常值约为 4V，受连接电阻影响，电阻越小，则显性电压越小，在没有连接电阻的情况下短路，则该电压为 0。

⑦ CAN-L 对正极通过连接电阻短路：CAN-L 线的隐性电压拉向正极方向，正常值约为 5V，受连接电阻影响，电阻越小，则隐性电压越大，在没有连接电阻的情况下，该电压值约为动力蓄电池电压。

⑧ CAN-L 通过连接电阻对搭铁短路：CAN-L 的隐性电压电位拉向 0 方向，正常值约为 5V，受连接电阻影响，电阻越小，则隐性电压越小，在没有连接电阻的情况下，该电压值约为 0。

⑨ CAN-H 与 CAN-L 相交：两线波形呈现电压相等、波形相同、极性相同。若整车控制系统相关部件的检测数值不在规定的范围内，请进一步检测确认故障，并根据故障点进行维修，具体检测标准见表 5-2。

表 5-2　比亚迪秦整车控制系统检测标准

检测内容	标准值范围
CAN 总线终端电阻在线测量	约为 60Ω
CAN 总线终端电阻离线测量	约为 120Ω
CAN-H 工作电压测量	2.5~3.5V
CAN-L 工作电压测量	1.5~2.5V
CAN-H 和 CAN-L 的波形对比	波形呈镜像对称
高压绝缘电阻值测量	大于 20MΩ

【实训工单】

班级		实训场地	
姓名		实训日期	
学号		学时	
实训任务		整车控制系统检修	
任务要求	1）能够根据不同汽车状况进行故障诊断 2）能够根据不同汽车状况准备不同的维修工具		
实训设备	吉利帝豪 EV450 或比亚迪秦 EV 纯电动汽车 4 辆，故障诊断仪 4 个，示波器 4 个，车间防护用具 4 套，个人防护用具 4 套，绝缘工具 4 套，常用检测设备 4 套，故障检测线 4盒，通用拆装工具 4 套		
资讯	见项目五内容		
计划与决策	1. 角色分工： 小组编号：_____　组长：_____　操作员：_____ 安全员：_____　辅助员：_____　其他：_____ 2. 制订方案： _____ _____ _____ _____ _____		
任务实施	1）写出整车控制器的功能特点 _____ _____ _____ _____ 2）写出整车控制器供电、搭铁、通信的端子号 _____ _____ _____ _____ _____ 3）写出整车控制器 CAN 总线各参数的检测流程 _____ _____ _____ _____		

（续）

评估	自我评价：□不合格　□合格　□良好　□优秀 说明：_____
	小组评价：□不合格　□合格　□良好　□优秀 说明：_____
	教师评价：□不合格　□合格　□良好　□优秀 说明：_____

💡 知识拓展

2023年9月12日，华为召开发布会，官宣了AITO问界新M7系列！问界新M7搭载HUAWEI ADS 2.0高阶智能驾驶系统，该系统为华为在自动驾驶领域的一次重要突破，打破了传统自动驾驶依赖高精度地图的限制。

华为ADS 2.0系统于2023年4月推出后，在人工智能训练数据集合上不断收集实地驾驶数据，每天深度学习超过1000万km，持续优化智能驾驶算法和场景应对策略！

截至2023年9月的数据显示，长途NCA技术平均无须人工干预驾驶里程达200km，城市高架路段进入和退出成功率高达99%以上，可靠程度经验丰富的驾驶人一样。华为携手京雄高速，共同打造具有自动驾驶专用车道的城域通勤智慧高速，到2023年年底，城市智能导航辅助（城市NCA）技术将能在全国各地实现智能驾驶体验。

这一优秀的智能驾驶体验，得益于问界新M7车型采用的多重传感器，华为ADS 2.0系统在利用鸟瞰视角感知能力的基础上，升级了首创的GOD 2.0（General Obstacle Detection，通用障碍物检测网络），识别准确率高达99.9%。

同时，ADS 2.0还实现导航地图与实际路况匹配的RCR 2.0技术（Road Cognition Reasoning，道路拓扑推理网络），实现导航地图和现实世界匹配，既能"看得懂物"，又能"看得懂路"。此外，基于多传感器融合感知能力，问界新M7还具备可见即可泊的智慧泊车能力，并支持园区代客泊车和超窄车位泊车。

📚 【学习小结】

本任务介绍了纯电动汽车整车故障管理的认知，以比亚迪秦控制系统检修为例，介绍了如何进行高低压电控和CAN总线的检测等内容，通过学习，能对纯电汽车的故障等级以及诊断流程有一个清楚认识。

📝 【知识巩固】

一、名词解释

1. 整车控制器
2. 制动能量回馈
3. 能量管理

4. 车辆状态的监测

5. 故障诊断

二、选择题

1. 整车控制器英文字母缩写是（　　　）。

A. VCB　　　　　　　B. VCU　　　　　　　C. VCR　　　　　　　D. ECB

2. 充电模式（　　）切换到行驶模式。

A. 能　　　　　　　B. 不能　　　　　　C. 有时候能，有时候不能

3. 整车正常上电过程（　　　）。

A. 先上低压，再上高压　　　　　　B. 先上高压，再上低压

C. 高低压一起上　　　　　　　　　D. 只上低压，不上高压

三、简答题

1. 比亚迪秦整车控制系统由哪四个部分组成？

2. 比亚迪秦整车控制系统检修主要内容有哪些？

3. 整车控制器的功能是什么？

4. 整车控制器的工作模式有哪些？

5. 整车控制器的拆装方法有哪些？

项目六

纯电动汽车辅助系统检修

【情景导入】

一辆纯电动汽车送至 4S 店进行维修，车主反映该车突然出现空调制冷工作异常的现象。维修接待人员试车发现空调制冷效果是逐渐变弱的，直至制冷效果完全丧失。经高级维修技师诊断，故障原因指向空调制冷循环系统，需要针对此故障进行维修。现车间调度将任务工单派发至你手中，请学习相关知识，安全规范地完成分派的检修任务。

任务一　冷却系统检修

【任务描述】

与传统汽车相比，纯电动汽车的冷却方式也发生了相应的变化，风冷（强制风冷）对于纯电动汽车已经不再适用。研究表明，油冷的冷却能力为强制风冷的 20 倍以上，水冷的冷却能力为强制风冷的 50 倍以上。因此，液冷系统是纯电动汽车冷却系统的必然选择。

纯电动汽车冷却系统一般由散热器、水泵、风扇、储液罐和温度调节装置等组成，传统汽车的水泵和风扇可以由发动机直接带动，而纯电动汽车必须有独立的驱动方式，即电动水泵和电动风扇，同时，这些部件的电动化使冷却系统可以根据需要进行适时的调整。本任务主要介绍纯电动汽车冷却系统的功用、组成、原理及类型。

【学习目标】

知识目标	技能目标	素养目标
1. 了解冷却系统的功用、组成及类型 2. 了解纯电动汽车与传统汽车的冷却系统区别 3. 理解电控冷却系统的组成和工作原理	1. 能够根据不同汽车状况进行冷却故障诊断 2. 能够根据不同汽车冷却故障状况准备不同的维修工具	1. 培养学生在纯电动汽车维修工作中的严谨性 2. 注重纯电动汽车维修工作过程中的操作规范，具备一定责任意识

【理论知识】

一、冷却系统的概述

1. 纯电动汽车的热源

纯电动汽车的主要热源来自于动力蓄电池、驱动电机和电机控制器等，动力蓄电池的热量主要来自化学反应、极化反应所产生的内阻焦耳热；驱动电机的热量主要来自绕组铜损发热、铁心涡流效应发热；电机控制器的热量主要来自输出极功率模块的损耗。其总的散热量相当于同功率传统汽车的 2.5~3 倍，而这些热源的工作温度范围又有较大的差别。要将这些部件的热量第一时间散发出去，并维持其他部件的工作可靠性，必须有一套适合纯电动汽车本身的冷却系统，例如吉利帝豪 EV450 这款纯电动汽车设计驱动电机和电机控制器的散热时，沿用了原车散热器及膨胀水箱，采用电动水泵，全新设计水管。

2. 纯电动汽车与传统汽车的冷却系统区别

在传统汽车中，冷却系统的作用是使发动机在所有工况下都保持在适当的温度范围内。由于发动机工作期间，最高燃烧温度可能达到 2500℃，即使在怠速或中等转速的情况下，燃烧室的平均温度也在 1000℃ 以上。因此，与高温燃气接触的发动机零部件受到强烈的热能量。在这样的工况下，若不进行适当的冷却，发动机将会过热、工作过程恶化、零部件强度降低、机油变质、零部件磨损加剧，最终导致发动机动力性、经济性、可靠性及耐久性的全面下降。

上述是传统汽车冷却系统的重要性阐述，但是由于纯电动汽车与传统内燃机汽车两者之间的结构和原理的差异，导致了热源及散热方式的不同。纯电动汽车关键零部件动力蓄电池、驱动电机、电机控制器及充电机的效率不能达到 100%，在能量转化过程中产生大量的热量，产生的热量如果不能及时散发出去，将导致车辆限功率运行，甚至导致零件的损坏。所以，冷却系统是纯电动汽车将动力蓄电池、驱动电机、电机控制器及充电机产生的热量及时散发出去，保证其在要求的温度范围内稳定高效工作的关键部分，图 6-1 所示为纯电动汽车冷却系统的三维建模图。

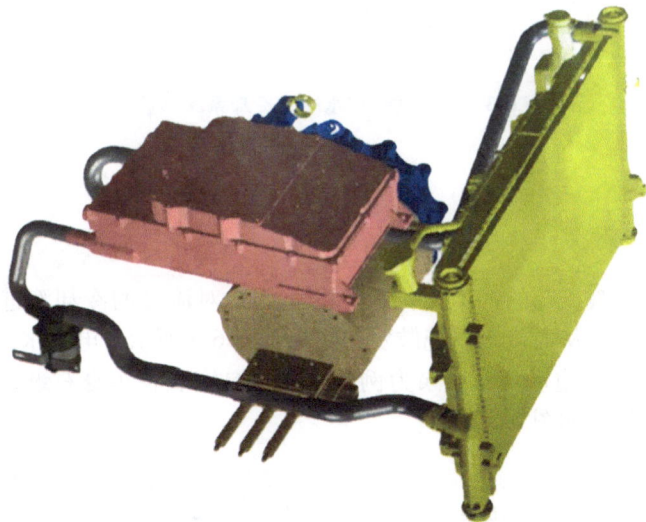

图 6-1　纯电动汽车冷却系统的三维建模图

3. 纯电动汽车动力蓄电池的冷却

目前，纯电动汽车的动力蓄电池冷却系统可以分为风冷和水冷两种方式。部分车辆还在其动力蓄电池上设计了热管理系统。

纯电动汽车风冷式冷却系统示意图如图 6-2 所示，外部空气经过车辆加热冷却装置进入汽车内部，然后经过动力蓄电池，带走动力蓄电池所产生的热量，并通过风机排出汽车本体，其中一部分空气会回流。

纯电动汽车水冷式冷却系统示意图如图 6-3 所示，让液体（冷却液、专用油或其他介质）通过发热的动力蓄电池内部专门设计的水道，吸收动力蓄电池内部的热量，并将热量经膨胀阀带到外部的散热器（换热器），通过风机风冷方式给散热器中的液体降温，再将降温后的液体送回发热动力蓄电池内部继续吸收热量。

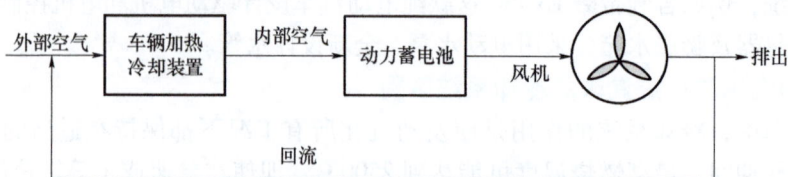

图 6-2　纯电动汽车风冷式冷却系统示意图

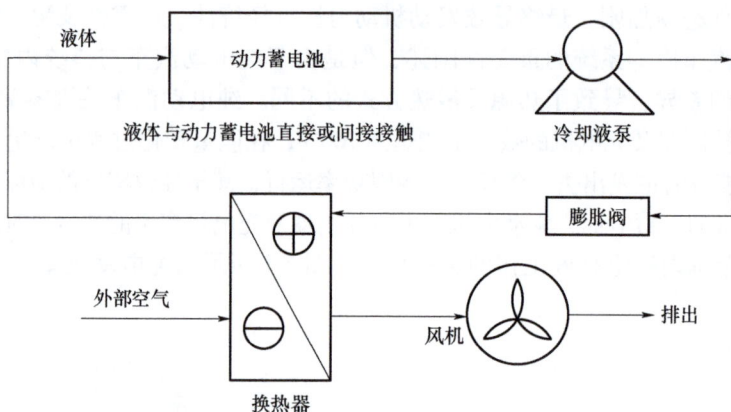

图 6-3　纯电动汽车水冷式冷却系统示意图

二、冷却系统的结构

1. 电动水泵

电动水泵作为冷却液循环的动力元件，它的作用是对流过的冷却液进行加压，使冷却液在冷却系统中循环流动，从而带走系统散发的热量，图 6-4 所示为电动水泵的实物图。

以吉利帝豪 EV450 纯电动汽车水泵为例，电动水泵安装在车身右纵梁前部下方，位于整个冷却系统较低的位置，如图 6-5 所示。

图 6-4　电动水泵的实物图

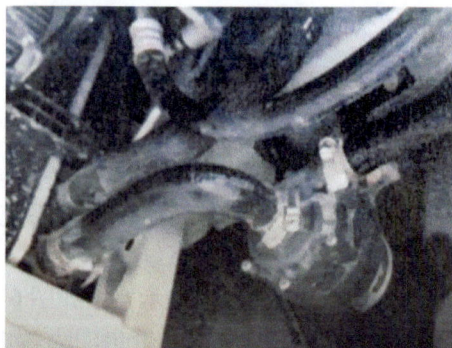

图 6-5　吉利帝豪 EV450 电动水泵安装位置图

吉利帝豪 EV450 的电动水泵采用的是永磁无刷直流电机，图 6-6 所示为电动水泵剖面图，浮动式转子与叶轮注塑成一体。电动水泵在没有冷却液的情况下绝对不能空载运行，否则将导致转子和定子的磨损，最终损坏电动水泵。

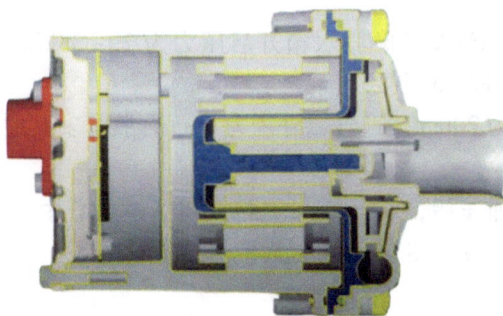

图 6-6 吉利帝豪 EV450 电动水泵剖面图

2. 电子风扇

电子风扇能够提高流经散热器、冷凝器的空气流速和流量，以增强散热器的散热能力，同时冷却其他附件，如图 6-7 所示。

电子风扇采用双风扇构架，采用半径为 R125mm、6 叶不对称结构的扇叶，采用两档调速风扇，双风扇分别由整车电源提供输入，根据驱动电机、控制器和空调压力等参数由整车控制器控制双风扇运行。电子风扇电器插接器为四线，如图 6-8 所示。

高速：两"+"接正极，两"-"接负极。低速：两"+"接正极，一"-"接负极。

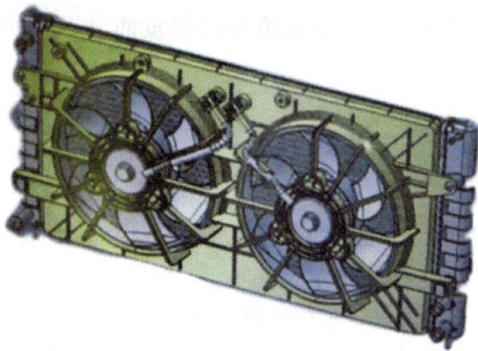

图 6-7 电子风扇

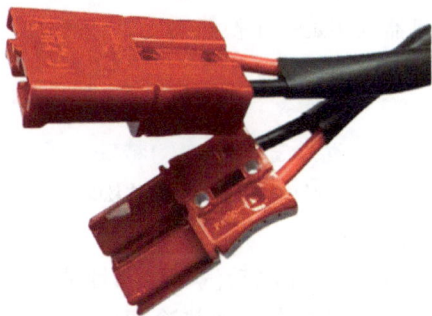

图 6-8 电子风扇电器插接器

3. 膨胀水箱

膨胀水箱也可以称为"补偿水桶"，如图 6-9 所示。当冷却液受热膨胀时，部分冷却液流入膨胀水箱；而当冷却液降温时，部分冷却液又被吸回散热器，冷却液不会溢失。膨胀水箱的作用是为冷却系统冷却液的排气、膨胀和收缩提供受压容积，补充冷却液和缓冲"热胀冷缩"的变化，同时也作为冷却液加注口。

如果发现膨胀水箱中的冷却液完全用完，就不能只在罐中加液，需要开启散热器盖检查液面并添加冷

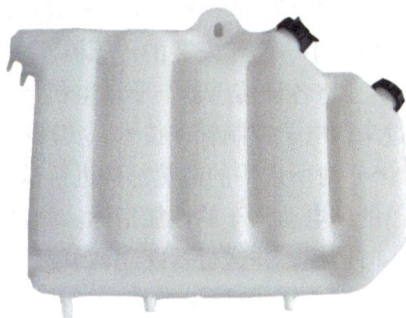

图 6-9 膨胀水箱

却液，不然膨胀水箱就失去了它原本的作用。膨胀水箱位置要高于冷却系统的所有部件，这是由于当冷却液受热膨胀至散热器盖的蒸气阀打开时，部分冷却液会随着高压蒸气通过水管进入膨胀水箱。

吉利帝豪 EV450 纯电动汽车的膨胀水箱开启压力为 29~35kPa，膨胀水箱采用 PP 材料，结构设计满足爆破压力 ≥200kPa 的要求。

膨胀水箱补水端外径为 20mm，逸气端外径为 8mm，胶管安装时插接到底。

4. 散热器

冷却液经过电动水泵加压后，流经冷却管路，到达散热器中。散热器主要由进水室、出水室和散热器芯等三部分组成，图 6-10 所示为散热器实物图。

图 6-10　散热器实物图

热的冷却液由于向空气散热而变冷，冷空气则因为吸收冷却液散出的热量而升温，所以散热器其实是一个换热器。

三、冷却系统常见故障及解决方案

1. 电动冷却系统中的特殊问题

1）针对纯电动汽车的结构特点、车内主要热源的散热方式，应按照要求选取合适的冷却方式。

2）分析纯电动汽车冷却性能的影响因素和特点，分析纯电动汽车各总成的结构参数和布置方式对车辆散热冷却性能的影响，结合相应的实验，对散热器进行设计计算与布置。应使关键性能部件的设计水平达到集成化，部件结构实现模块化，重要部件形成系列化。

3）确定温度、水泵压力及流量、风扇转速等传感器的性能参数，选择或设计加工出性能好、体积小、易于安装的传感器。

4）将各种传感器与驱动电机制成一个整体，研究合理的安装位置。实现实时工况管理，通过车辆电子控制管理技术，实现冷却系统全工况的优化运行。

5）对所选用的散热部件进行试验，根据试验数据来修正有关设计、控制参数，以满足所提出的纯电动汽车的性能指标。测试技术应能根据车辆的实际运行情况实现系统及重要部件的实时监控，并进行智能化调节。

2. 冷却系统常见故障

冷却系统常见故障现象、故障原因及解决方案见表 6-1。

表 6-1　冷却系统常见故障现象、故障原因及解决方案

故障现象	故障部位	故障原因	解决方案
驱动电机或电机控制器过热	冷却液缺少	冷却液缺少，未按维护手册添加冷却液	溢水罐处添加冷却液
	冷却液泄漏	环箍破坏，水管接口处冷却液泄漏	更换全新环箍，留存故障件
		水管破坏，水管本身冷却液泄漏	更换全新环箍，留存故障件
		散热器芯体破坏，芯体处冷却液渗漏	更换散热器芯体，留存故障件
		散热器水室开裂，水室外侧冷却液泄漏	更换散热器芯体，留存故障件
		散热器水室与芯体压装不良，接缝处渗漏	更换散热器芯体，留存故障件
		散热器放水堵塞丢失，放水孔处渗漏	更换散热器放水堵塞
	电动水泵	冷却液有杂质，导致电动水泵堵转	更换系统冷却液
		电动水泵破损，泵盖/密封圈/泵轮破坏	更换电动水泵，留存故障件
		整车线束故障，虚接/短路/断路等故障	查找线束故障，依据线束维修手册处理
	散热器风扇	整车线束故障，虚接/短路/断路等故障	查找线束故障，依据线束维修手册处理
		扇叶破损/断裂，扇叶不工作	更换扇叶，留存故障件
		驱动电机/电机控制器温度传感器故障，风扇不工作	查找驱动电机/电机控制器故障，依据维修手册处理
	散热器	芯体老化，芯管堵塞	更换散热器
		散热带倒伏，影响进风量	更换散热器
		水室堵塞，影响冷却液循环	更换散热器
	前杠中网或下格栅	进风口堵塞	查找进风口故障，依据相应维修手册处理

【实训工单】

班级		实训场地	
姓名		实训日期	
学号		学时	
实训任务	冷却系统检修		
任务要求	1）能对冷却系统故障诊断检修 2）能规范使用冷却系统检修工具		
实训设备	吉利帝豪 EV450 或比亚迪秦 EV 纯电动汽车 4 辆，故障诊断仪 4 个，示波器 4 个，车间防护用具 4 套，个人防护用具 4 套，绝缘工具 4 套，常用检测设备 4 套，故障检测线 4 盒，通用拆装工具 4 套		
资讯	见项目六内容		

（续）

计划与决策	1. 角色分工： 小组编号：_____组长：_____操作员：_____ 安全员：_____辅助员：_____其他：_____ 2. 制订方案： _____ _____ _____ _____ _____
任务实施	1）写出水泵的工作原理 _____ _____ _____ 2）写出双速电子风扇的检测流程 _____ _____ _____ _____ _____ _____ 3）写出冷却液温度传感器显示冷却液温度过高故障的检测流程 _____ _____ _____ _____
评估	自我评价：□不合格　□合格　　□良好　□优秀 说明：_____ 小组评价：□不合格　□合格　　□良好　□优秀 说明：_____ 教师评价：□不合格　□合格　　□良好　□优秀 说明：_____

【学习小结】

1. 本任务主要介绍了冷却系统的组成、工作原理和检修。
2. 纯电动汽车冷却系统一般由散热器、水泵、风扇、储液罐和温度调节装置等组成。

3. 目前，纯电动汽车的动力蓄电池冷却系统可以分为风冷和水冷两种方式。部分车辆还在其动力蓄电池上设计了热管理系统。电动冷却系统中会碰到一些特殊问题，需要针对纯电动汽车的结构特点、车内主要热源的散热方式，按照要求选取合适的冷却方式。

4. 纯电动汽车关键零部件动力蓄电池、驱动电机、电机控制器及充电机的效率不能达到100%，在能量转化过程中产生大量的热量，这些产生的热量如果不能及时散发出去，将导致车辆限功率运行，甚至导致零件的损坏。所以，冷却系统是纯电动汽车将动力蓄电池、驱动电机、电机控制器及充电机产生的热量及时散发出去，保证其在要求的温度范围内稳定高效工作的关键部分。

5. 电动冷却系统中会碰到一些特殊问题，需要针对纯电动汽车的结构特点、车内主要热源的散热方式，按照要求选取合适的冷却方式。

【知识巩固】

一、名词解释

1. 强制水冷
2. 膨胀水箱

二、选择题

1. 冷却液加注口一般在（　　　）。
A. 散热器　　　　　　B. 膨胀水箱　　　　　C. 水泵
2. 冷却液温度表移到红色标记区 H（Hot），那么表示（　　　）过热，需立刻停车冷却。
A. 蓄电池　　　　　　B. 起动机　　　　　　C. 驱动电机

三、简答题

1. 纯电动汽车需要冷却的部件有哪些？
2. 电动水泵常见的故障有哪些？
3. 散热器常见的故障有哪些？

任务二　电动空调系统检修

【任务描述】

随着人们对乘车舒适度的要求越来越高，汽车空调在汽车上的应用越来越广泛，与此同时，空调的功能也越来越多。空调可以将车内空间的环境调整到对人体最适宜的状态，创造良好的劳动条件和工作环境，以提高驾驶人的劳动生产率和行车安全。本任务主要讲述纯电动汽车空调系统的组成、原理与检修。

知识目标	技能目标	素养目标
1. 了解电动空调系统的功用、组成及类型 2. 了解空调制冷循环系统、供暖系统、配气系统及控制系统的工作原理 3. 了解电动空调系统常见故障	1. 能够根据不同汽车状况进行电动空调故障诊断 2. 能够根据不同汽车电动空调故障状况准备不同的维修工具	1. 培养学生在纯电动汽车维修工作中的严谨性 2. 注重纯电动汽车维修工作过程中的操作规范，具备一定责任意识

【理论知识】

一、电动空调系统的概述

1. 纯电动汽车的热源

汽车空调是汽车室内空气调节的简称，用以调节车内的温度、湿度、气流速度和空气洁净度等空气参数，为乘员提供清新舒适的车内环境。

汽车空调系统主要由制冷系统、送风系统和供暖系统三部分组成。图 6-11 所示为电动汽车空调系统的主要部件结构图。

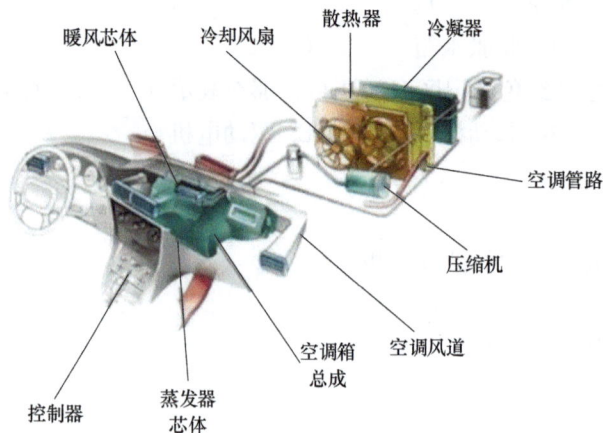

图 6-11　电动汽车空调系统的主要部件结构图

2. 制冷系统

纯电动汽车的空调制冷系统主要由电动压缩机、冷凝器、膨胀阀、蒸发器及管路组成，如图 6-12 所示。

1）电动压缩机。由于没有发动机给压缩机提供动力，纯电动汽车的压缩机与传统汽车的压缩机不同，采用了电动压缩机，如图 6-13 所示。

电动压缩机主要由压缩机本体、驱动控制器、高低压插接器等部分组成。电动压缩机的驱动控制器将高压直流电转换成三相交流电而驱动电动压缩机。电动压缩机上布置有高压插头和低压插头，压缩机本体上有制冷剂循环的进出管路。

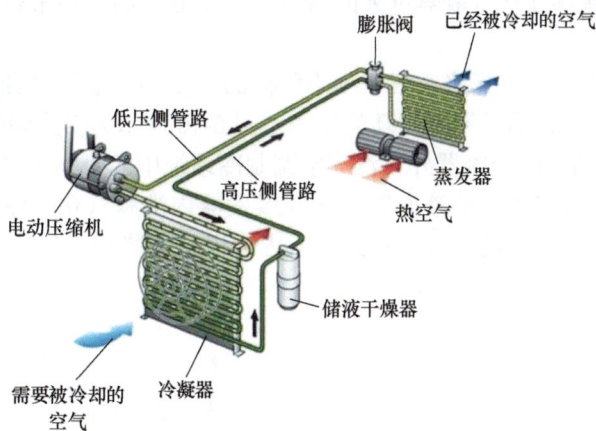

图6-12　膨胀阀式空调制冷系统的组成

涡旋式压缩机是电动汽车常用的电动压缩机，它包括两个相互啮合的涡盘，一个称为定涡盘，另一个称为动涡盘，它们两者的线形是相同的，但安装时相互错开180°，即相位角相差180°，如图6-14所示。

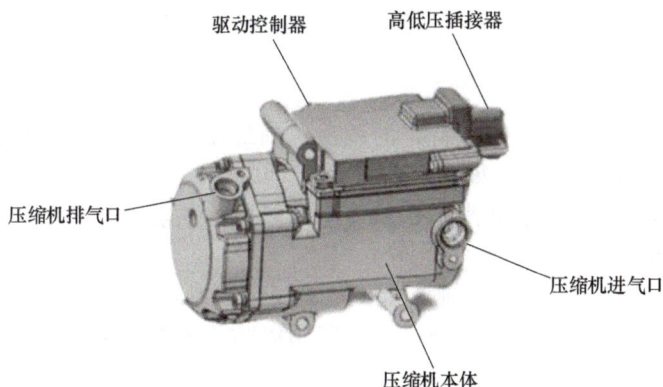

图6-13　电动压缩机的三维建模图

图6-14　定涡盘和动涡盘

在吸气、压缩和排气的工作过程中，定涡盘固定在机架上，动涡盘由偏心轴驱动并由防自转机构制约，围绕定涡盘基圆中心，进行很小半径的平面转动。气体通过空气滤芯吸入定涡盘的外围，随着偏心轴的旋转，气体在动定涡盘啮合所组成的若干个月牙形压缩腔内被逐步压缩，然后由定涡盘中心部件的轴向孔连续排出。

2）冷凝器是对压缩机排出的高温、高压制冷剂蒸气进行冷却，使之凝结成低温、高压液体的换热器。其中，制冷剂蒸气放出的热量排到大气中。图6-15所示为两种常见的冷凝器（管带式、平行流式）结构示意图。

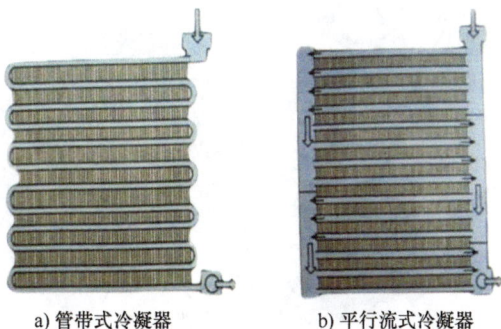

a) 管带式冷凝器　　　b) 平行流式冷凝器

图6-15　两种常见的冷凝器结构示意图

3）膨胀阀有以下两个作用：

① 节流降压。膨胀阀使从冷凝器过来的高温、高压液体制冷剂节流降压成容易蒸发的低温、低压雾状制冷剂。

② 自动调节制冷剂流量。膨胀阀根据制冷负荷的改变和压缩机转速的变化，自动调节制冷剂进入蒸发器的流量，以满足制冷循环的需要。图 6-16 所示为膨胀阀的外观图。

4）蒸发器。蒸发器是除冷凝器外，汽车空调制冷系统中的另一个换热器，其作用与冷凝器相反，它是将经过节流降压后的液态制冷剂在蒸发器内沸腾汽化，吸收蒸发器表面周围空气的热量而使之降温，通过风机将冷风吹到车室内，以达到降温的目的。图 6-17 所示为蒸发器的外观图。

图 6-16　膨胀阀的外观图

图 6-17　蒸发器的外观图

3. 送风系统

送风系统的作用是将经过冷却或加热的空气通过特定的风道送到驾驶室内。空调送风系统主要由鼓风机、风道、吸入口和出风口等组成，如图 6-18 所示。

传统汽车是以发动机作为热源的，然而纯电动汽车是依靠电加热器的热能来供热的，其热源为 PTC 加热电阻，其实物图如图 6-19 所示。

PTC 加热电阻由两组电热阻丝并联组成，单独控制，如图 6-20 所示。其中，温度传感器用以检测加热电阻的温度，控制加热电阻的导通和切断；熔断器用以防止加热电阻失控，防止发生火灾。

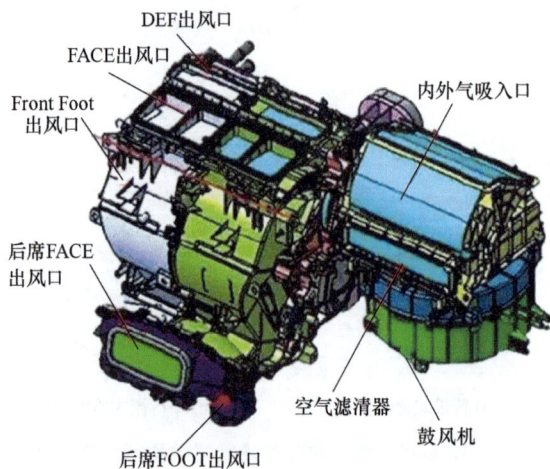

图 6-18　空调送风系统

图 6-19　PTC 加热电阻实物图

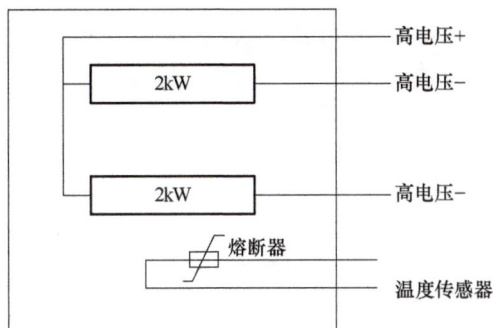

图 6-20 PTC 加热电阻工作结构示意图

4. 空调系统制冷工作原理

空调系统制冷工作原理图如图 6-21 所示，由空调驱动器驱动的电动压缩机将气态的制冷剂从蒸发器中抽出，并将其压入冷凝器。高压气态制冷剂经冷凝器时液化而进行热交换（释放热量），热量被车外的空气带走。高压液态的制冷剂经膨胀阀的节流作用而降压，低压液态制冷剂在蒸发器中汽化而进行热交换（吸收热量），蒸发器附近被冷却了的空气通过鼓风机吹入车厢。气态的制冷剂又被压缩机抽走，泵入冷凝器，如此使制冷剂进行封闭的循环流动，不断地将车厢内的热量排到车外，使车厢内的气温降至适宜的温度。

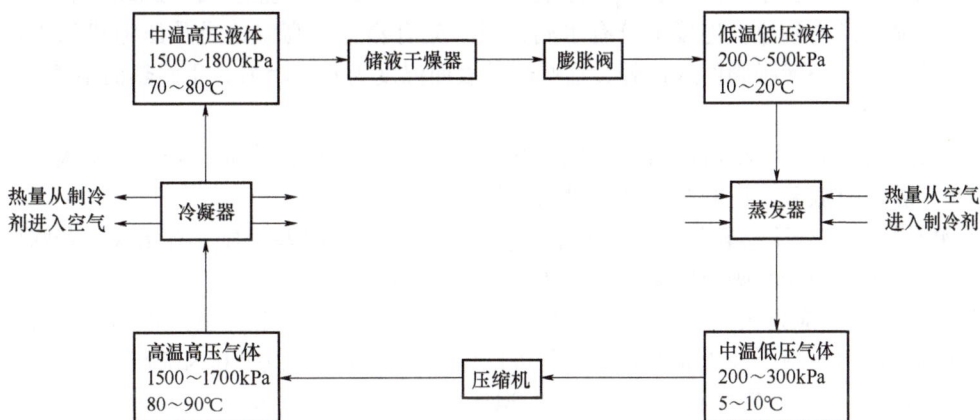

图 6-21 空调系统制冷工作原理图

5. 空调系统制热工作原理

供暖系统采用水暖式制热，如图 6-22 所示，EV 模式时通过 PTC 模块加热冷却液制热。供暖系统主要由 PTC、暖风电动水泵、换热器（蒸发器）、暖风水管及鼓风机、风道及控制机构等组成。EV 模式工作时 PTC 加热冷却液，并通过暖风电动水泵把加热后的冷却液经暖风进水管进入换热器，通过鼓风机吹出的空气将冷却液散发出的热量送到车厢内或风窗玻璃，用以提高车厢内温度和除霜。在换热器中进行了散热过程的冷却液经暖风出水管被暖风电动水泵抽回，如此循环，实现暖风供热。

二、空调制冷系统的检修

1. 空调制冷基本检查

（1）打开空调 起动汽车，打开空调开关，调整开关至制冷位置。

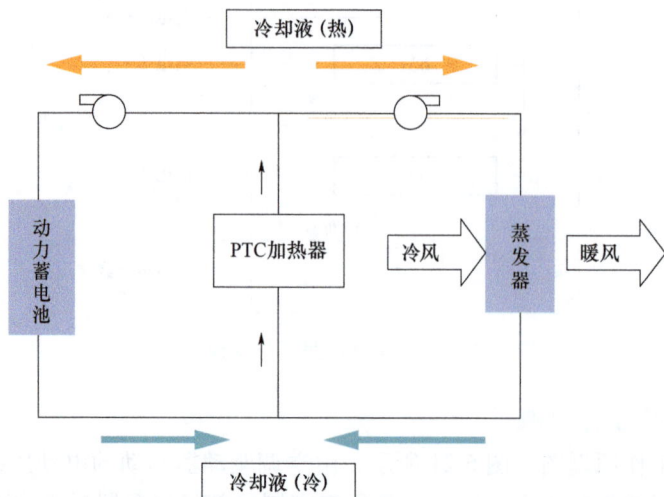

图 6-22　空调系统制热工作原理图

（2）空调制冷系统工况检查　汽车空调制冷系统基本检查：启动制冷系统 15min 后，用手触摸空调系统管路及各部件，感受其温度，正常情况下检查系统主要零部件温度，低压管路呈低温状态，高压管路呈高温状态。低温区是从膨胀阀出口→蒸发器→压缩机，这些部件表面应该由凉到冷再到凉，连接部分有水滴，但不应有霜冻。高温区是从压缩机的出口→冷凝器→储液干燥器→膨胀阀的入口处，这些部件表面温度为 40~65℃，手感热而不烫。

具体情况如下：

1）压缩机进口处手感冰凉，出口处手感较热，进、出口温差明显。若温差不大，说明制冷剂不足；若没有温差，说明制冷剂有泄漏。

2）膨胀阀进口处手感较热，出口处手感冰凉，进、出口温差明显，有水滴。若膨胀阀处有霜冻现象，则说明膨胀阀阀口堵塞，可能是脏堵或冰堵。

3）储液干燥器应是热的，表面无水滴，进、出口温度相等。如果其表面出现水滴，则可能是干燥剂破碎堵住制冷剂流通的管路；若进口热，出口冷，也说明其内部堵塞。

4）冷凝器进、出口管应有温差，出口管温度应低于进口处温度。

（3）观察视液窗　观察视液窗，判断制冷剂量，具体情况如下：

1）视液窗清晰，孔内偶有气泡。可能有三种情况：一是系统内无制冷剂，二是制冷剂过量，三是制冷剂适量。

① 看不见液体流动，用手触摸压缩机进、排气口，没有冷热感觉，出风口无冷风，表示系统内无制冷剂，这时应立即关闭空调。

② 看见液体快速流动，用手触摸压缩机进、排气口，高压侧有烫手感，低压侧有冰霜，表示制冷剂过量。

③ 看见有液体稳定的紊流，用手触摸压缩机进、排气口，高压侧热，低压侧凉，表示制冷剂适量。

2）有少量气泡，可能有两种情况：一是制冷剂不足，二是制冷系统中有水分。

① 当膨胀阀有冰堵时，则表明制冷系统中有水分。

② 当膨胀阀没有冰堵时，则说明制冷系统中制冷剂不足。这时应进行检漏并补充制冷剂。

3）有大量气泡，说明制冷剂严重不足并有大量的水分。

4）视液窗的玻璃上有条纹状的油渍或黑油状泡沫，可能有三种情况：一是冷冻润滑油过多，二是冷冻润滑油变质、脏污，三是无制冷剂。

① 若压缩机进、排气口有明显的温差，关闭空调后窗内油渍干净，则说明冷冻润滑油过多。

② 若压缩机进排、气口有明显的温差，关闭空调后窗内仍有油渍或其他杂物，则说明冷冻润滑油变质、脏污。

③ 若压缩机进、排气口无温差，空调器出风口无冷风，则说明无制冷剂，视液窗上是冷冻润滑油，应立即关闭空调。

2. 汽车空调制冷系统的在线检测

在进行制冷系统在线检测时，连接纯电动汽车专用诊断仪，并进入空调模块，读取车辆空调制冷系统相关故障码和数据流，主要根据车内温度、车外温度、蒸发器温度、压力值、压力状态、散热风扇工作状态、电动压缩机状态、电动压缩机占空比、水泵继电器状态、动力蓄电池电压、蓄电池管理系统是否允许空调高压模块功能、空调高压模块状态、电子膨胀阀、蒸发器出口制冷剂温度、蒸发器出口压力等数据判断空调制冷系统工况是否正常。

3. 汽车空调制冷系统的检漏检查

（1）制冷剂泄漏的部位 汽车空调系统工作条件比较恶劣，极易造成部件管道损坏和接头松动，使制冷剂发生泄漏。常发生制冷剂泄漏的部件有冷凝器、蒸发器、储液干燥器、制冷剂管道、压缩机，其常发生泄漏的部位见表6-2。

表6-2 汽车空调系统制冷剂常发生泄漏的部位

部件	常发生泄漏的部位
冷凝器	1）冷凝器进气管和出液管连接处 2）冷凝器盘管
蒸发器	1）蒸发器进口管和出口管连接处 2）蒸发器 3）蒸发器盘管
储液干燥器	1）易熔塞 2）管道接头喇叭口处
制冷剂管道	1）高、低压软管 2）高、低压软管各接头
压缩机	1）压缩机轴封，压缩机吸、排气阀处 2）前、后盖密封处，与制冷剂管道接头处

（2）制冷剂泄漏检测方法 汽车空调制冷系统常用的检漏方法有目测检漏法、肥皂液检漏法、染料检漏法、检漏灯检漏法、电子检漏仪检漏法、抽真空检漏法和加压检漏法等。

1）目测检漏法。用肉眼查看制冷系统各部件和制冷系统的管接头是否有润滑油渗漏痕迹，有油迹的部位就是泄漏处。

2）肥皂液检漏法。对施加了压力的制冷系统，用毛刷或棉纱蘸肥皂液涂抹在被检查部位，查看被检查部位是否有气泡产生。这种方法检漏时不受设备的限制，使用成本低，因此应用广泛，但是要求一定要细致、认真。

3）染料检漏法。把黄色或红色的染料溶液通过歧管压力表组引入空调系统，漏点周围会有染料积存。染料检漏不会影响系统的正常运行，是较理想的检漏方法。

4）检漏灯检漏法。检漏灯检漏的原理是根据卤素与吸入制冷剂燃烧后产生的火焰颜色来判断泄漏量。泄漏量少时，火焰呈浅绿色；泄漏量较多时，火焰呈蓝色；泄漏量很大时，火焰呈紫色。该方法检测精度低，已逐渐被淘汰。

5）电子检漏仪检漏法。使用电子检漏仪时应当遵照电子检漏仪制造厂家的规定。一般方法是：接通电源开关，经短时间热机后，将探头伸入检测部位，通过声音或仪表显示即可判断泄漏量。该方法使用方便、安全、灵敏度高，应用广泛。

6）抽真空检漏法。对制冷系统抽真空，真空度应达到 0.1MPa，保持 24h，真空度没有明显变化即可。这种方法只能说明制冷系统是否泄漏，而不能确定泄漏的具体部位。

7）加压检漏法。对于制冷剂全部漏光时的检漏，可以使用加压检漏法，分别将歧管压力表的高压软管和低压软管连接在压缩机的高、低压检修阀上。打开高、低压检修阀，向系统中充干燥氮气，其压力一般应为 1.5MPa 左右。系统达到规定压力后，用检漏设备进行检漏，泄漏大的地方有微小声音，检漏必须复查 3~5 次，发现渗漏处应做上记号并及时加以修复，然后再检查其他接头处，直至渗漏彻底排除。检修完毕，应试漏，让系统保压 24~48h，则检漏合格；倘若压力有显著降低，必须重新进行检漏，直至找出泄漏部位并予以排除为止。

4. 汽车空调制冷系统的压力检测

汽车空调制冷系统可以利用歧管压力表检测制冷系统高、低压侧的压力，根据压力大小分析故障原因，并判断故障部位。

（1）连接歧管压力表　按照正确的步骤取下汽车空调制冷系统高、低压管路维修接口防尘罩，并规范连接歧管压力表到指定位置。

（2）打开空调　打开空调开关，调节空调温度至最冷，并打开所有车门。

（3）再次读取压力表数值并分析　打开空调等待 10~15min 后读取压力表读数，根据读取的压力表数值分析空调制冷系统的工作状态。

通过以上检查判断出制冷系统的故障后，严格按照排空制冷剂、系统检漏、抽真空、充制冷剂的顺序对空调制冷系统进行维修。

三、空调供暖系统的检修

1. 空调供暖系统基本检查

（1）打开空调　起动汽车，打开空调开关，调整开关至制热位置。

（2）空调供暖系统工况检查

1）检测空调供暖系统各部件外观情况，如部件的外观是否有破损和漏液等情况，若有，应及时维修。

2）调节空调温度至 20℃以上，查看空调系统出风口温度是否正常升高，并观察供暖系统相关部件运转是否有噪声和振动等不正常情况。

3）调节出风模式，查看出风口是否能正常出风，并检测出风口风量是否正常。起动供暖设置后，若空调吹出风仍为冷风，则空调 PTC 不工作，需要检测 PTC，必要时更换。

4）起动供暖设置后，若空调出风口吹出的风温度异常升高或者从空调出风口嗅到塑料焦糊气味，则可能为空调 PTC 控制模块损坏、粘连、不能正常断开，需要关闭空调制热功能，整车下电后检查 PTC 加热器及 PTC 控制模块。

2. 空调供暖系统在线检测

在供暖系统在线检测时，连接纯电动汽车专用诊断仪，并进入空调模块，读取车辆空调供暖系统相关故障码和数据流，主要根据车内温度、车外温度、PTC 状态、PTC 占空比、动力蓄电池电压、蓄电池管理系统是否允许空调高压模块功能、空调高压模块状态等数据判断空调供暖系统工况是否正常。

3. 空调供暖系统检测

1）使用万用表检测 PTC 控制电压值，若不正常，需要检修空调供暖系统相关电路。

2）使用万用表检测 PTC 电阻值，若不正常需要检修空调 PTC。

纯电动汽车空调系统检修过程中的标准参数见表 6-3。

表 6-3　纯电动汽车空调系统检修过程中的标准参数

检修内容	标准值范围
空调制冷系统高压压力检测	1.3~1.5MΩ
空调制冷系统低压压力检测	0.25~0.35MΩ
电动压缩机绝缘电阻值检测	20MΩ
PTC 加热电阻值检测	80~300Ω（单极冷态电阻）
空调制冷系统出风口温度	全力制冷模式下<10℃
空调供暖系统出风口温度	全力供暖模式下>39℃

【学习小结】

1. 纯电动汽车与燃油汽车空调系统的功能相同，其主要作用是调节车内的温度、湿度、气流速度和空气洁净度等，使其在舒适的标准范围内。汽车空调系统主要由制冷系统、送风系统、供暖系统三部分组成。本任务以吉利帝豪 EV450 为例介绍纯电动汽车空调系统的组成原理和检修。

2. 纯电动汽车的空调制冷系统主要由电动压缩机、冷凝器、膨胀阀、蒸发器及管路组成。

3. 吉利帝豪 EV450 采用的是 PTC 加热器的方式进行供热。PTC 控制器根据环境温度、PTC 加热器温度、空调温度调节旋钮及动力蓄电池电压等控制 PTC 加热器中两个电热芯的通断。

4. 吉利帝豪 EV450 纯电动汽车空调控制系统的电动压缩机作为高速旋转的工作部件，常见的故障有异响、泄漏及不工作等。

5. 冷凝器的常见故障是外部堵塞、损坏泄漏。鼓风机不正常工作的故障现象有噪声、出风口风速偏小、无风吹出或空调不工作。

【知识巩固】

一、名词解释

1. 汽车空调

2. 蒸发器

二、选择题

1. 纯电动汽车上的 PTC 是指（　　　）。

A. 制冷系统　　　　　B. 空调系统　　　　　C. 热敏电阻加热器

2. 空调制冷系统制冷剂低温区是从（　　　）。

A. 膨胀阀出口→蒸发器→压缩机

B. 蒸发器→膨胀阀出口→压缩机

C. 膨胀阀出口→压缩机→蒸发器

三、简答题

1. 请简述纯电动汽车空调系统的组成。

2. 请简述纯电动汽车空调制冷系统的主要组成。

3. 请简述涡旋式压缩机的组成及工作原理。

任务三　其他辅助系统维护

【任务描述】

　　电气线束的维护、灯光照明系统的维护以及电动刮水器及电动洗涤器的维护对汽车行驶的安全性和人们乘车的舒适性会有非常大的影响，所以，对于其他电气系统的维护也是必不可少的。本任务主要讲述纯电动汽车其他电气系统的维护。

【学习目标】

知识目标	技能目标	素养目标
1. 掌握电气线束维护的内容 2. 掌握灯光照明系统的维护内容 3. 掌握电动刮水器及电动洗涤器的维护内容	1. 能够根据不同汽车状况进行电气系统故障诊断 2. 能够根据不同汽车电气系统故障状况准备不同的维修工具	1. 培养学生在纯电动汽车维修工作中的严谨性 2. 注重纯电动汽车维修工作过程中的操作规范，具备一定责任意识

【理论知识】

一、电气线束的维护

1. 电气线束维护的重要性

汽车线束一般每 4 万 km 维护一次，线束需要用线束保护剂进行维护。线束保护剂可以防止潮湿和氧化，而且保护剂还具有绝缘和耐高压等性能，可以防止线束开裂、老化。

汽车线束是汽车电路的网络主体，没有线束就没有汽车电路。线束是指由铜冲压接触端子（插接器）和电线电缆制成，然后在外部增加塑料压制绝缘体或金属外壳，由线束捆绑形成连接电路的部件。在功能上，汽车线束有承载驱动执行器动力的电源线和传输传感器输入指令的信号线两种。随着人们对舒适性、经济性和安全性要求的不断提高，汽车上的电子产品种类也在不断增加，汽车线束也越来越复杂，其线束的故障率也相应增加。汽车线束很多，电控系统与线束关系密切。有人曾经做过一个形象的比喻：如果把微型计算机、传感器、执行器的功能与人体比较，可以说微型计算机相当于人的大脑，传感器相当于感觉器官，执行器相当于运动器官，那么线束就是神经和血管。汽车线束是汽车电路的网络主体，它连接汽车的电气、电子元件，并使其发挥作用。没有线束，就没有汽车电路。目前，无论是高级豪华车还是经济型普通车，线束的形式基本相同，都是由电线、插接器和包装带组成的。电气线束既要保证电信号的传输，又要保证连接电路的可靠性，给电子电气元件提供规定的电流值，防止对周围电路的电磁干扰，消除电气短路。

2. 电气线束的维护

（1）低压线束的检查　检查低压线束是否布置整齐、捆扎成束，固定卡钉是否卡紧；检查插头连接是否牢固；检查低压线束插接器的外观有无破损、腐蚀等现象；穿越孔洞的线束若装有绝缘防磨套管，应检查其是否固定可靠。

（2）低压电气熔断器的检查　检查熔断器外观盒体是否有开裂、磨损、腐蚀和老化等现象，检查熔断器外部插接器与车身线束插接器插接是否牢固可靠，检查熔断器盖锁扣是否有效锁紧，检查熔断器与车身固定点是否固定可靠。

（3）高压线束的检查

1）底盘线束离地面高度是否在安全范围内，或设有相应的走线槽，以避免线束的刮蹭。

2）线束及保护波纹管外观是否存在破损和老化等现象，插接器是否有腐蚀现象。

3）各插接器连接是否牢固，其护套是否完好且无损。

4）高压插接器的锁止及互锁机构是否完好。

5）线束固定卡钉是否完好。

6）高压线束与运动件之间是否存在刮蹭的现象。

二、灯光照明系统的维护

1）为保持前照灯的密封性，防止潮气侵入，要求配光镜和反射镜之间的密封圈应完好，若有损坏应及时更换，且不可随便拆下灯玻璃。

2）反射镜应清洁，若有灰尘，可用棉花蘸热水轻轻地清洗，不要擦拭。反射镜表面有一层透明保护膜，清洁时千万不要破坏它；反射镜清洗后应晾干再装复，并注意安装位置。

3）灯的搭铁应良好。如果前照灯架与车架搭铁不良，或灯头与灯架搭铁不良，或灯泡与灯头搭铁不良，都会导致灯不亮或发光较弱。

4）换用真空灯时，应注意接线正确。真空灯有3个插脚，可透过灯罩看见两股灯丝，粗灯丝为远光，细灯丝为近光，两根灯丝共同连接的灯脚为搭铁极。如果装错，灯将不能正常发光。

5）不能用白炽灯泡代替卤素灯泡；在灯泡亮时和刚熄灭后，因灯泡温度很高，不能直接用手旋转灯泡。在接通电源的情况下，不能更换灯泡或使用器具清扫灯泡。

6）由于灯的玻璃表面污垢对灯性能有影响，所以不宜直接用手或戴不清洁的手套触摸灯泡表面。

7）应根据标志安装前照灯，不得倾斜侧置。

8）更换灯泡时，应首先断开电源；接线时应注意远近光的引脚位置。

三、电动刮水器及电动洗涤器的维护

1. 电动刮水器（以下简称刮水器）的维护

刮水器推荐维护周期为 6 个月，其维护项目如下：

1）检查刮水器电动机的固定及各传动杆的连接情况，若有松动，应予以拧紧。

2）检查橡胶刮水片与玻璃的贴附情况。定期检查刮水片状况，橡胶刮水片应无老化、抖动、磨损、破裂及其他损伤现象，否则应予以更换。

3）打开刮水器开关，刮水器摇臂应摆动正常。转换刮水器开关的档位，刮水器电动机应以相应的转速工作，否则应检查刮水器电动机与电路。

4）检查后，在各运动铰链处滴注 2~3 滴机油或涂抹润滑脂，并再次打开刮水器开关，使刮水器摇臂摆动，待机油或润滑脂浸到各工作面后擦净多余的机油或润滑脂。

5）更换刮水片时，务必遵循成对原则，因为这有利于实现刮水片的同步磨损和保证视野清晰度的一致性。在维护前风窗玻璃刮水器时，切不可忽略汽车的尾部刮水器。

6）更换刮水片后，首先确认刮水器储液罐中的清洗液是否足量，然后通过打开刮水器来检验新刮水片的刮拭性能。试验时，风窗玻璃应该先用水润湿，否则将会刮伤玻璃，损伤刮水器，或烧坏电动机。

7）当接通刮水器开关，电动机有"嗡嗡"声但转不动时，一般是因传动部位有锈蚀所致，应立即切断开关，否则将会使电动机烧坏。

8）风窗玻璃和刮水片上的杂物会降低刮水器的效用。如果刮水片工作不正常，可用较好的洗涤剂或中性洗涤剂将前风窗玻璃和刮水片擦干净后再用水彻底冲洗。禁止用溶液、汽油、煤油或油漆稀释剂清洗，否则会损坏刮水片和油漆表面。

9）在冬季，当使用刮水器时，若发现刮水片被冻结或被雪团卡住，应立即关闭开关，清除冰块和雪团后才可继续使用；否则，会因刮水片阻力过大而烧坏刮水器电动机。

2. 电动洗涤器（以下简称洗涤器）的维护

1）检查洗涤器系统的管路连接情况。若有脱落或松动，应将其安装并固定好；塑料管路若有老化、折断或破裂，应予以更换。

2）检查洗涤器喷嘴，脏污时可用干净的毛刷清洗；按动喷液开关，喷嘴应将清洗液喷射到风窗玻璃上的适当位置，否则应对洗涤器喷嘴的喷射角度和方向进行调整，或对喷射部分及电路部分进行检修。

3）清洗液应按原车要求选用，若使用普通洗涤剂、清洁剂配制的清洗液，在进入冬季时，应予以清除，以防冻裂储液罐和塑料管路。进入冬季时，必须使用具有足够防冻性能的前风窗玻璃清洗液，可添加甲醇、异丙醇、甘醇等防冻剂，以免冻裂储液罐和塑料管路。

4）要经常检查和补充清洗液，确保前风窗玻璃清洗液液面合适，并按使用手册规定加注合适的清洗液。清洗液应按原车要求选用，禁止用自来水。自来水中的矿物质会堵塞前风窗玻璃洗涤器管路。

5）为了刮洗油、蜡等污物，也可在水中添加少量的去污剂和防锈剂，但不应使用强效洗涤剂，以免导致风窗密封条和刮水片胶条变质，或导致车身喷漆变色，或储液罐、喷嘴等塑料件开裂等。

6）使用洗涤器时，应注意先开动洗涤泵，润湿玻璃后再接通刮水器。洗涤器连续工作时间不能过长，每次接通时间不超过 5s，两次间歇时间为 10s 以上。储液罐内无清洗液时不得接通洗涤器，以防损坏电动机。

知识拓展

华为问界新 M7 加入了鸿蒙智能座舱3.0，超级桌面可以将手机应用便利地移植到车载端，实现平滑切换观看影视和游戏内容，手机拍摄的航拍视频，也可以直接播放在车载屏幕上，全家人在车中都可以一起观景。

华为小艺智能语音助手，在信号不好时仍可离线导航，还可以通过语音控制拍照分享，甚至直接在车上支持支付功能，无须下车，提升了驾驶便利性。后排的 HUAWEI MagLinkTM 技术，支持智能平板随意链接车载系统，智能座舱一扫即可快速变换为个人工作室、多人视频会议室、儿童学习室等不同场景，实现"移动的全屋智能"功能，给乘车带来更丰富的体验。

【学习小结】

1. 随着人们对舒适性、经济性和安全性要求的不断提高，汽车上的电子产品种类也在不断增加，汽车线束也越来越复杂，其线束的故障率也相应增加。汽车线束是汽车电路的网络主体，它连接汽车的电气、电子元件并使其发挥作用。

2. 汽车线束一般每 4 万 km 维护一次，线束需要用线束保护剂进行维护。

3. 进行电气线束维护时包括低压线束的检查和高压线束的检查两部分。

4. 更换灯泡时，由于灯的玻璃表面污垢对灯性能有影响，所以不宜直接用手或戴不清洁的手套触摸灯泡表面。

5. 在进行刮水器和洗涤器维护时，要先检查是否有松动、老化、折断或破裂情况，然后进行其他维护内容。

【知识巩固】

一、名词解释

汽车线束

二、简答题

1. 请简述汽车线束的功能。

2. 高压线束如何进行检查？

附 录

2020 款比亚迪秦 PRO EV 电路图

2020款比亚迪秦 PRO EV 电路图如附图 1～附图 10 所示

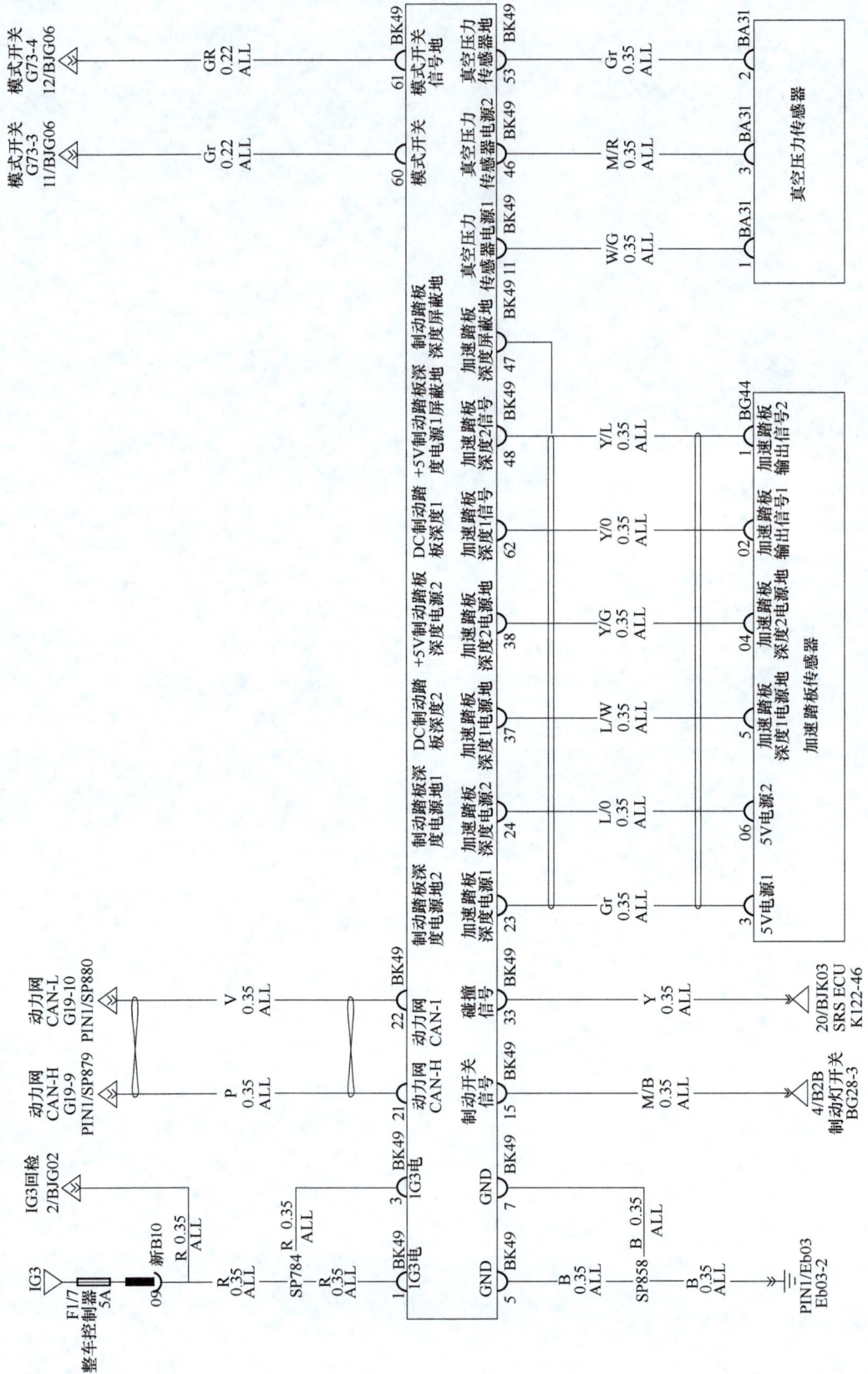

附图 1　整车控制器电路图

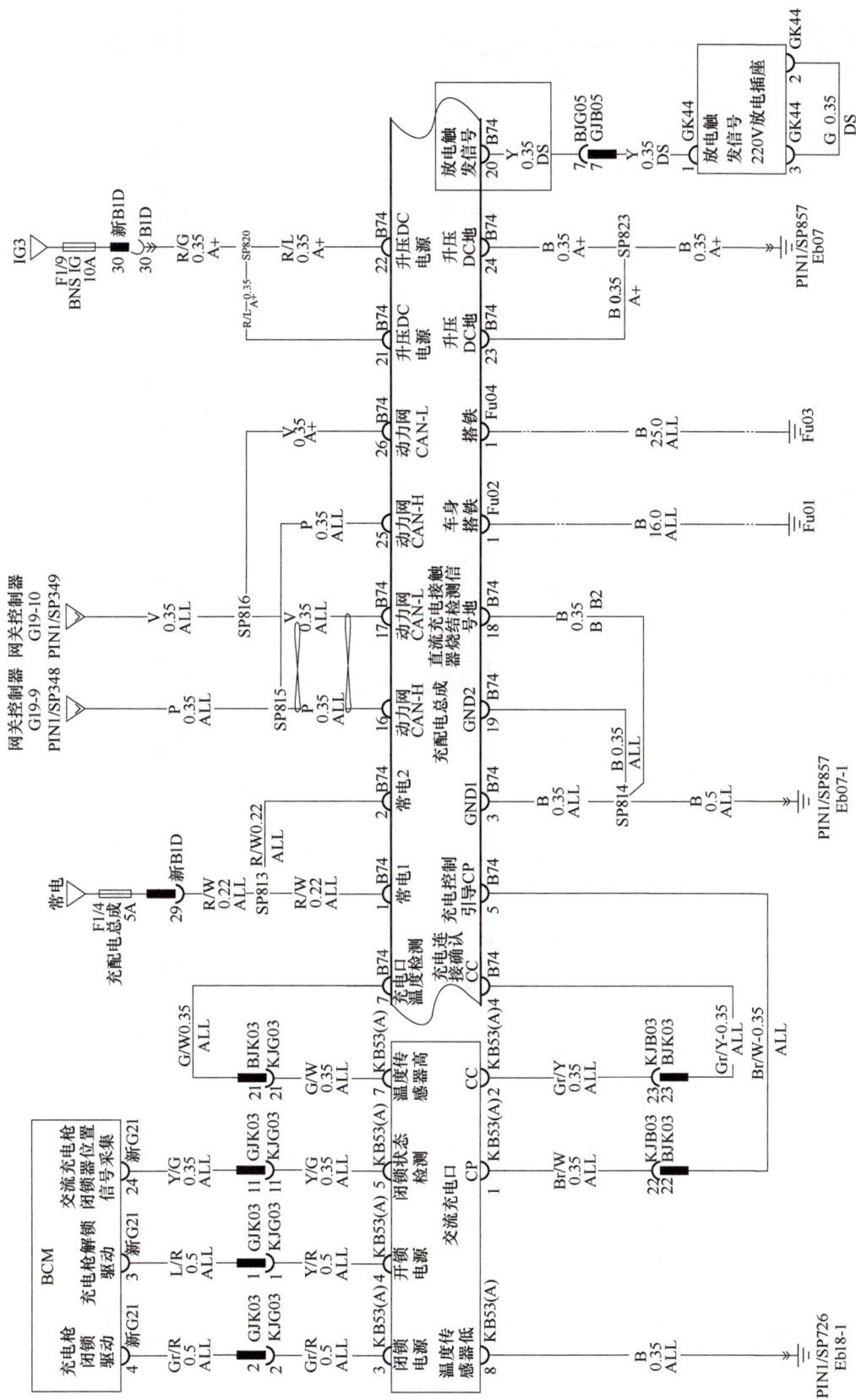

附图 2 充配电总成电路图

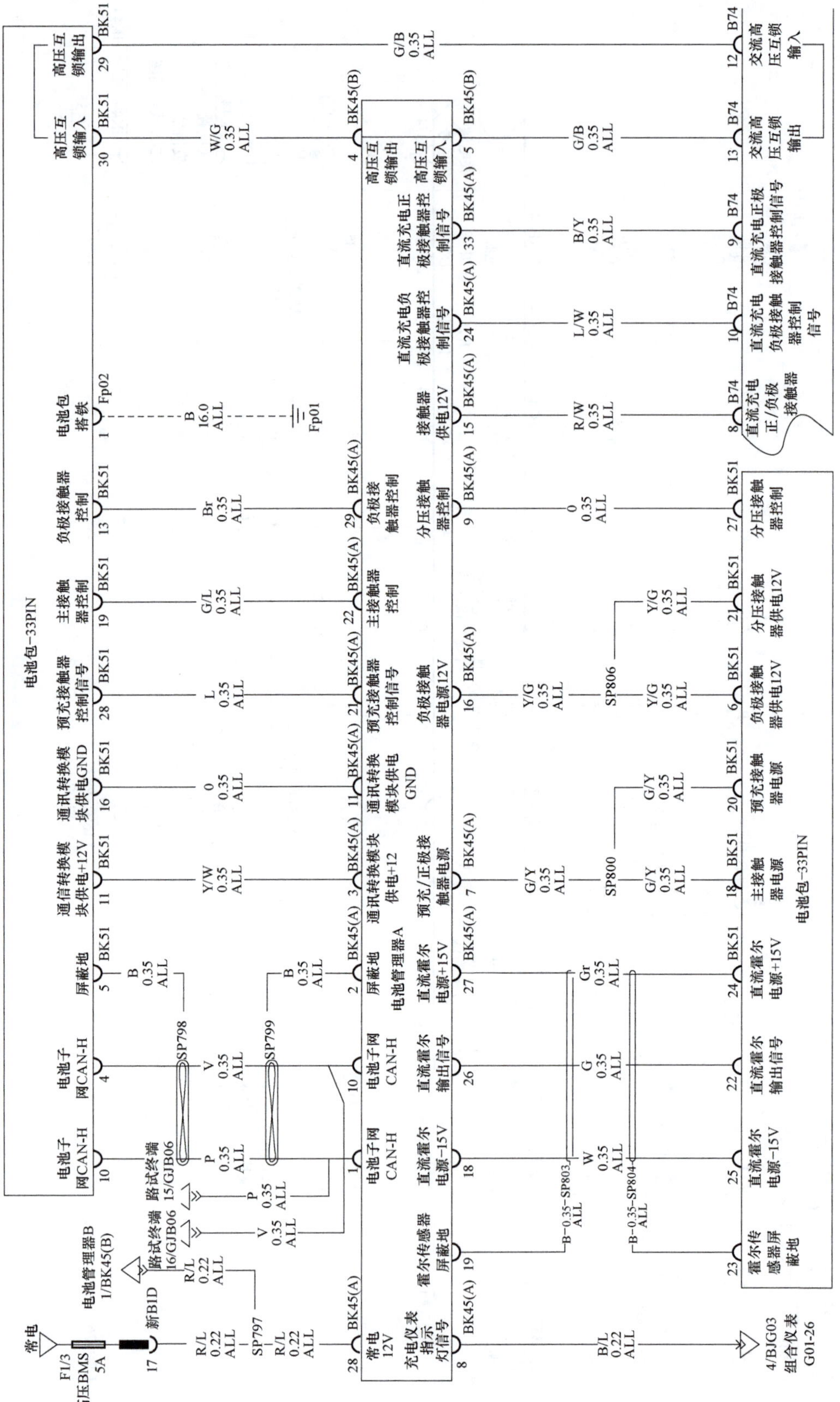

附图 3 电池管理器 A 电路图

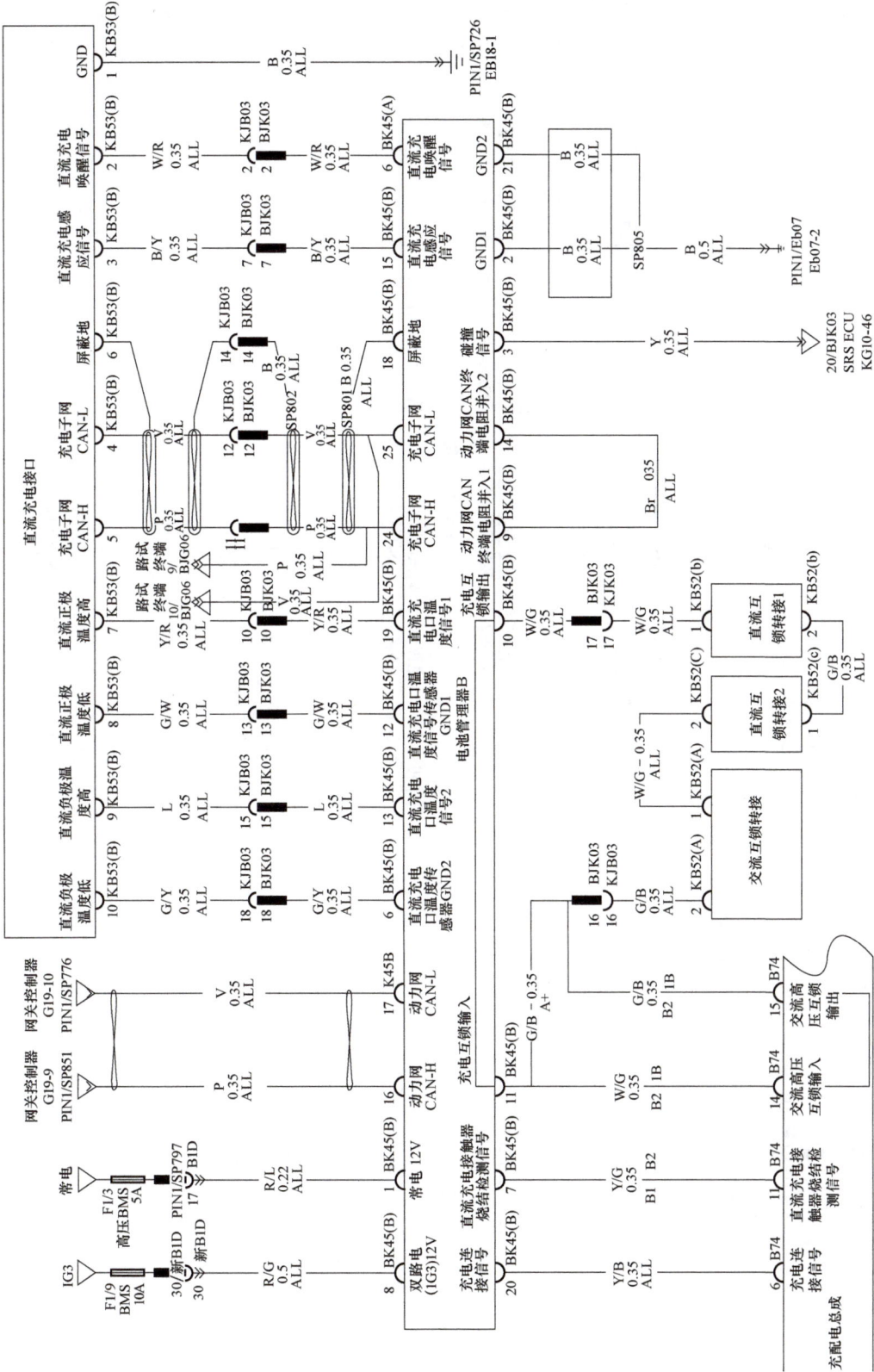

附图 4　电池管理器 B 电路图

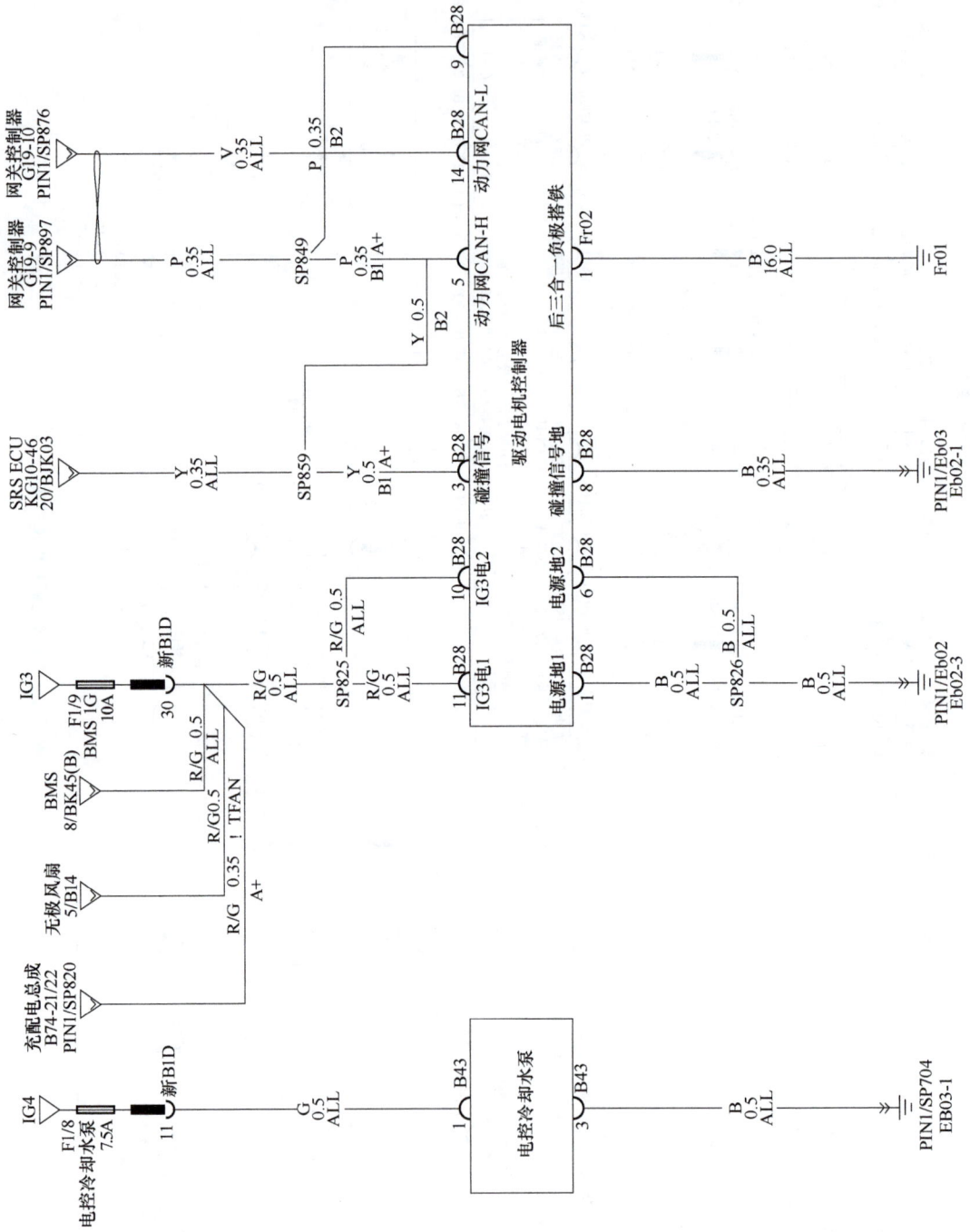

电控冷却水泵
B74-21/22
PIN1/SP820
充配电总成

无极风扇
5/B14

BMS
8/BK45(B)

IG3

IG4

F1/8
7.5A

F1/9
BMS IG
10A

电控冷却水泵

新B1D
11

新B1D
30

R/G 0.5
ALL

R/G 0.5
ALL

R/G 0.35
A+

R/G 0.5
! TFAN

G
0.5
ALL

R/G
0.5
ALL

R/G
0.5
ALL

SP825 R/G 0.5
ALL

1 B43

电控冷却水泵

3 B43

B
0.5
ALL

PIN1/SP704
EB03-1

11 B28
IG3电1

10 B28
IG3电2

1 B28
电源地1

6 B28
电源地2

3 B28
碰撞信号

8 B28
碰撞信号地

5
动力网CAN-H

14 B28
动力网CAN-L

9 B28

1 Fr02
后三合一负极搭铁

8
碰撞信号地

驱动电机控制器

B
0.5
ALL

SP826 B 0.5
ALL

B
0.5
ALL

PIN1/Eb02
Eb02-3

B
0.35
ALL

PIN1/Eb03
Eb02-1

B
16.0
ALL

Fr01

SRS ECU
KGi10-46
20/BJK03

Y
0.35
ALL

SP859

Y
0.5
B1 A+

网关控制器
G19-9
PIN1/SP897

网关控制器
G19-10
PIN1/SP876

P
0.35
ALL

SP849

P
0.35
B1 A+

Y 0.5
B2

V
0.35
ALL

P 0.35
B2

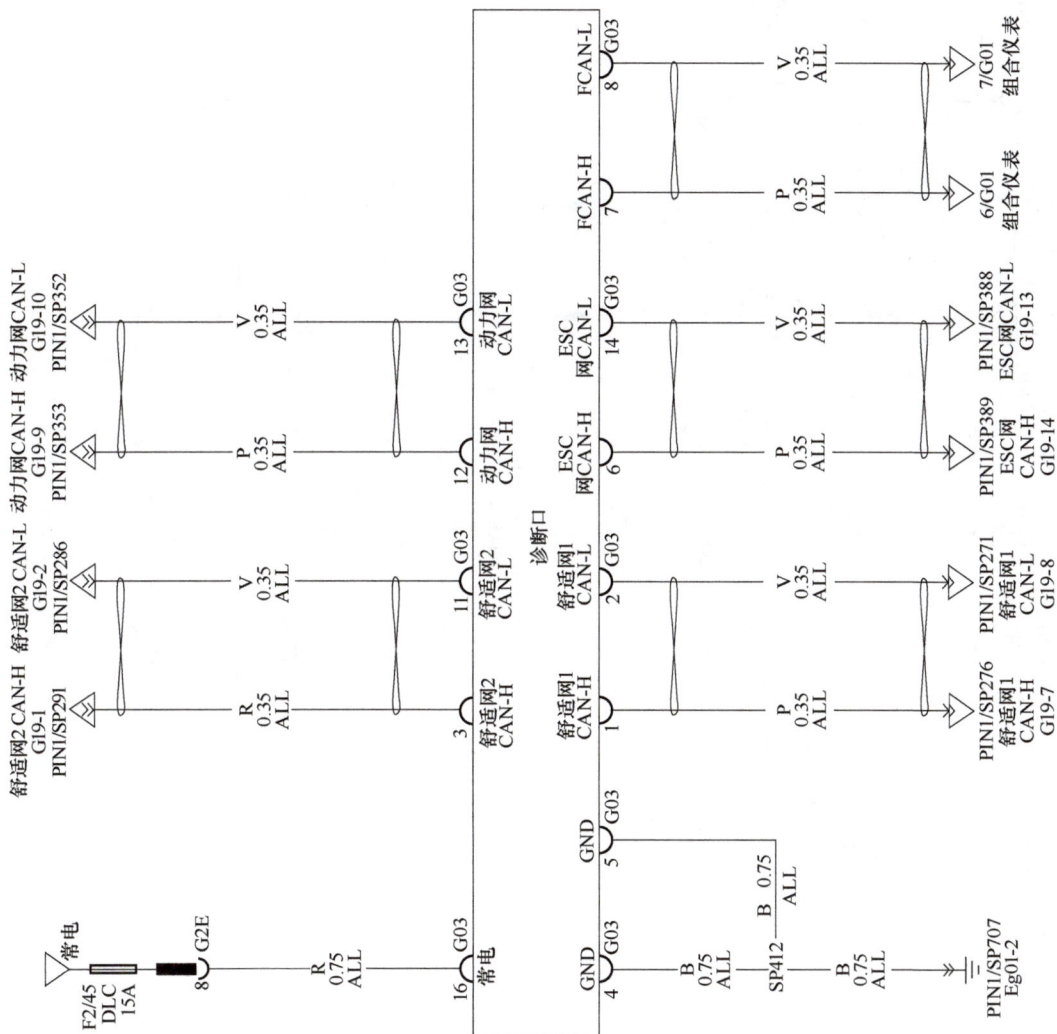

附图 6　诊断接口电路图

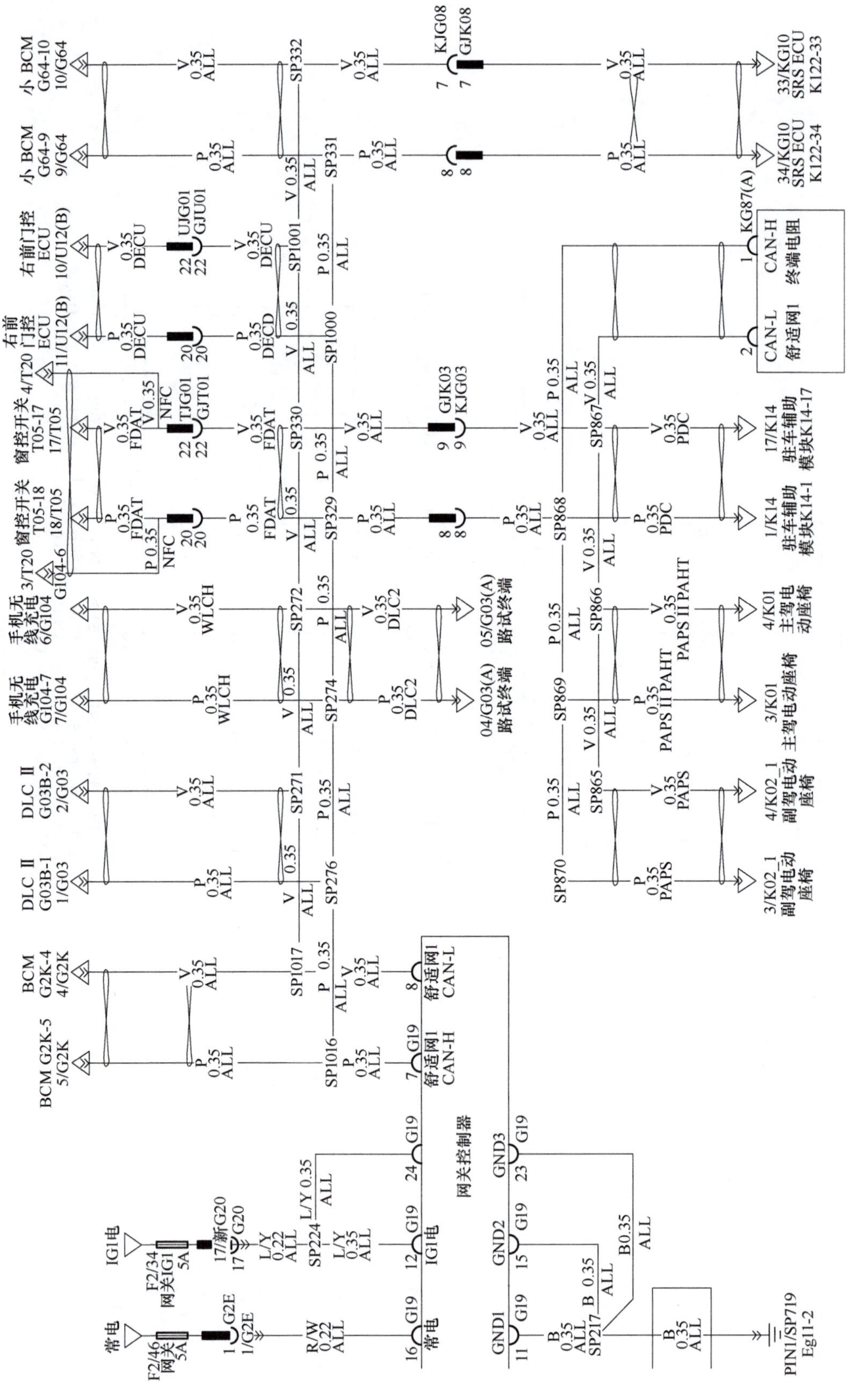
小 BCM G64-10 10/G64
小 BCM G64-9 9/G64
右前门控 ECU 10/U12(B)
右前门控 ECU 11/U12(B)
窗控开关 T05-17 17/T05
窗控开关 T05-18 18/T05
手机无线充电 6/G104
手机无线充电 G104-7 7/G104
DLC Ⅱ G03B-2 2/G03
DLC Ⅱ G03B-1 1/G03
BCM G2K-4 4/G2K
BCM G2K-5 5/G2K
常电
IG1电
F2/46 网关 5A
F2/34 网关IG1 5A
网关控制器
舒适网1 CAN-H
舒适网1 CAN-L
GND1
GND2
GND3
PIN1/SP719 Eg11-2
04/G03(A) 路试终端
05/G03(A) 路试终端
3/K02_1 副驾电动座椅
4/K02_1 副驾电动座椅
3/K01 主驾电动座椅
4/K01 主驾电动座椅
1/K14 驻车辅助模块K14-1
17/K14 驻车辅助模块K14-17
CAN-L 舒适网1
CAN-H 终端电阻
KG87(A)
34/KG10 SRS ECU K122-34
33/KG10 SRS ECU K122-33

附图 7 舒适网 1 电路图

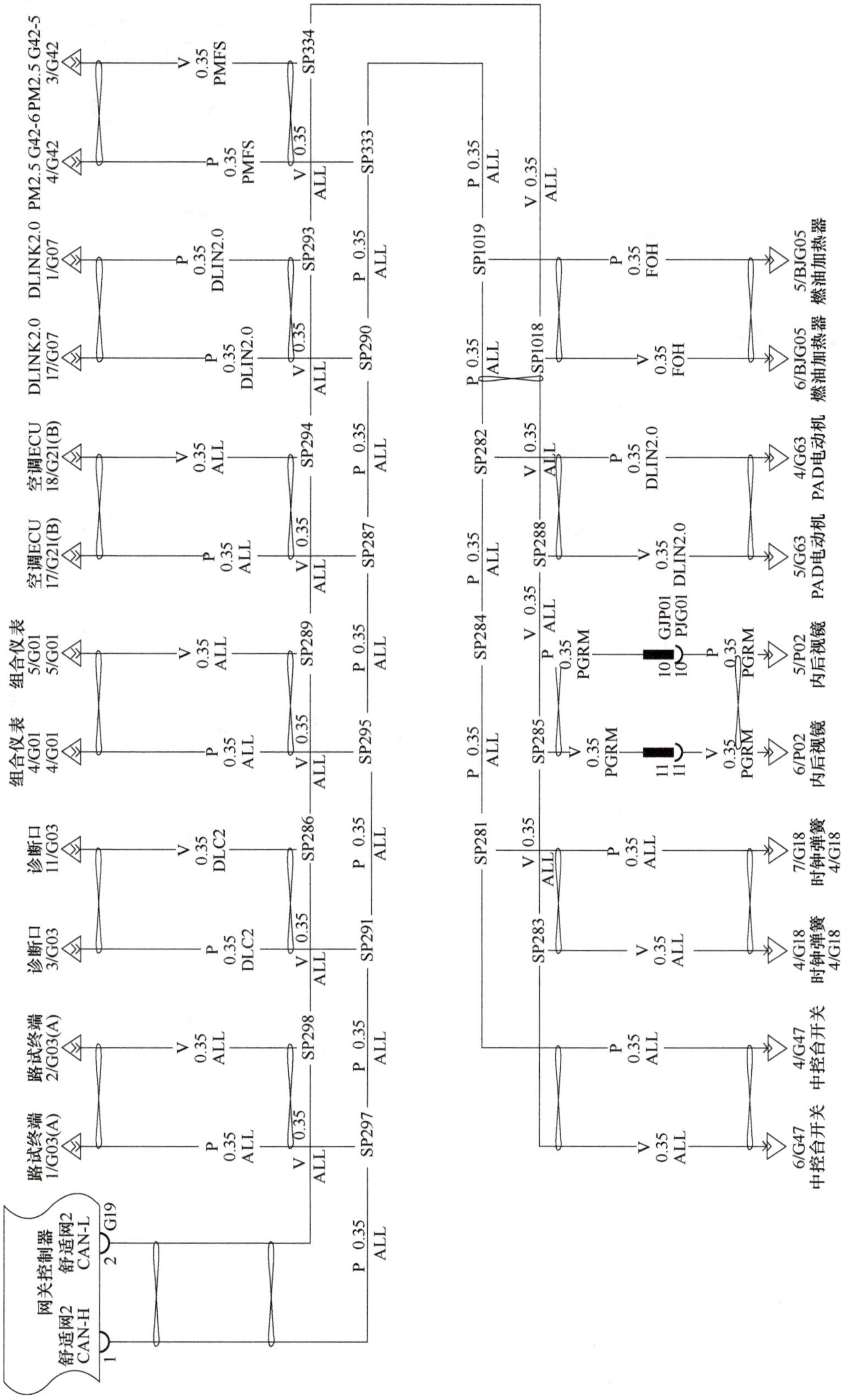
网关控制器
舒适网2 CAN-H
舒适网2 CAN-L
G19
路试终端 1/G03(A)
路试终端 2/G03(A)
诊断口 3/G03
诊断口 11/G03
组合仪表 4/G01
组合仪表 5/G01
空调ECU 17/G21(B)
空调ECU 18/G21(B)
DLINK2.0 17/G07
DLINK2.0 1/G07
PM2.5 G42-6 4/G42
PM2.5 G42-5 3/G42
SP297
SP298
SP291
SP286
SP295
SP289
SP287
SP294
SP290
SP293
SP333
SP334
SP281
SP283
SP285
SP284
SP288
SP282
SP1018
SP1019
GJP01
PJG01
PGRM
PMFS
DLC2
DLIN2.0
FOH
ALL
6/G47 中控台开关
4/G47 中控台开关
4/G18 时钟弹簧 4/G18
7/G18 时钟弹簧 4/G18
6/P02 内后视镜
5/P02 内后视镜
5/G63 PAD电动机
4/G63 PAD电动机
6/BJG05 燃油加热器
5/BJG05 燃油加热器

附图 8 舒适网 2 电路图

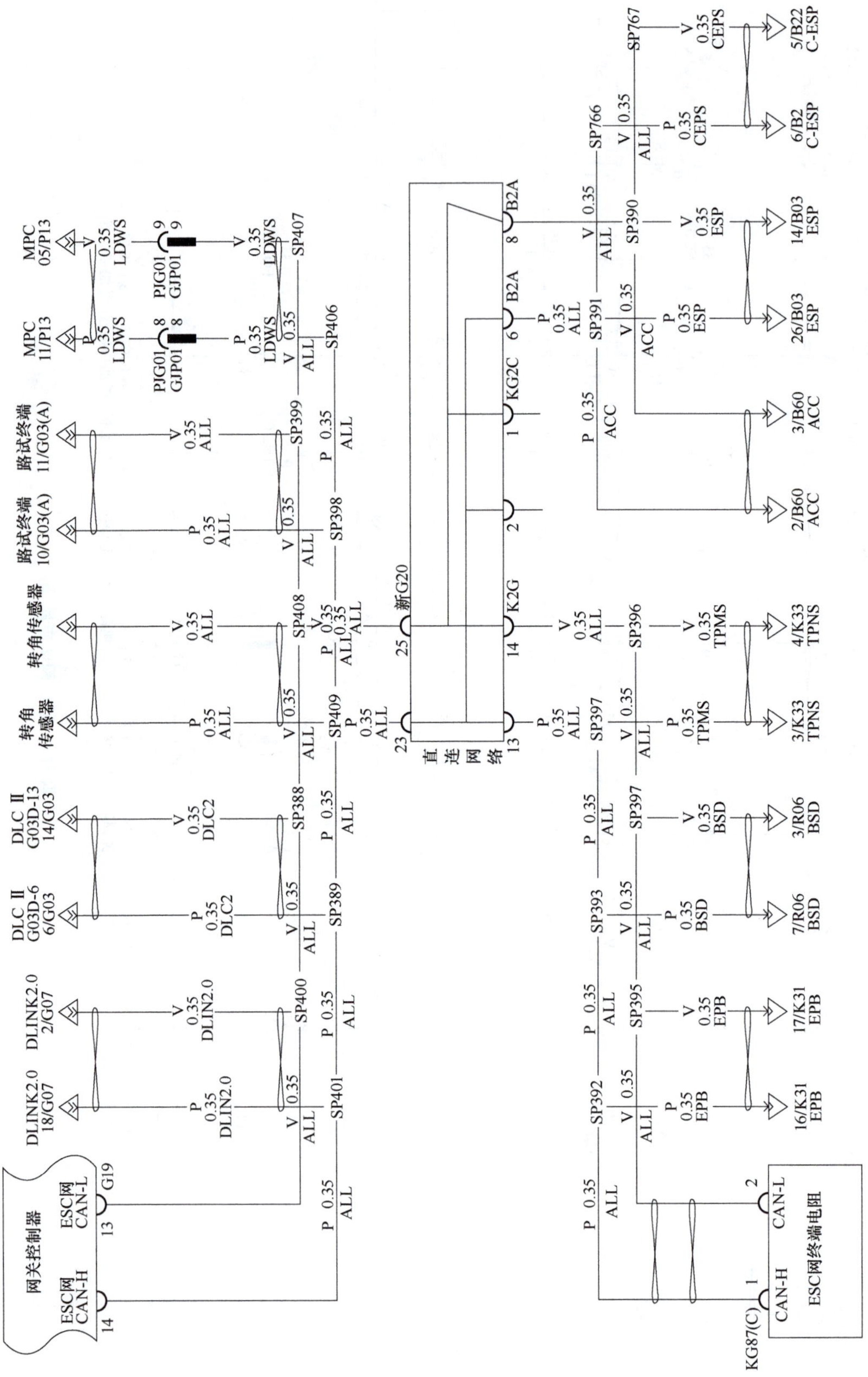
网关控制器
ESC网 CAN-H
ESC网 CAN-L
DLINK2.0
DLC Ⅱ
转角传感器
路试终端
MPC
直连网络
新G20
ESC网终端电阻
CAN-H
CAN-L
KG87(C)
C-ESP
ESP
ACC
TPNS
BSD
EPB

附图 9 ESC 网电路图

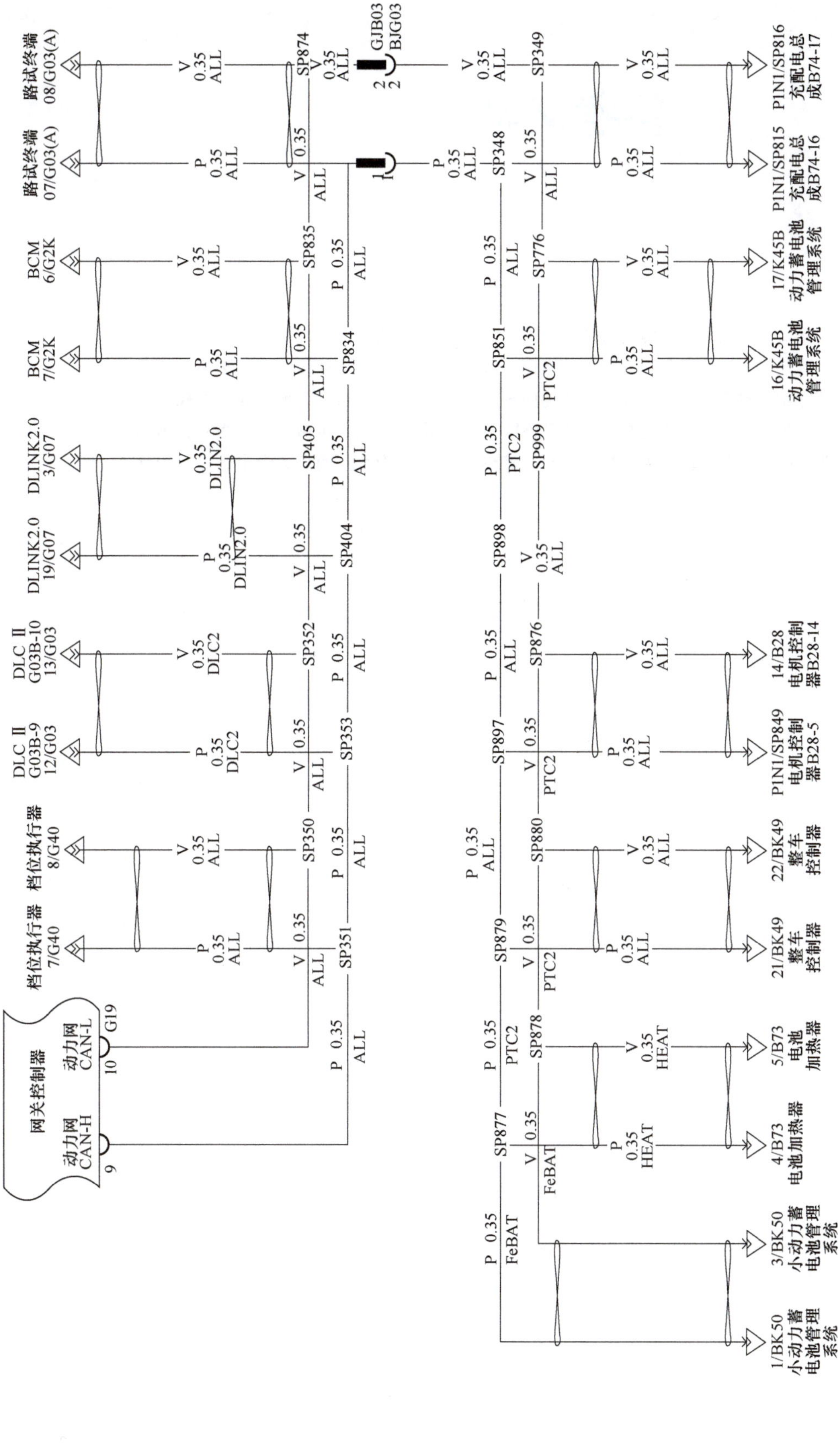

网关控制器
动力网 CAN-H
动力网 CAN-L
G19
档位执行器 7/G40
档位执行器 8/G40
DLC Ⅱ G03B-9 12/G03
DLC Ⅱ G03B-10 13/G03
DLINK2.0 19/G07
DLINK2.0 3/G07
BCM 7/G2K
BCM 6/G2K
路试终端 07/G03(A)
路试终端 08/G03(A)
GJB03
BJG03
SP351
SP350
SP353
SP352
SP404
SP405
SP834
SP835
SP874
SP877
SP878
SP879
SP880
SP897
SP876
SP898
SP999
SP851
SP776
SP348
SP349
1/BK50 小动力蓄电池管理系统
3/BK50 小动力蓄电池管理系统
4/B73 电池加热器
5/B73 电池加热器
21/BK49 整车控制器
22/BK49 整车控制器
P1N1/SP849 电机控制器B28-5
14/B28 电机控制器B28-14
16/K45B 动力蓄电池管理系统
17/K45B 动力蓄电池管理系统
P1N1/SP815 充配电总成B74-16
P1N1/SP816 充配电总成B74-17

附图10 动力网电路图

参考文献

［1］何宇漾，华奇. 新能源汽车构造与维修维护［M］. 北京：清华大学出版社，2021.

［2］弋国鹏，魏建平. 电动汽车构造原理及检修［M］. 北京：机械工业出版社，2018.

［3］康杰，李守纪，林振琨. 新能源汽车结构原理与检修［M］. 北京：机械工业出版社，2019.

［4］刘存山，李楷，吉世岳. 新能源汽车故障诊断技术［M］. 北京：机械工业出版社，2022.

［5］王辉，张乐平，罗易. 新能源汽车维护与故障诊断［M］. 南京：南京大学出版社，2021.

纯电动汽车构造与检修
任务工单

姓　名＿＿＿＿＿＿＿＿＿＿＿

班　级＿＿＿＿＿＿＿＿＿＿＿

学　号＿＿＿＿＿＿＿＿＿＿＿

机械工业出版社

目 录

任务工单一　电动汽车基本认知

学生姓名		班级		学号		日期	
任务主题	电动汽车基本认知						
任务目标	1. 掌握电动汽车的概念 2. 了解电动汽车的发展史 3. 了解电动汽车的分类						
任务要求	通过自主学习及查阅相关资料，完成下列题目						
任务内容	一、填空题 　　电动汽车（Electric Vehicle，EV）是指以车载能源（或其他能源）为动力，用_____驱动车轮行驶，符合道路交通和安全法规各项要求的车辆。 　　根据 GB/T 19596—2017《电动汽车术语》中的定义，电动汽车主要分为_____、_____、_____三种类型。 二、简答题 　　1. 简述电动汽车的定义。 　　2. 根据 GB/T 19596—2017《电动汽车术语》中的定义，简述电动汽车的类型。 　　3. 简述电动汽车对汽车产业发展的重大意义。						
任务总结	通过本任务的学习，你有哪些收获：						
任务评估	对学生综合评价与建议： 　　　　　　　　　　　　教师签字：						

任务工单二　纯电动汽车结构及工作原理认知

学生姓名		班级		学号		日期	

任务主题	纯电动汽车结构及工作原理认知
任务目标	1. 掌握电力驱动控制系统的结构 2. 认识纯电动汽车各个部件 3. 掌握纯电动汽车工作原理
任务要求	通过自主学习及查阅相关资料，完成下列题目
任务内容	**一、填空题** 　　1. 传统的内燃机汽车是由发动机、底盘、车身和电气设备四部分组成的。纯电动汽车的主要结构由_____、汽车底盘、车身以及各种辅助装置等部分组成。 　　2. 电力驱动控制系统按工作原理划分为_____、_____和_____三大部分。 　　3. 车载电源模块主要由_____、能量管理系统、_____三部分组成。 　　4. 辅助模块包括_____、转向和各种辅助装置等。 　　5. 动力蓄电池通过控制系统向_____供电，在电动机中_____转化为_____动力并传给传动系统，最后传给驱动车轮，力图使驱动车轮转动，并通过与地面间的相互作用产生使汽车行驶的牵引力。 **二、简答题** 　　1. 纯电动汽车的主要结构包括哪些？ 　　2. 纯电动汽车整车可以分为哪些系统？
任务总结	通过本任务的学习，你有哪些收获：
任务评估	对学生综合评价与建议： 　　　　　　　　　　　　　　教师签字：

任务工单三　动力蓄电池的组成与工作原理认知

学生姓名		班级		学号		日期	
任务主题	动力蓄电池的组成与工作原理认知						
任务目标	1. 了解动力蓄电池的组成与分类 2. 掌握动力蓄电池的工作原理与性能指标						
任务要求	通过自主学习及查阅相关资料，完成下列题目						
任务内容	一、填空题 1. 动力蓄电池的性能直接关系到纯电动汽车的_____、_____和_____。 2. 车载电源系统主要由_____和动力蓄电池系统组成，其中，动力蓄电池系统由_____、_____、_____、_____组成。 3. 动力蓄电池一般可分为_____、_____和_____三大类。 4. 铅酸蓄电池是以_____为电解质，电极以_____为材料，所以称为铅酸蓄电池。 5. 铅酸蓄电池外形各异，但主要构成部件相似，主要由_____、_____、_____和_____等组成。 6. 锂离子蓄电池的正极材料有很多种，根据正极材料的不同，分为_____、_____、_____、_____和_____等。 二、简答题 1. 请结合所学知识，简述动力蓄电池系统的功能。 2. 请简述锂离子蓄电池的工作原理。						
任务总结	通过本任务的学习，你有哪些收获：						
任务评估	对学生综合评价与建议： 教师签字：						

任务工单四　动力蓄电池及蓄电池管理系统检修

学生姓名		班级		学号		日期	
任务主题	动力蓄电池及蓄电池管理系统检修						
任务目标	1. 了解蓄电池管理系统的组成与工作原理 2. 掌握蓄电池管理系统的功能 3. 了解动力蓄电池的热管理 4. 掌握动力蓄电池系统的故障 5. 掌握蓄电池管理系统常见的故障类型						
任务要求	通过自主学习及查阅相关资料，完成下列题目						
任务内容	一、填空题 1. 蓄电池管理系统一般由一些_____、_____和_____等组成。 2. 从控制的角度看，目前的动力蓄电池热管理系统可以分为_____、_____两类，从传热介质的角度看，热管理系统主要包括_____、_____、_____及_____等。 3. 根据动力蓄电池故障对整车的影响划分为三个等级，其中最严重的等级为_____。 4. 蓄电池管理系统常见故障类型包括_____、_____、_____、_____、_____、_____、_____、_____和_____等。 二、简答题 1. 请简述热管理系统的作用。 2. 请简述蓄电池管理系统的作用。 3. 请简述当出现蓄电池管理系统未正常工作现象时，可重点考虑哪几个方面？ 4. 蓄电池管理系统中工作线束的插接器内芯与外壳短接、高压线破损与车体短接会导致绝缘故障，同时电压采集线破损与动力蓄电池箱体短接，也会导致绝缘故障。针对此类情况，该如何分析诊断维修？						

（续）

任务总结	通过本任务的学习，你有哪些收获：
任务评估	对学生综合评价与建议： 教师签字：

任务工单五　纯电动汽车充电系统检修

学生姓名		班级		学号		日期	
任务主题	纯电动汽车充电系统检修						
任务目标	1. 学习充电系统的结构 2. 掌握充电系统的工作原理与检修方法						
任务要求	通过自主学习及查阅相关资料，完成下列题目						
任务内容	**一、填空题** 　　1. 纯电动汽车动力蓄电池的充电方式有_____和_____两种。而传统有线充电方式又分为_____、_____和_____。 　　2. 无线充电技术主要通过_____、_____、_____、_____、_____等方式实现非接触式的电力传输。 　　3. 纯电动汽车的无线充电方式有_____、_____和_____三种。 **二、故障分析** 　　1. 故障现象：车主反映车辆在直流充电桩无法充电，显示起动充电未能成功，尝试更换多个充电桩也无法充电，但可以使用交流充电桩充电。 　　2. 故障现象：一辆比亚迪纯电动汽车无法交流充电，仪表一直显示充电连接中，可以上 OK 电正常行驶。						
任务总结	通过本任务的学习，你有哪些收获：						
任务评估	对学生综合评价与建议： 　　　　　　　　　　　　　　　　教师签字：						

任务工单六　驱动电机检修

学生姓名		班级		学号		日期	
任务主题	驱动电机检修						
任务目标	1. 了解直流电动机的结构 2. 掌握交流异步电动机的结构和工作原理 3. 掌握永磁电动机的结构和工作原理 4. 了解开关磁阻电动机的结构						
任务要求	通过自主学习及查阅相关资料，完成下列题目						
任务内容	**填空题** 1. 纯电动汽车常用的驱动电机包括_____、_____和_____。 2. 绕组励磁式直流电动机根据励磁方式的不同，可分为_____、_____、_____。 3. 直流电动机由定子与转子两大部分构成，定子和转子之间的间隙称为_____。 4. _____用扁铜线或圆铜线绕制而成，产生励磁电动势。 5. 交流异步电动机的控制方法有_____和_____。						
任务总结	通过本任务的学习，你有哪些收获：						
任务评估	对学生综合评价与建议： 教师签字：						

任务工单七　驱动电机控制系统常见故障与检修

学生姓名		班级		学号		日期	
任务主题	驱动电机控制系统常见故障与检修						
任务目标	1. 重点掌握驱动电机故障判断方法 2. 重点掌握驱动电机的检修方法 3. 重点掌握比亚迪秦驱动电机故障诊断						
任务要求	通过自主学习及查阅相关资料，完成下列题目						
任务内容	**简答题** 1. 驱动电机系统温度保护功能有哪些？ 2. 旋转变压器可能出现哪些故障？ 3. 驱动电机系统常见故障及维修流程有哪些？ 4. 简述控制器的功能。						
任务总结	通过本任务的学习，你有哪些收获：						
任务评估	对学生综合评价与建议： 教师签字：						

任务工单八　DC/DC 变换器检修

学生姓名		班级		学号		日期	
任务主题	DC/DC 变换器检修						
任务目标	1. 了解电能变换器的结构 2. 掌握电能变换器的功能 3. 了解电能变换器的类型						
任务要求	通过自主学习及查阅相关资料，完成下列题目						
任务内容	一、填空题 　　1. 目前，使用的电能变换器主要有_____、_____和_____三种类型。 　　2. DC/AC 电能变换器称为反用换流器，也称为逆变器、变流器、反流器，或称为电压变换器，可将_____变换成_____。 二、简答题 　　1. 请简述 DC/DC 电能变换器的作用。 　　2. 简述 AC/DC 电能变换器的功能。						
任务总结	通过本任务的学习，你有哪些收获：						
任务评估	对学生综合评价与建议： 　　　　　　　　　　　　　　　　　教师签字：						

任务工单九　高压配电箱检修

学生姓名		班级		学号		日期	
任务主题	高压配电箱检修						
任务目标	1. 了解高压配电箱的结构 2. 了解高压配电箱的功能 3. 能够掌握高压配电箱配电工作原理 4. 能够掌握高压配电箱常见故障诊断方法						
任务要求	通过自主学习及查阅相关资料，完成下列题目						
任务内容	**一、简答题** 1. 高压配电箱的基本功能是什么？ 2. 简述高压配电箱基本组成。 **二、故障分析** 　　一辆比亚迪秦 EV，起动时仪表正常点亮，OK 电无法上电成功，辅助蓄电池故障指示灯点亮，未插枪，但仪表充电连接指示灯点亮。分析该故障可能的原因。 						
任务总结	通过本任务的学习，你有哪些收获：						
任务评估	对学生综合评价与建议： 教师签字：						

任务工单十　高压互锁系统检修

学生姓名		班级		学号		日期	
任务主题	高压互锁系统检修						
任务目标	1. 了解高压互锁系统的定义 2. 掌握高压互锁系统的作用						
任务要求	通过自主学习及查阅相关资料，完成下列题目						
任务内容	**简答题** 1. 简述高压互锁的定义。 2. 高压互锁检测的部件主要包括哪些？ 3. 试着描述高压互锁信号及检测原理。						
任务总结	通过本任务的学习，你有哪些收获：						
任务评估	对学生综合评价与建议： 教师签字：						

任务工单十一　汽车仪表故障诊断

学生姓名		班级		学号		日期	
任务主题	汽车仪表故障诊断						
任务目标	1. 了解传统燃油汽车仪表 2. 了解电动汽车仪表						
任务要求	通过自主学习及查阅相关资料，完成下列题目						
任务内容	一、填空题 一般传统汽车组合仪表显示的内容包括_____、_____、_____、_____等。 二、简答题 请简述纯电动汽车仪表与燃油汽车的不同。						
任务总结	通过本任务的学习，你有哪些收获：						
任务评估	对学生综合评价与建议： 教师签字：						

任务工单十二　汽车总线系统检修

学生姓名		班级		学号		日期	

任务主题	汽车总线系统检修
任务目标	1. 掌握 CAN 通信网络 2. 了解 FlexRay 总线系统 3. 了解 LIN 总线系统
任务要求	通过自主学习及查阅相关资料，完成下列题目
任务内容	**一、填空题** 1. 纯电动汽车是由_____、_____、_____、_____和_____等多个子系统构成的，控制系统的数量也比同类型的燃油汽车多。 2. CAN 数据总线系统由多个_____、_____和_____组成。 **二、简答题** 1. 请简述 FlexRay 在设计上的特点。 2. 简述 CAN 总线在汽车上的应用。
任务总结	通过本任务的学习，你有哪些收获：
任务评估	对学生综合评价与建议： 教师签字：

任务工单十三 整车控制系统控制策略的认知

学生姓名		班级		学号		日期	
任务主题	整车控制系统控制策略的认知						
任务目标	1. 了解整车控制策略包含的内容 2. 对整车状态有一定的认知						
任务要求	通过自主学习及查阅相关资料，完成下列题目						
任务内容	一、填空题 　　1. 整车分为充电模式和行驶模式两个工作模式；整车控制器由_____唤醒后，周期性地执行_____的判断，其中，_____优先于行驶模式。 　　2. 通过_____、_____等采用不同的采样周期时检测整车的运行状态。 　　3. 通过_____获得原车功能模块、动力蓄电池系统和_____等状态信息。 二、简答题 简述整车控制器的作用。						
任务总结	通过本任务的学习，你有哪些收获：						
任务评估	对学生综合评价与建议： 　　　　　　　　　　　　　　　　　　教师签字：						

任务工单十四　整车控制系统检修

学生姓名		班级		学号		日期	
任务主题	整车控制系统检修						
任务目标	1. 了解整车控制器 2. 重点了解整车控制器的结构						
任务要求	通过自主学习及查阅相关资料，完成下列题目						
任务内容	**一、填空题** 　　1. 纯电动汽车整车控制器包括 _____、_____、_____、_____、继电器驱动和_____等模块。 　　2. 整车控制器维修前需将车辆停放于维修区或合适的水平地面上，确保整车处于 _____、_____、_____、起动开关处于 OFF 档并将钥匙拔出，_____断开。 **二、简答题** 　　1. 比亚迪秦整车控制系统由哪四个部分组成? 　　2. 比亚迪秦整车控制系统检修主要内容有哪些?						
任务总结	通过本任务的学习，你有哪些收获:						
任务评估	对学生综合评价与建议: 　　　　　　　　　　　　　　　　　教师签字:						

任务工单十五　冷却系统检修

学生姓名		班级		学号		日期	

任务主题	冷却系统检修
任务目标	1. 了解冷却系统的功用、组成及类型 2. 掌握纯电动汽车与传统汽车的冷却系统区别 3. 理解电控冷却系统的组成和工作原理
任务要求	通过自主学习及查阅相关资料，完成下列题目
任务内容	**一、填空题** 　　1. 纯电动汽车的主要热源来自于_____、_____和_____等，动力蓄电池的热量主要来自_____、极化反应所产生的_____；驱动电机的热量主要来自_____、_____；电机控制器的热量主要来自_____的损耗。 　　2. 当冷却液受热膨胀时，部分冷却液流入_____；而当冷却液降温时，部分冷却液又被吸回_____，_____。膨胀水箱的作用是为冷却系统冷却液的排气、膨胀和收缩提供受压容积，补充冷却液和缓冲_____的变化，同时也作为冷却液加注口。 **二、简答题** 　　1. 纯电动汽车需要冷却的部件有哪些？ 　　2. 电动水泵常见的故障有哪些？ 　　3. 散热器常见的故障有哪些？
任务总结	通过本任务的学习，你有哪些收获：
任务评估	对学生综合评价与建议： 教师签字：

任务工单十六　电动空调系统检修

学生姓名		班级		学号		日期	

任务主题	电动空调系统检修
任务目标	1. 了解电动空调系统的功用、组成及类型 2. 掌握空调制冷循环系统、供暖系统、配气系统及控制系统的工作原理 3. 了解电动空调系统常见故障
任务要求	通过自主学习及查阅相关资料，完成下列题目
任务内容	**填空题** 　　1. 汽车空调是汽车室内空气调节的简称，用以调节车内的＿＿＿＿＿、＿＿＿＿＿、＿＿＿＿＿和＿＿＿＿＿等空气参数，为乘员提供清新舒适的车内环境。 　　2. 蒸发器是除＿＿＿＿＿外，汽车空调制冷系统中的另一个＿＿＿＿＿，作用与冷凝器相反，它是将经过＿＿＿＿＿后的液态制冷剂在蒸发器内沸腾汽化，吸收＿＿＿＿＿表面周围空气的热量而使之＿＿＿＿＿，风机将冷风吹到车室内，以达到＿＿＿＿＿的目的。
任务总结	通过本任务的学习，你有哪些收获：
任务评估	对学生综合评价与建议： 　　　　　　　　　　　　　　　　　　教师签字：

任务工单十七　其他辅助系统维护

学生姓名		班级		学号		日期	

任务主题	其他辅助系统维护
任务目标	1. 掌握电气线束维护的内容 2. 掌握灯光照明系统的维护内容 3. 掌握刮水器及洗涤器的维护内容
任务要求	通过自主学习及查阅相关资料，完成下列题目
任务内容	**填空题** 　　1. 汽车线束一般每_____维护一次，线束需要用_____进行维护。线束保护剂可以防止_____和_____，而且保护剂还具有_____和_____等性能，可以防止线束开裂、老化。 　　2. 汽车线束是汽车电路的_____，它连接汽车的_____、_____，并使其发挥作用。没有线束，就没有_____。目前，无论是高级豪华车还是经济型普通车，线束的形式基本相同，都是由_____、_____和_____组成的。既要保证电信号的传输，又要保证连接电路的_____，给电子电气元件提供规定的电流值，防止对周围电路的_____，消除_____。
任务总结	通过本任务的学习，你有哪些收获：
任务评估	对学生综合评价与建议： 教师签字：